01 京东方创立

▲ 1993年，北京东方电子集团股份有限公司创立大会

▲ 京东方B股上市敲钟仪式

02 进军显示领域

▲ 京东方与韩国现代签署 HYDIS 的收购协议

▲ 京东方赴韩国学习的首批 120 名技术人员在长城上宣誓

▲ 2003年，中国大陆首条京东方第5代TFT-LCD生产线在北京开工建设，结束了中国大陆无自主液晶显示屏的时代

▲ 2008年，中国大陆首条高世代线——京东方合肥第6代TFT-LCD生产线框架协议签署仪式

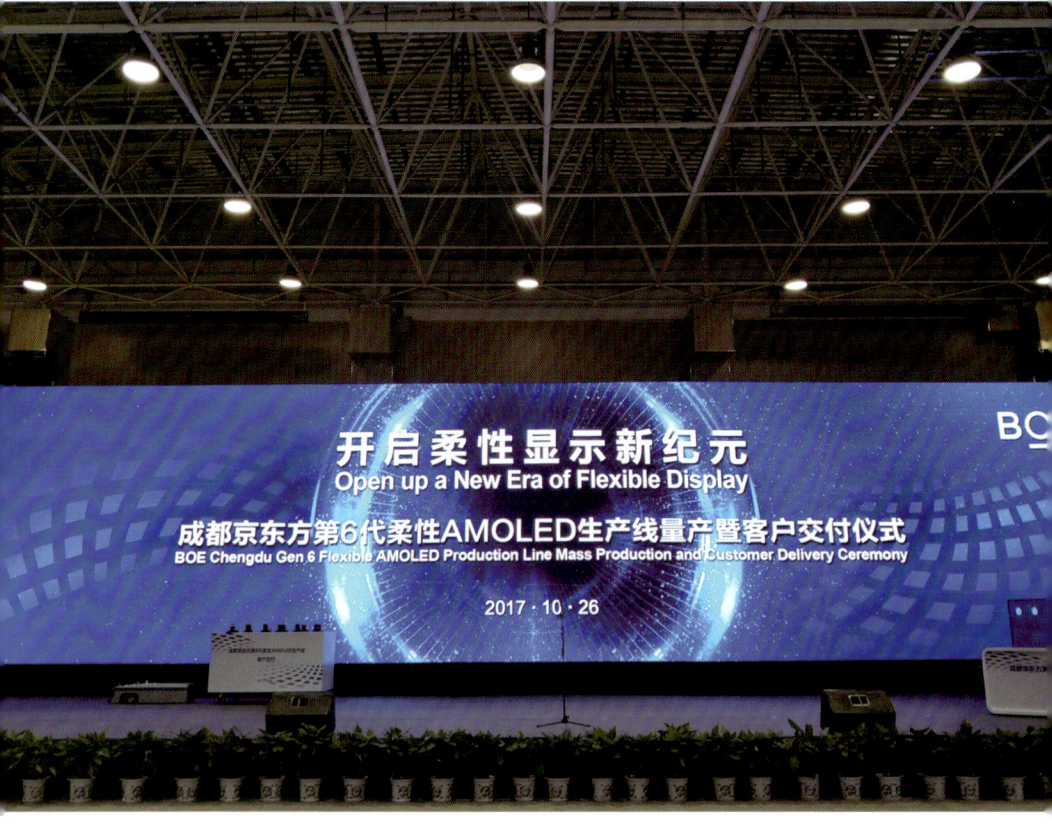

▲ 2017年，中国大陆首条柔性生产线——京东方成都第6代柔性AMOLED生产线量产暨客户交付仪式，填补了中国柔性OLED的产业空白

▲ 全球首条最高世代线——京东方合肥第 10.5 代 TFT-LCD 生产线外景俯瞰

▲ 穿戴全副无尘装备的生产线工程师

▲ 京东方全自动化的智能制造生产线内部一角

▲ 行业领先的京东方自动化、数字化、智能化生产线

03 | 显示创新成果

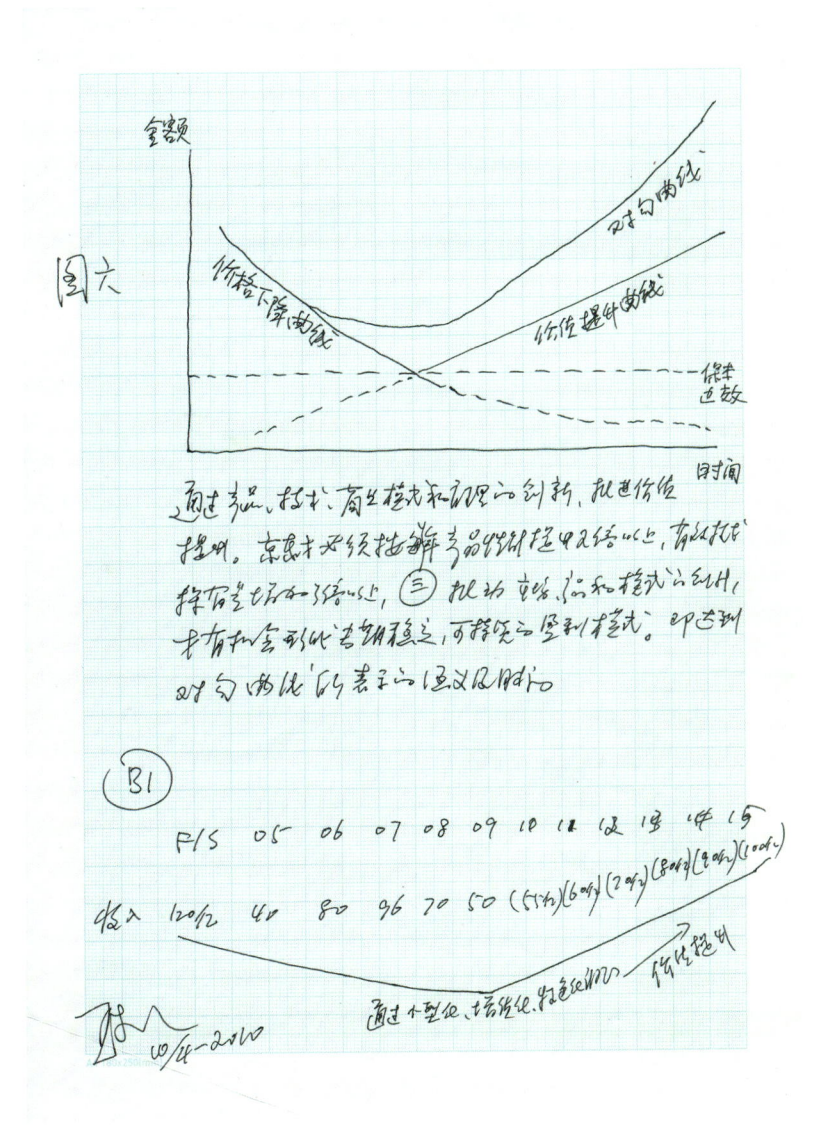

▲ 京东方创始人王东升的"王氏定律"手稿（部分）

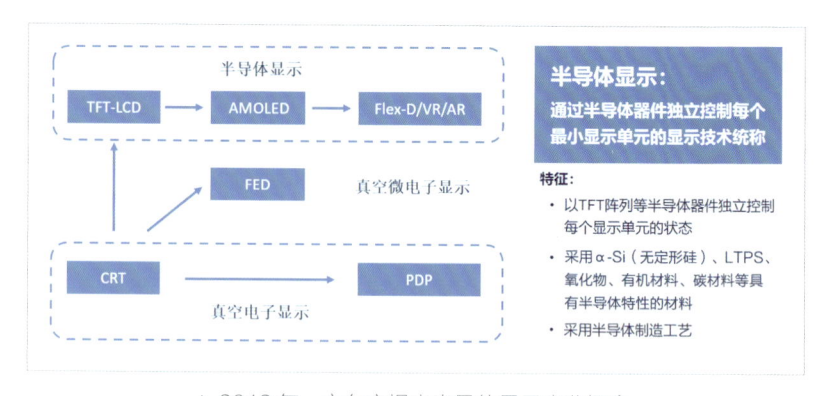

半导体显示：
通过半导体器件独立控制每个最小显示单元的显示技术统称

特征：
- 以TFT阵列等半导体器件独立控制每个显示单元的状态
- 采用α-Si（无定形硅）、LTPS、氧化物、有机材料、碳材料等具有半导体特性的材料
- 采用半导体制造工艺

▲ 2012年，京东方提出半导体显示产业概念

▲ 京东方TFT-LCD工艺技术国家工程实验室——显示行业首个国家工程实验室

▶ 京东方拥有自主知识产权的 AMOLED 柔性屏

▲ 应用京东方 AMOLED 柔性屏的产品

▲ 京东方打造的 8K+5G 直播车

▲ 2022年，京东方为北京冰雪盛会开幕式打造的"雪花屏"

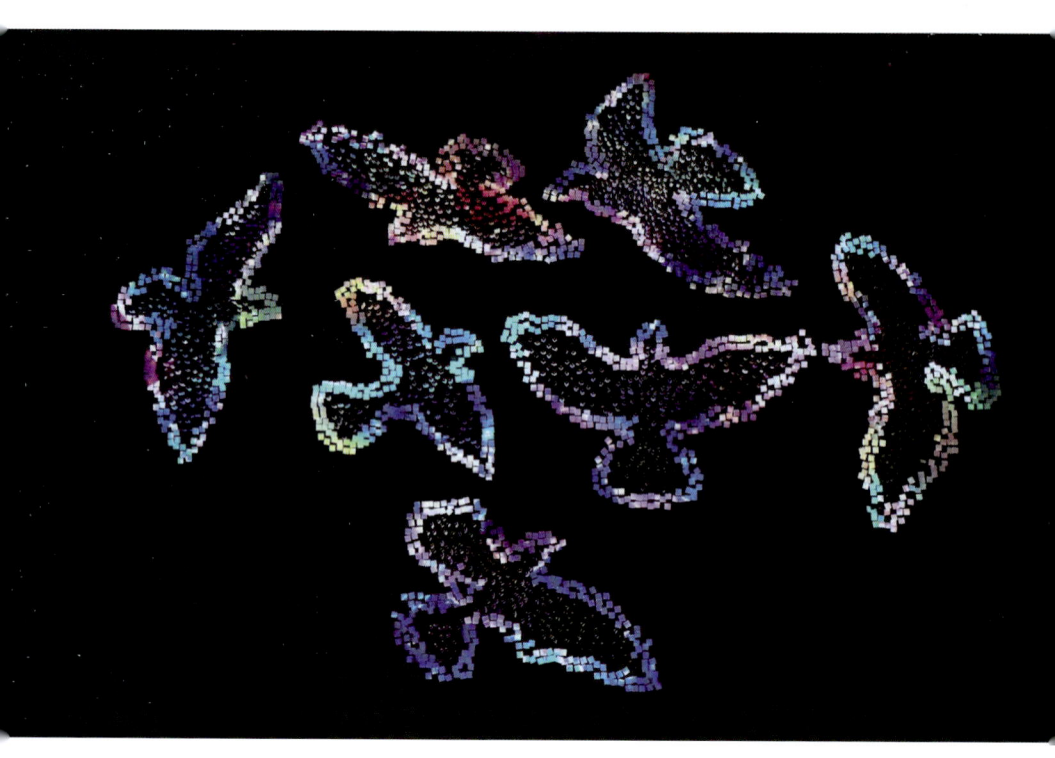

▲ 2019年，京东方为大型周年庆典打造的"光影屏"

▲ 中国半导体显示产业首个技术品牌诞生

▲ 京东方携尖端创新技术亮相国际显示周（SID Display Week）

04 物联网战略转型

▲ 2016 年，京东方创始人王东升提出"开放两端，芯屏气 / 器和"物联网转型发展战略

▲ 2019 年，京东方董事长陈炎顺发布"融合共生，赋能场景"物联网发展战略

▲ 2023年,陈炎顺在京东方全球创新伙伴大会上解读"屏之物联"战略

05 物联网应用场景

▲ 京东方先后在北京、合肥、成都、苏州等地布局多家数字医院

▲ 2022年，京东方福州第8.5代TFT-LCD生产线荣膺全球智能制造领域最高荣誉——"灯塔工厂"

▲ 京东方为中国民生银行智慧银行体验店打造的智慧金融解决方案一角

▲ 京东方智慧车载解决方案

▲ 京东方为陶溪川打造的智慧园区解决方案

▲ 京东方首座全场景数字化艺术馆——苏州湾数字艺术馆

屏之物联

"穿越周期"企业如何实现战略升维

王玥　姜蓉　著

中信出版集团|北京

图书在版编目（CIP）数据

屏之物联："穿越周期"企业如何实现战略升维 / 王玥，姜蓉著 . -- 北京：中信出版社，2023.12
ISBN 978-7-5217-6114-6

Ⅰ．①屏… Ⅱ．①王… ②姜… Ⅲ．①电子工业－工业企业管理－经验－中国 Ⅳ．① F426.63

中国国家版本馆 CIP 数据核字 (2023) 第 199941 号

屏之物联——"穿越周期"企业如何实现战略升维
著者：　　王　玥　姜　蓉
出版发行：中信出版集团股份有限公司
　　　　　（北京市朝阳区东三环北路 27 号嘉铭中心　邮编　100020）
承印者：　三河市中晟雅豪印务有限公司

开本：787mm×1092mm 1/16　　印张：24.25　　字数：324 千字　　插页：8
版次：2023 年 12 月第 1 版　　印次：2023 年 12 月第 1 次印刷
书号：ISBN 978-7-5217-6114-6
定价：98.00 元

版权所有·侵权必究
如有印刷、装订问题，本公司负责调换。
服务热线：400-600-8099
投稿邮箱：author@citicpub.com

本书所获赞誉

欧阳钟灿　中国科学院院士

30年来，中国新型显示产业从无到有、从有到大，并实现了从大到强的全新突破。作为中国显示产业的破局者、开拓者和引领者，京东方起到举足轻重的作用，带领着中国显示产业成为全球重要一极。京东方提出的"屏之物联"（"万物互联，万物感知"）战略顺应了人类社会进入信息时代的新趋势，把握"屏"无处不在的增长机遇，赋能千行万业，为做强、做优、做大我国数字经济做出了重要贡献。这本书的价值不仅在于京东方自身发展，更体现于由此演化而成的企业发展升维模型，为未来中国科技企业穿越周期提供了有益的借鉴。

李纪珍　清华大学经济管理学院教授、副院长

京东方用30年的时间不仅做到了显示产业全球第一，还开启了全新的"屏之物联"转型之路，助力了国家战略性新兴产业和中国数字化经济发展。其中的实践经验、战略思想和管理方法对所有迎接新时代和新挑战的企业而言，都具有非凡的意义和独特的价值。

薛兆丰　经济学者，原北京大学国家发展研究院教授

创新必须与商业结合，没有商业的创新，就没有落地的创新。从技术到商业的转化，既需要漫长的技术积累，也需要迅猛的商业推进。这本书所讲述的，恰恰就是京东方把广泛散落的屏幕互联起来，从而达到应用飞跃的完整路径。这个路径一定会给读者带来许多启发，并帮助创新者准确把握技术创新和商业结合的机会。

万飚　荣耀董事长

一家企业从诞生到全球领先需要多久？京东方用了 30 年。过去 30 年，京东方带领中国显示产业从无到有、从大到强。正如荣耀，凭借对创新技术的执着追求和深耕，把极致体验的智能终端从中国带向世界。多年来，荣耀与京东方携手共进，通过不断创新和技术突破，持续赋能各类新型智能终端，致力于创造属于每个人的智慧新世界。从卓越再出发，京东方并未止步于此！全新"屏之物联"战略不仅是京东方取得辉煌的传承、创新和发展，找到其在物联网时代的升维之路，更为科技企业穿越行业周期，寻找新的增长机会带来有益借鉴和参考。

刘东　《中国电子报》执行社长

作为从业 30 多年的新闻记者，我见证了京东方从小到大、从弱到强的发展历程，感受了京东方胸怀产业报国之志的豪情和奋进自主创新之路的坚韧。30 年砥砺奋进，京东方在全球半导体显示产业实现了从追赶者到领先者的成功蝶变，成为中国制造向中国创造转变、中国速度向中国质量转变、中国产品向中国品牌转变的典范。这本书系统总结了京东方 30 年创新发展的成功经验，为已经踏上推进新型工业化征程的中国企业提供了京东方智慧和京东方方案。

何刚　《财经》《哈佛商业评论》中文版主编

京东方通过不断地战略颠覆和管理迭代，最终引领全球屏市场，成为中国电子产业的新骄傲。这也再次证明了商业领域的持续创新和自我颠覆是可行的，其具体实践也不复杂，就是认真遵循战略和管理的基本逻辑，始终保持对业务的专注和对管理效率的孜孜以求。

刘东华　正和岛、中国企业家俱乐部创始人

从"世界是平的"，走向物联网时代"世界是屏的"，纵观京东方的 30 年发展历程，以"屏"为原点的创新变革无时不在深化和放大着自己的"基因优势"。当前，新一轮的科技革命和产业变革正在蓬勃兴起，中国在一些重要科技创新领域从"跟跑"到"并跑"再到"领跑"，呈现出水到渠成的现实格局和必然趋势。这本书总结的京东方之路、京东方现象和对未来物联网时代的战略构想，相信会给更多中国科技企业提供切实的借鉴。

朱武祥　清华大学经济管理学院金融系教授

这本书展示了京东方从"跟随"到"超越"的发展过程，在一批中国科技企业战略突围、穿越周期的关键时刻，京东方是创新的典范。

杨学成　北京邮电大学经济管理学院教授、博士生导师

过去，"缺芯少屏"一直都是中国产业之痛；如今，京东方让中国"屏满天下"，这背后折射出中国企业和企业家的使命担当，也为更多企业穿越"无人区"提供了标准范本。这本书将带你一起领略京东方 30 年战略升维之路，并向你展示一个"屏之物联"的物联网新时代。

王赛　CEO 咨询顾问，科特勒咨询集团中国区管理合伙人

顶级的商业案例剖析需要完成历史和逻辑的统一：既能够从产业演进中看到企业家决策的"问题与场景"，又能够从一线实践中参透兵法的"本质与原理"。这本书以中国显示产业 30 年与京东方的战略为背景，构建出这种维度，我清晰地看到这种力透纸背的功力与努力。

目 录

推荐序一　三十年，我们一起走过　陈炎顺 / V
推荐序二　你将收获的，就是你曾经播种的　刘俏 / IX

前言　升维展开的京东方 / XV

第一部分　卓越之路

第一章　谁是京东方？ / 003
　　起点：从"少屏"到"富屏" / 005
　　宿命：逆境中的坚守 / 014
　　逆袭：弯道超车书写奇迹 / 024

第二章　拓荒"无人区" / 035
　　拓荒中国显示产业"无人区" / 037
　　"蛇吞象"跨境并购与中国显示产业"黄埔军校"的
　　　崛起 / 043
　　5代线的"练兵"与"成长" / 051
　　技术版图背后的生存定律 / 059

第三章　巨人之路 / 069
　　"低谷长歌"推进产业发展模式 / 071
　　产业发展，创新共赢之道 / 082
　　布局未来技术创新，京东方的融合之术 / 088
　　京东方的组织创新法则 / 098

第四章　从卓越再出发 / 107
　　领跑者保持发展定力 / 109
　　关于"大米"与"寿司"的思考 / 114
　　从行业规律中找"钥匙" / 116
　　战略转型：重新定义京东方 / 119

第二部分　成长跃迁

第五章　物联网技术创新路线图 / 127
　　以"屏"延展出来的物联网技术之路 / 129
　　"六维"物联技术体系"扬长补短" / 132
　　京东方人工智能技术"上天落地" / 136
　　物联网"大脑"崭露锋芒 / 149

第六章　数字化浪潮中的"智造"创新"灯塔" / 157
　　"智造"实践孕育出"灯塔工厂" / 159
　　信息化—数字化—智能化，京东方"智造"
　　　进阶之路 / 165
　　"屏+AIoT"构建工业互联网风口 / 172

第七章　聚焦民生，跨界布局健康赛道 / 185
开创健康产业物联网创新大场景 / 187
医疗革新：数字化领航未来 / 193
京东方智慧医工勾画健康产业链未来新图景 / 204

第八章　"屏之物联"重构行业场景 / 213
银行网点迎来智慧新生 / 215
智慧园区解决方案的多场景适配 / 222
文化产业的科技新动能 / 228

第九章　"屏之物联"构建产业生态新图景 / 241
播种产业生态系统 1.0 / 243
市场助力产业场景"破土移栽" / 248
"万马奔腾"，内外创业激发场景巨量增长 / 255
向未来生态的"星辰大海"跃进 / 262

第三部分　屏之物联

第十章　"屏之物联"：京东方的战略升维 / 269
深入研判的"屏之物联" / 271
"屏之物联"的内涵 / 282
"屏之物联"与战略升维模型 / 293

第十一章　战略升维模型的形成 / 299
战略升维模型概述 / 301

　　　　战略升维的点—线—面—体 / 305
　　　　隐形支撑力 / 314
　　　　简洁的力量：战略升维模型 / 322

第十二章　穿越周期的力量 / 327
　　　　企业"淬火"的挑战：周期叠加 / 329
　　　　战略升维模型之于中国科技企业 / 332

附录　京东方创立 30 年大事概览 / 349
后记　坚守什么，放弃什么 / 355
特别鸣谢 / 359

推荐序一

三十年，我们一起走过

陈炎顺

京东方科技集团董事长

　　回顾近百年科技企业的发展史，总有一些企业走在时代浪潮的前列。20世纪70年代以来，一批繁盛至今的美国科技企业集中涌现，如微软创立于1975年，苹果创立于1976年，甲骨文创立于1977年，戴尔创立于1984年，亚马逊创立于1994年，谷歌创立于1998年；纵观中国知名科技企业发展历程，它们同样也是在这一时间段启航的，如联想创立于1984年，华为创立于1987年，腾讯创立于1998年，阿里巴巴创立于1999年。

　　正如马尔科姆·格拉德威尔在其代表作《异类》中所归纳的，成功是历史与环境的产物，是机遇与积累的结晶。在产业圈摸爬滚打近三十年，如今看来，诚然如是。一家能够始终站在浪潮之巅的企业，成功要素不外乎三点：一是顺应大势，战略清晰，执行坚定；二是尊重技术，坚持创新，持续领先；三是管理赋能，文化内驱，团队制胜。一家企业最大的幸运，莫过于能够抓住时代发展的机遇，乘势而上，聚势而强，于时代浪潮中成就一番伟大事业。

1993年创立的京东方是幸运的,改革开放给了我们施展才华的舞台,信息化浪潮助我们明确了企业发展的战略;扎根半导体显示的京东方又是艰难的,我们选择了一条难而正确的道路,坚持做本分的产业人,坚定走自主创新、产业报国之路。2023年,恰逢京东方创立30周年,30年奋斗历程催人奋进,30载峥嵘岁月历久弥新。今天的京东方,无论在企业规模与运营、产业布局与发展、市场产品与客户,还是在创新驱动、文化引领、管理赋能等各方面都处于行业领先地位。我们的发展不仅造福广大消费者,惠及半导体显示行业,更为国家战略性新兴产业发展和中国工业现代化做出了重要贡献。可以说,京东方的发展历史,不仅是全体京东方人传承优秀文化、坚持创新驱动、致力高质量发展的奋斗史,也是中国半导体显示产业从无到有、从有到大、从大到强、充分参与全球竞合的产业跃迁史,更是中国工业励精图治、跌宕起伏的改革史。

着眼未来看当下,在技术日新月异的今天,"京东方以何种优势制胜未来"是我一直以来的思考。从外部看,物联时代,万物可传感、能互联、高智能,生成式AI(人工智能)、云计算、大数据、物联网等技术快速融入细分应用场景,数字化和智能化是创新发展大势所趋。从自身看,端口器件是物联时代信息交互的第一触点,京东方在半导体显示领域持续深耕所积累的"屏"及其周边能力,无疑是我们向物联网创新企业转型的核心优势。基于以上战略思考,京东方顺应时代和产业发展趋势,开创性地提出"屏之物联"发展战略。

"屏之物联"的核心要义,提炼总结后即为三句话:集成屏更多功能,衍生屏更多形态,植入屏更多场景。"集成更多功能"体现的是技术创新能力,让屏幕不再仅限于显示,而是成为一个功能集成平台。"衍生更多形态"体现的是产品创新能力,通过产品设计、制造工艺等研发交付能力的提升,打破屏的形态束缚,给屏更多想象空间。"植入更多场景"体现的是应用创新能力,通过不断拓展场景创新能力，深度理解客户需求，将显示产品和服务植入更多细分场景，推动显示无处不在。后续我们期待围绕"屏"及其周边核心能力，与各界伙伴持续深化创新合作，构建协同生态，"以屏为媒"赋能千行百业，从"万物皆显示"走向更加广阔的"显示联万物"时代，不断推动企业价值升维。

30 年的探索与实践，最终汇聚成本书的精彩篇章。书中不仅记录了以京东方为代表的高科技企业的开拓路径和创新转型轨迹，更融汇了京东方人对物联网转型的战略思考和管理智慧。尤其难能可贵的是，本书紧扣创新范式变革，从微观视角展现了京东方多年积累并沉淀出的企业管理经验和优秀企业文化，是中国自主创新科技企业管理思想的代表性著作。值得关注的是，京东方以"屏之物联"战略衍生出的战略升维模型，为当前环境下中国科技企业如何突破行业周期，寻找新的增长机会拓宽了思路，对企业当下与未来发展都具有较强的借鉴和参考价值。

最后，我要感谢本书的创作者，他们在海量数据和翔实案例中抽丝剥茧，将助力京东方创新突破的探索与实践梳理成书，以飨读者。同时感恩时代的机遇，感恩国家的富强，感恩社会的发展，感恩伙伴的激励，更要感恩一代代产业人的拼搏奋斗和辛勤付出，让我们砥砺前行、再创佳绩！

2023 年 8 月 22 日于北京

推荐序二

你将收获的，就是你曾经播种的

刘俏

北京大学光华管理学院院长

阿根廷著名诗人豪尔赫·路易斯·博尔赫斯曾经说，任何一本书都不是孤立的存在，它展现的是一种关系，是各种数不清的关系的中心轴。

这本书的主题为"屏之物联"，孤立地看，它是对京东方30年发展战略的回望、梳理与总结，也是对下一步战略转型的思考、探索与布局。如果把京东方的发展置于更宏大的历史背景和时代维度中，我们会发现，京东方30年跨越发展的故事，也是伟大的中国工业革命的生动呈现。通过这本书，我们不仅看到了一个企业的成长史和发展史，也可以一瞥它身后的中国工业化进程以及中国经济增长的宏大叙事。

从1993年创立至今，京东方一路走来，虽然争议不绝于耳，但我认为它是一家了不起的企业。这里的"了不起"，不只在于它为投资者带来多少资本回报，而在于它所创造的社会回报——数十年如一日，对实体行业的坚守，对关键技术保持持续的、巨大的投入，在自主创新路上的颠沛流离与执拗不弃，最终呈现为产业变革与管理升维所驱动的高质量发展，并赋能千行百业，带动上下游产业链发展。京东方的发展也给经济学带来了一个新课题：社会回报远大于资本回报的投资，应该由谁做？怎么做？这部分价值该如何反映在估值里？这也是本书对我的一个启迪。

京东方前身是北京电子管厂，它是中国第一个五年计划时期由苏联援建的156个重点项目之一。北京电子管厂缔造过长达30年的辉煌，在20世纪80年代中后期陨落于半导体替代电子管的风暴之中。1992年邓小平同志南方谈话后，国企改革大幕开启，京东方正是国企改革浪潮中重获新生的代表。王东升先生牵头在1993年对北京电子管厂进行了股份制改造，在此基础上创立了京东方，并带领京东方踏上全新的征程。京东方在历史上的每一次抉择，大致都折射了中国工业化不同阶段的特点。

第一个10年（1993—2002年）：用京东方现任董事长陈炎顺先生的话说，京东方是带着技术替代的"痛苦记忆"诞生的。成立之初，在面临"技、工、贸"的路径选择时，京东方毅然选择了技术这条必需但非常艰难的路，明确提出"进军液晶显示领域"的战略抉择，这样的前瞻性布局为中国显示产业的蓬勃发展打下了坚实基础。

第二个10年（2003—2012年）：京东方带领中国半导体显示产业突飞猛进，打破了中国大陆消费电子产业及平板显示产业被扼住咽喉的困局，真正实现了中国全系列液晶屏国产化，引领中国显示产业站在世界潮头。

京东方前20年的飞速发展与改革开放后中国工业化的快速推进，在时间上大致相应。中国经济40多年的高歌猛进在世界经济史上堪称伟大，而工业化进程中的全要素生产率增长是这一伟大史诗的基础。2010年左右，在中国制造业产值超过美国成为全球最大的制造业大国后，中国的工业化进程基本完成。中国的全要素生产率年增速已经由改革开放前三个十年的 4% 左右下降到目前的 2% 左右。[①] 对中国经济来说，最大的挑战和不确定性就在于，高速增长阶段（工业化进程）结束之后如何保持全要素生产率增速，而这在西方国家的现代化进程中并无成功经验可循。

与此同时，在基本完成工业化进程之后，中国经济和社会生活中一系列结构性问题开始显现并发酵，中国经济面临着向高质量发展阶段转型。这一过程也要求我们的微观主体——企业，改变在过去经济高速增长时期所形成的认知和思维定式，真正把价值创造放在规模扩张之上。

正是在这样的时代背景下，京东方开启了"产业变革与管理升维"驱动企业高质量发展的路径探索——进入第三个 10 年（2013 年至今），以物联网为抓手，推出"屏之物联"战略。"屏之物联"集成屏更多功能、衍生屏更多形态、植入屏更多场景，有望带动一个生态系统的出现，并有机会成为未来生产网络中的节点行业（生产网络里密度最高的区域）。事实上，京东方在过去的发展过程中已显现了这样的带动作用，比如作为新型显示产业的"链主"企业，京东方对合肥等地区的产业集聚带动作用就十分显著。

过去 40 多年，中国经济成功的一个重要原因在于"有为政府"和"有效市场"的紧密结合。市场的无形之手和政府的有形之手（支持之手）搭配在一起，对经济社会发展起到了积极的推动作用。政府通过"五年规划"、产业政策、金融资源的配置等，聚焦推动国民经济增长的节点行业。发生在节点行业的技术变革和冲击通过生产网络传递和放大，形成溢出效应，带动了上下游大量市场主体的出现，对

[①] 刘俏. 如何理解中国经济系列之一：中国经济增长的空间有多大？[OL].[2023-08-14]. https://mp.weixin.qq.com/s?__biz=MzA4ODA0OTMwMg==&mid=2652093223&idx=1&sn=eae177439655729ba687fa29a3ddd2a0&chksm=8bd708debca081c8a389e7042f9cdb63765e5fe11106cf3ad55c7abea944e9fe9c6f01f4074a&scene=27.

总体经济产生了一个倍数效应。可以说，越是处于节点行业，对经济的影响越大。实证研究也显示，那些产业链比较长的投资项目一般会给当地经济带来更多的就业、税收和增长。

京东方的"屏之物联"战略恰恰处于这样的节点上，几乎位于生产网络密度最高的地方，并且"物联网"本身，也与未来中国经济全要素生产率增速的来源密切相关。我们的研究显示，推动中国生产率持续增长的动能是实实在在存在的。第一，中国"再工业化"（产业的数字化转型），将带来巨大的生产率增长空间。第二，"新"基建投资，是实现再工业化和改善民生所需的基础设施，如5G基站、数据中心、云计算设备等。第三，大国工业，我国已经建成全世界最完整的工业门类，制造业的GDP（国内生产总值）占比为27%，远远超过美国的11%。我们虽然建成了全世界最完整的工业门类，但是在一些关键的零部件和底层技术上还无法形成"闭环"，我们的大国工业还有发展的空间。第四，改革开放和高水平社会主义市场体制的建设带来的资源配置效率的提升。第五，碳中和目标的实现。京东方的"屏之物联"，直接涉及产业的数字化转型、数据等基础设施建设、高端制造业等。这些增长源泉活力的释放有赖于科技创新。科技创新驱动企业高质量发展和产业变革，将是提升中国全要素生产率的关键。

如何实现科技创新，作为科技创新"总开关"的基础研究投入尤为关键。一般来讲，研发主要包含基础研究和应用研究与实验发展。数据显示，我国基础研究在总研发中的占比，2022年达到6.3%，远低于主要经济体12%~25%的水平。2022年，我国基础研究投入不到2000亿元，初步估测美国为我国的5倍；我国研发来自政府占比为20%，低于美国的24%和德国的28.8%。我国研发虽然企业资金占比超过75%，但绝大部分投向应用研究与实验发展，而非基础研究。

基础研究，尤其是节点领域和节点行业的基础研究，是公共品，会带来巨大的社会回报，但在短期内可能很难有立竿见影的财务产出，是典型的社会回报远大于资本回报的领域。一方面，政府主导的投资应当更多地向基础研究倾斜，另一方面可以考虑重构资本市场估值体系，进一步激发企业投资基础研究的积极性。

提升基础研究投入，需要发挥市场主体的积极作用。但对企业而言，巨大的社会回报在以股权价值最大化为目标的估值体系中，无法反映到估值之中。京东方的"屏之物联"战略位于节点领域，赋能千行百业，包括工业、大健康、汽车、零售、物流、文化等各个领域，无疑将带来巨大的社会回报。那么，如何鼓励企业加大基础研究领域的投入，去拓荒高精尖技术的"无人区"呢？

目前，ESG（环境、社会和公司治理）估值溢价正在我国资本市场形成。我们认为，基于基础研究研发带来的社会回报大于资本回报部分是中国特色的ESG构成部分，应该纳入中国资本市场估值体系，建议推进相关理论研究。如果把社会回报大于资本回报的部分真正反映到市场估值之中，估值逻辑的重塑势必将驱动企业的管理升维。管理升维意味着企业站在更高的维度，重新建构企业的价值理念和思维逻辑体系，真正将自身发展这一命题置身于我国实现高质量发展、推进中国式现代化进程这些更为宏大的叙事之下。我们有理由相信，无数个微观基础的变迁，将为提升中国全要素生产率、实现高质量发展提供更多全新的、激动人心的视角和答案。

科技变革驱动融合共生，融合共生驱动新的产业形态和全要素生产率的增长，这是这本书中京东方"屏之物联"战略勾勒的故事，也是中国经济增长的微观叙事。

最后，用我最喜欢的歌手卢·里德在《完美的一天》中的一句歌词作为结语：你将收获的，就是你曾经播种的。（You're going to reap just what you sow.）

从现在开始，播种关于未来的答案，期待更多微观基础高质量变迁和生长，共同建设我们心中理想的、可期的中国经济。

是为序！

2023 年 9 月 13 日于颐和园路 5 号

前言

升维展开的京东方

清华大学全球产业研究院在2021年12月,发布了一份《2021年中国全球产业领军企业分析》,里面的核心内容主要解答了一个问题:"我们离百年领军企业还有多远?"它分析了在全球主要的158个产业中,中国的优势产业和领军企业。其中领军企业的认定标准是:"产业创新的引领者、产业标准的制定者、产业规模的体现者、产业链的带动者、产业与社会界面的磨合者。"在158个产业中,中国占据优势的有55个产业,里面包括了97家领军企业。这97家企业成功地穿越了过去至少20年的周期,成为行业的王者。我们选择研究的京东方,就是其中半导体显示行业的代表。

对很多显示行业的从业者来说,京东方是一个如雷贯耳的名字,而很多普通消费者,有时候会对这个名字觉得朦朦胧胧。在进行此次研究,搜索数据资料的时候,我们还看到了一些网友甚至搞不清京东方和新东方甚至和京东的关系。如果没有京东方为代表的中国显示企业迎难而起，坚定地布局半导体显示领域，中国的消费者甚至全世界的消费者今天根本享受不到质高价优的电视、笔记本电脑和智能手机，也享受不到生活中显示无处不在所带来的智能链接与便捷。我们说卓越企业的标志之一就是能够不停地穿越周期，那么我们本书所研究的京东方，就是一个不断在关键战略时刻做出"清醒"决策，不断穿越周期的典型样本。

让我们惊喜的是，随着研究的深入，我们发现这家公司的生命竟然可以不断升维展开，从一粒产业报国的种子，到显示技术路线的不断跃迁，从和多个形态、多个应用相结合的二维市场，到"屏之物联"新战略指导下所展开的场景创新的三维空间，甚至我们还看到更多维度的可能性。本书的目的不是简单地梳理一家 30 年历史的公司成为行业龙头并成功转型的成长史和发展史，更为重要的使命是剖析其在中国经济快速发展的浪潮下，"百舸争流"背后关键战略决策的选择逻辑、战略思想和对社会发展的重要贡献及意义，希望对当下以技术为根本，不断去挑战行业领先地位甚至是要穿越周期的更多中国科技公司有所借鉴。

珍贵的种子

任何公司的第一阶段都是生存，生存是第一法则，但是生存过程中的种子和底色恰恰决定了它今后能够企及的战略高度。诺贝尔和平奖获得者穆罕默德·尤努斯曾经说过，最好的树种，种在森林里就是参天大树，种在花盆里就是不到一米的盆景。就像人类历史上的轴心时代，在那些特殊的年份，卓越的群体似乎会集体诞生。

30 年前，中国迎来了产业报国的一个新的创业高潮，一大批怀揣产业报国梦想的企业应运而生，京东方就是其中最好的代表。在当时快速发展的中国，从上到下都在自主、强大起来的氛围中蓄势待发，这就是最好的土壤。京东方从一家只有区区五六千万元收入的电子元器件厂起步，踏上了显示这条难而正确的路。在收集那个历史阶段材料的过程中，我们看到一个个自强奋斗的鲜活案例穿插其中，比如员工集资与厂子共渡难关；京东方创始团队坚决拒绝出让厂区（位于北京今天798区域的核心地段）来做房地产开发，"说实话，我们确实犹豫了，不过也就一个晚上"，当时的决策者一边回忆一边笑着说。选择产业报国，就是京东方最珍贵的种子，是最重要的底色，之后近30年的波澜壮阔、风起云涌，都是从那粒小小的甚至艰难的种子起步，最终成就了今天的参天大树。如果我们把镜头拉回到那个躁动的、充满诱惑的1993年，回看当时那粒实业报国、科技报国的种子和那颗拳拳之心，更会体会这粒种子的珍贵！

屏——出发的原点

有"科技预言家"之称的凯文·凯利在《必然》一书中，描绘了一个"屏读"的趋势，这个趋势不是未来，准确地说是正在发生的未来。当前地球上所有文明进化的前提是人类的认知不断进化，而认知的进化需要交流，所以基于交流的认知进化才是人类文明进步的必要条件。交流需要一个载体，在人类历史的进化长河中，这个文明的载体有石壁、贝壳、乌龟壳、泥板、莎草纸、牛羊皮、竹片、帛、纸等各种形式，而今天，这个载体进化成了"屏"。

今天，上千亿张闪烁的屏幕包围了我们的生活，全球每个人平均每年至少会得到一张新的屏幕，而这仅仅是屏读时代的开始。文字从纸上开始转移到计算机、手机、平板电脑、电视、电子穿戴设备，甚至汽车屏幕上，我们成为凯文·凯利笔下的"屏幕之民"，这是人类集体的一次文明进化。无论是学术殿堂里的权威，还是田间耕作的村民，都有平等的机会去阅读人类文明的共同财富，所以，屏，成为进入每一个人生活和内心的窗口。

不夸张地说，在当下的文明阶段，屏占据了进入每个人生活和各个商业场景的"锁钥之地"，而我们所研究的这家企业——京东方，就是经过30年的积累，成为"屏之王者"，而且正在以屏为原点，通过人工智能、大数据，甚至运用生物智能的方式链接更多的信息，进入我们的生活，推动我们的文明进化。

显示技术的生命线

在人类数千年的文明史中，科学技术的兴起与发展也就是最近300年的事情，而成建制的中国民族企业通过对技术的应用而崛起也就是最近三十几年的事情。在30年前集中诞生的那一批企业中，有一个值得观察的现象就是对于"技（技术）、工（加工）、贸（贸易）"三条核心路线的选择顺序，以至以贸为先（以联想为代表），还是以技为先（以华为为代表），抑或以工为先（大多数企业）成了典型的战略命题之争。战略没有对错，但是放在较长的时间刻度上，会有高下之分。京东方坚定地选择以技为先的战略，1年看不出什么，3年似乎也看不出什么，但是放在10年的刻度上，你就会发现是一步胜负手，让如今的京东方站在了行业的顶端。

相信不少中国人还记得一整条胡同的人挤在一台电视机前看中国女排夺冠的直播实况。在那个缺少屏幕的时代，在显示产业领域，日、韩企业几乎占据了行业的大半江山。无论是早期的 CRT[①] 电视还是黑白电视机，几乎完全靠进口。在索尼创始人之一盛田昭夫的

[①] CRT（cathode ray tube），阴极射线管，亦称显像管。它是最传统的电子图像显示技术，利用电子束激发屏幕内表面的荧光粉来显示图像。20世纪末出现液晶和等离子显示技术之后，CRT显示技术的应用逐渐萎缩。

回忆录中，他多次回忆当时的特丽珑技术如何让索尼独步天下，赚得盆满钵满。随后夏普推出的液晶显示产品，开始让"大背头"的CRT电视相形见绌，韩国的三星以及LG开始竞逐潮头。在这个过程中，中国的显示产品还完全靠进口。2003年是个转折点，京东方在这一年果断进军液晶面板产业，投建了第五代自主技术的TFT-LCD（薄膜晶体管液晶显示）生产线，填补了中国显示产业的空白，结束了中国无自主液晶屏的时代，用一种"孤勇"的姿态，开始向全球显示霸主的地位进军。此后，国内首条6代线[①]、8.5代线，全球首条10.5代线……诸多的行业第一均出自京东方。从2018年开始，京东方连续多年位居显示屏全球出货量第一，让中、日、韩在显示产业的格局彻底被改写。

从CRT到TFT-LCD、OLED（有机发光二极管），再到MLED[②]，从"缺芯少屏"到世界领先，从跟跑，到并跑，再到领跑，背后每一次对于下个阶段技术路线的战略决策，都是我们这次研究的重点。

浅水喧哗，深水沉默。越是到技术的深水区，越是有可能进入战略的"无人区"。拥有对信息的洞察分析和做出正确的战略判断，二者缺一不可，而且技术的进化并非线性，一旦路线选错，就

[①] 代线，也被称为世代线，是显示行业一种约定俗成的说法，它是按照生产线所应用的玻璃基板的尺寸划分而来的。面板生产线要考虑如何切割玻璃基板，以使原材料利用率更高、产生的边角料更少，最终成品的经济效益也会更好。所以根据切割尺寸的不同，液晶生产线也被分成了不同的代数。例如，5代线的基板尺寸是1300mm×1100mm，可切出8块32英寸或3块42英寸的显示屏；6代线是1850mm×1500mm。后文提到的"高世代线"指的是6代及以上世代的生产线。

[②] MLED是Mini LED及Micro LED的统称，是LED（发光二极管）在显示超高清与产品微缩化方向的升级版本，被视为未来显示技术。Mini LED是尺寸较小的LED，因为每个控制点的光源单元变小了，所以可以让色彩更细腻。Micro LED比Mini LED更小，小到可以媲美OLED。相对于传统LED显示，MLED显示具有高亮度、高分辨率、低功耗、高集成、高稳定性等特点，色彩保真，寿命长，稳定性好，可应用于从最小到最大尺寸的任何显示场合。——编者注

意味着血本无归，所以我们更看重对这种技术战略背后决策路径的梳理而绝非简单的描述，相信这对于更多的中国科技企业会有启发意义。

场景广覆盖，形成基本面

哈佛商学院著名创新战略大师克莱顿·克里斯坦森曾经说过，技术无所谓颠覆，市场更无所谓颠覆，恰恰是技术和市场的有效结合，才形成了真正的创新颠覆。随着中国消费电子市场的崛起，从多人一屏到一人多屏的消费习惯的转变，让京东方选择技术路线有了最大的底气。这个底气不仅来自对行业的敏锐洞察和对市场的深入理解，更源自京东方对技术的前瞻性布局和储备。以屏为基，京东方在智能手机、笔记本电脑、平板电脑、显示器等各类形态的屏上出货量名列前茅。以屏为媒，京东方正在向社区、家庭、交通、零售、医疗、工业、园区、金融等各个行业的应用场景不断延伸融合，开拓出大量的场景。

"屏之物联"，展开三维战略空间

随着在屏这一领域已经成为王者，下一步发展空间的拓展似乎成了京东方的关键命题。沿着显示技术这一技术主轴还能拓展哪些增长空间呢？爱因斯坦说过，重大问题的解决方案往往不在产生这个问题的维度上出现。京东方的战略新机遇就恰恰验证了这句话。新的战略机遇不在二维平面，而在三维空间。

随着人工智能技术、大数据等新一代信息技术的发展，以各类智能终端为触点和接口的物联网正式大规模进入应用期，使用屏的场景正在被新的技术重构。这个技术不再是单一的显示技术，而是

"显示技术＋物联网"的新融合，场景也变得更加多元。我们的生活方式和居住习惯被智能时代彻底渗透，交通、零售、医疗、工业生产各个领域开始交融，这使得屏这一基础元素可以"集成更多功能，衍生更多形态，植入更多场景"。京东方也在"显示技术—物联技术—更多场景"的相互作用下形成了新的战略，这个战略就是"屏之物联"，即通过屏来系统化集成芯片、通信、传感等多元化器件，进一步与嵌入终端等操作系统和上层应用实现软硬件等融合，通过对应用场景的理解和创新开拓，终端进入智能化时代，从而打开一个新的指数化市场。

我们在调研中，深入地走进京东方在成都、苏州等投入使用的智慧医院。智慧医院以用户的健康和治疗体验为中心，将显示技术、物联网技术和现代医学深入融合，结合医疗行业的数字化、智慧化变革，构建系统化的健康物联网平台，将检测设备、医护人员与用户深度链接，形成家庭、社区、医院三端协同联动的健康管理生态，带来覆盖"预防—诊疗—康复"全生命周期的数字化健康医疗服务，重新定义了这个产业的应用场景。

随着金融、零售、园区、工业等一个个场景的展开，我们在研究中惊喜地发现，京东方的战略展开过程从原来"显示技术—终端形态"的二维战场，展开到了"显示技术—物联技术—多个场景"的三维战场。这种战略上的升维，让京东方无论从市场空间还是战略想象力上，都到达了一个新的高度。这个从二维战场到三维战场的跃迁，如同人类历史上一次次的进化将各种文明进行融合和发展。

不断内生的组织能力

在不断升维的战略拓展过程中，有一条隐形而充满力量的维度，这就是组织能力的进化。中国著名管理学者杨国安教授有一个著名的企业持续成功的公式：企业成功＝战略×组织能力，所以组织能力必须和战略同步进化，才能保障战略的成功实施和落地。在对京东方不断进行深入研究的过程中，组织能力这个隐形维度进化的过程也清晰地展现在我们面前。从一开始典型的制造业的"横到边，竖到底"的管理方式，到后来的"三横三纵"；从今天"屏之物联"时代的"1+4+N+生态链"[①]发展架构生态布局，到"主干严谨，枝叶授权"的万马奔腾的生态型组织搭建，京东方组织能力与战略维度的同步进化，是非常值得我们研究和诸多中国企业借鉴的成长路径。

从一粒产业报国的种子，到确定"屏"这一产品的基础原点，再到显示产业不断技术跃迁；从跟跑、领跑的一条技术主线，到形成多种终端形态的"屏之王者"的基本面，再到结合新的互联网技术，开拓更多形态、更多场景的三维战场，京东方的"原点—技术线—基本战场面—三维战略空间"的进化过程，不仅是自身的一笔战略财富，而且在今天这个全面科技创新的时代，对很多有战略雄心的中国民族科技企业来说也有重要的借鉴意义。

创新之路往往很曲折，甚至偶尔有灰尘，但是只要向着对的方向前进，每到一胜境，回首看去，都是灿烂的财富；抬眼望去，又会充满斗志和期待，去探寻下一处胜境，看不一样的风景。创新之路往往很孤独，但时而停下总结，发现曾经的孤独都是为了今后的成长。本书是对京东方发展路径的总结，是对下一步战略新思维的探索，我们希望这些总结和探索不是仅停留在京东方的层面上，而是让更多的探索者去享受、吸收这份"孤独"！

---

① "1+4+N+生态链"是京东方物联网转型之后提出的公司业务架构。"1"就是以半导体显示为核心；"4"就是传感事业、MLED、智慧系统创新事业和智慧医工事业四大赛道融合发展；"N"就是在"1"和"4"的业务发展过程中，孵化、创造、生长出各种细分的业务形态；"生态链"是创新生态发展的赋能平台，是"屏之物联"的重要保障。本书第十章对此会有详细解读。——编者注

第一部分
卓越之路

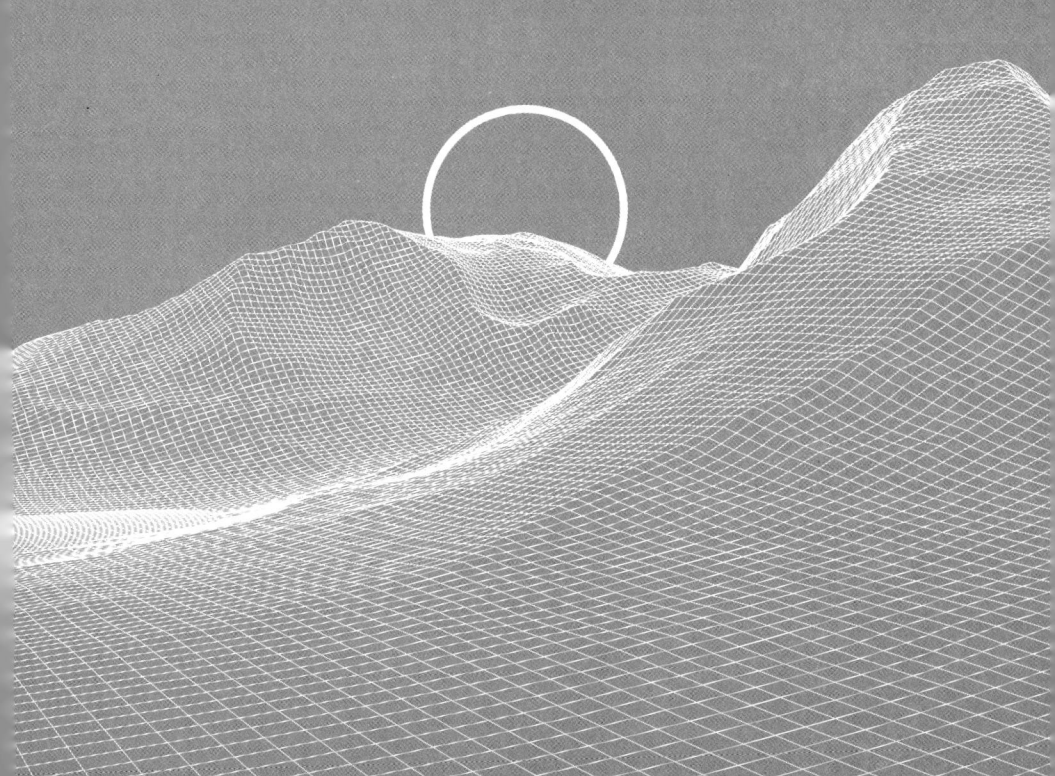

第一章
谁是京东方？

早在先秦时代,《墨子·经说下》就记载:"光之人煦若射,下者之人也高,高者之人也下。"这实际上是小孔成像的原理,大致意思是:光像箭一样照射在人的躯干上,下方的光线透过小孔映现在上方,上方的光线透过小孔映现在下方。从无知到有知,在求索光影奥秘的漫漫长路上,这是中国人留下的最初足迹。

从此,眼睛这个获取80%信息的窗口便开启了追逐光影之美的历程。从龟甲、青铜器上的文字,到跃然纸上的诗句、绘画和信息影像,再到无处不在的显示技术,数字化的笔触在源源不断的创新中还原着动人的世间本色。

如今,显示技术已渗入千行百业,但对30年前的中国来说,半导体显示技术领域几乎是一片荒芜的"无人区"。

彼时,面对竞争者的重重技术封锁,中国的显示技术领域不仅无人跨入,甚至没有一处土地可供立足。但越是无路可走,越是需要先行者用自己的双脚走出成功之径。

两千年前的墨子如此,三十年前的京东方亦然。

以拓荒者和先驱者的姿态,京东方突破了"无人区",在自行建立的发展道路上迅速扩大技术优势,最终成为全球半导体显示的龙头企业，同时也成为一家全球创新型物联网公司。

三十载，京东方引领着本土的半导体显示产业，让国人从一个村只有一块屏，到一家人看一块屏，直至平均每个人拥有多块屏。

此刻，我们正处在一个"显示无处不在"的时代，一个仰首"举杯邀明月"，俯首便能"对屏悦众人"的时代。

作为半导体显示技术领域昨日的缔造者，京东方已经引领中国半导体显示产业，实现了从 0 到 1 的历史使命，成功破局中国"少屏"困境，甚至书写了出货量全球第一的辉煌。

作为明日的领航人，京东方笃信，从"全球半导体显示产业龙头"迈向"全球领先的物联网创新企业"，只有通过不断创新，用科技服务大众，方能高质量发展，并创造更大的价值。

以墨子发现小孔成像的原理为滥觞，中国人对光影奥秘的求索已走过了千年历程。这条历史的泱泱长河，30 年不过是弹指一挥间。纵使如此，京东方仍毅然接过衣钵，并以从未动摇的初心向前迈步：要穷光影之理，要以光影见万象！

正如京东方科技集团现任董事长陈炎顺所畅想的那样："在家庭、在广场、在每一个人类生活的地方，都有我们的产品和服务。我们和人们的生活联系得如此紧密，使我们欲罢不能。"

如果说对处于巅峰状态的京东方进行研究，总结是顺理成章、水到渠成，那么，通过本书深入其巅峰背后进行洞察与分析，则是一场关于"屏之物联"卓有见地的数字化之旅。

起点：从"少屏"到"富屏"

许多中国电影画面中时常有这样的场景：20 世纪 80 年代，电视直播世界大赛，家家户户的大人小孩挤在一台信号时断时续的小电视机前，共同见证中国队一个个精彩的历史瞬间。

今天，国人通过屏幕观看重大的赛事有了更大的自由度，已经不再被时间、空间所限，而是通过手机、平板电脑，甚至高清户外大屏随时随地体验比赛的乐趣；人们也可以在形态不一的屏幕间随时切换，在不同的场景下享受不同的视觉体验。不知不觉间，电视屏已经从人们生活中唯一的屏幕变成众多屏幕之一。

一块电视屏变迁的背后

曾几何时，"去邻居家看电视"是许多70后的童年回忆。

30年过去了，人们对旧时电视机产品细节的记忆已经变得模糊不清。实际上，那时电视机的屏幕尺寸与一张A4纸大小相当，但显示屏后面的"大脑袋"——显像管，却让其显得颇为笨重。

20世纪70年代，电视机所采用的主流显示配件是CRT，屏幕的尺寸多数为9英寸和14英寸；到90年代末，中国家庭基本上使用的是"大脑袋"电视。虽然笨重，但它仍然是当时人们观看视频内容的唯一窗口，更是年轻人结婚的"三大件"之一，堪称稀缺的贵重货。

2003年开始，中国家庭的CRT电视逐渐被更轻薄的等离子或者液晶电视替代。当时，液晶电视屏幕的尺寸与价格呈指数级正相关。研究中国经济的著作《置身事内》有过如下描述："2008年，70英寸以上液晶电视价格接近40万元，在当时相当于北京、上海的小半套房子的价格，而且只有三星、索尼才有这种大尺寸的产品。"

到2022年，75英寸的液晶电视价格只有3000元左右。电视机的升级进步并非简单地将尺寸做得更大，而是加持了许多新的技术元素，比如广视角、高色域、低反射率、高对比度、高刷新率等。有了创新技术的加持，电视画质水平和影像质感可以媲美电影效果。

2022年，4K超高清是家用电视机所能达到的清晰度极限（电视网络只能传输4K信号）。而全球冰雪盛会开幕式当晚，中央电视台则推出了惊人的8K信号转播。一些年轻人并不满足于家庭电视的高清效果，选择聚集在各大商业综合体的8K大屏前观看全球冰雪盛会开幕式。8K的信号加上8K的屏幕，分辨率整整是4K电视机的4倍。毫不夸张地说，它在视觉的细节体验上甚至如同现场观众。通过这样的屏幕，运动员滑冰时带起的细碎冰屑都清晰可见。

同样是观看世界级比赛，从1984年多家人聚在一起看一台电视机，到2008年一家人聚在家里看一台电视机，再到2022年人们可以通过各种尺寸的屏幕沉浸式观赛，显示技术的巨变让人们的赛事观看体验更加便捷，也更加互联互通。

如今，观看影像的屏幕选择空前丰富。像全球冰雪盛会这种世界级赛事，人们早已不再拘泥于通过电视屏幕观看：在通勤路上通过手机关注赛事，回到家再从手机小屏直接切换到电视大屏；不想在客厅看电视，躺在床上拿起平板电脑也不失为一种宜人的观看姿势……

随着时代的变迁，30年间从"多家一屏"到"一人多屏"，屏幕变得更多、更好，以至各种观看场景都能获得高质量的视觉享受，而成本却在大幅下降。这是中国人生活方式的巨大变革！

可以说，正是京东方在半导体显示产业迈出的第一步，中国电子信息产业才得以摆脱"少屏"的困境。

2008年以前，中国还没有液晶屏高世代线，液晶电视屏大多依赖进口，仅后者的成本就占到了一台电视机成本的七成。因此，当时国内无论是中国品牌还是外资品牌，液晶电视的价格居高不下。而京东方中国首条液晶面板6代线的建成，完全改变了"中国没有大尺寸液晶电视面板"的窘境。

随后的10年间，京东方持续大规模投资建设各种世代半导体显示生产线，创造了中国半导体显示产业的各种突破和"第一"。

如前所述，在2008年这个时间点，70英寸以上的电视之所以贵得出奇，主要原因就在于中国液晶面板厂商没有大尺寸屏幕的制造能力。而仅仅时隔5年，即2013年4月，京东方110英寸超高清

ADSDS[①]显示屏便入选了吉尼斯世界纪录。作为当时世界上尺寸最大的液晶显示屏，它标志着中国人开始进入了"大屏自由"的时代。

如今，京东方拥有全球数量最多的液晶面板高世代线，同时引领着全球的技术和行业标准，在液晶显示领域形成了ADS技术专利体系。技术优势加规模优势使京东方的"护城河"更具深度，竞争壁垒不可撼动。尤为值得关注的是，京东方于国内大规模建设的生产线，还带动了上下游产业链在中国的落地和繁荣。产业链本地化降低了成本，又进一步增强了京东方在全球的竞争力。

支撑了中国人日常生活变革的，是京东方对全球产业格局的引领与重塑。面对京东方强大的竞争优势，一些曾经领先的日、韩企业不得不宣布退出液晶面板产业。

一部折叠屏手机的科技"含金量"

一次商业演讲的现场，没有中控台，也没有题词器，演讲者手持一部折叠屏手机，将PPT（演示文稿）投在现场大屏上：只见演讲者侃侃而谈，挥洒自如，时而滑动手机屏来翻页，时而妙语连珠，赢得阵阵掌声……

这是折叠屏手机商务化的经典应用场景。对用户来说，折叠屏手机不仅兼顾了手机的便携性和平板电脑的大屏使用体验，还可以把计算机的部分功能整合起来，成为一个全能生产力工具。

折叠屏手机的兴起，是近几年手机技术革命性升级的体现。一位电子产品发烧友在网络论坛里写道："智能机替代功能机是手机划时代的转折。近几年虽然技术不断精进，但智能机的形态基本没有发生过质的变化，直到折叠屏出现，我才确信智能机的第二次技术飞

---

① ADSDS（Advanced Super Dimension Switch），高级超维场转换技术，是京东方于2010年前后开发出来的宽视角液晶显示技术，简称ADS。

跃降临了。"

时代在变，用户的习惯也在变。目前的智能机已经取代了人们原先的钱包、照相机、钟表、图书和公交卡等物件，像一个"电子器官"一样随时随地满足着人们的各种需求。由于要在有限的体积中集成更多的功能，手机也是现今科技含量最高的电子消费品。在此基础上，折叠屏又将其技术"含金量"提升了一大截，将手机、平板电脑甚至家用计算机的功能集成在一起。

纵观手机技术的演变史，无论是功能机时代还是智能机时代，手机技术创新在软件领域和硬件领域皆由国外厂商主导。到了折叠屏时代，中国厂商再也不是跟随者，在硬件创新上甚至超越了国外竞争对手。

折叠屏手机最重要的硬件创新是柔性屏的使用，也就是OLED。这是一种与液晶屏不同的显示技术，具有更轻薄、亮度高、功耗低、发光效率高等优点，其最大亮点是柔性好，可以实现多种形态的显示。

在投入OLED研发的中国企业中，京东方是最早的一家，起步时间并不比国外厂商晚。在柔性显示技术上，京东方已经进入世界前列。

2015年，京东方在成都投建国内第一条6代柔性AMOLED（有源矩阵有机发光二极管）面板生产线；2017年10月，该生产线实现量产，成为国内柔性显示产业发展的里程碑事件。紧接着，京东方又在绵阳和重庆各投建了一条AMOLED生产线。

据多家权威媒体报道，截至2022年，京东方在柔性屏领域已经投资了1400亿元。随着重庆6代柔性生产线实现量产，京东方柔性屏的年出货量也几近达到了一亿片，这是一份令业界震动的成绩。可以说，无论从规模、技术还是产业带动性上，以成都、绵阳和重庆为核心的西南柔性显示产业集群业已形成。

在柔性显示领域，京东方的实力不仅体现在生产规模上。在研发上，京东方在北京、成都布局了两大柔性 AMOLED 技术研发中心，招募了共计 957 名工程师，其中博士 45 人，硕士 706 人，高端技术人才占比达到近八成。研发人员的豪华阵容带来的是技术上的世界领先——京东方已经在柔性屏领域获得了 2.8 万余件技术专利。在标准建设上，京东方共主持及参与制（修）订了 34 项柔性显示行业技术标准，正在由单纯的技术引领者全面成长为行业标准的制定者。

将柔性屏应用于智能手机后，手机变得易折叠、更轻薄，也更加美观了。近几年，京东方把更多的功能集成到了柔性屏上。原先，触控和指纹识别等功能使用的是不同的元器件，如今这些功能都被集成到一块柔性屏面板上，使之不仅具备显示功能，还具备触控和传感等人机交互功能。显示屏从单一的信息输出端升级为信息交互端，手机自然变得更加轻薄。

到了折叠屏时代，技术的"含金量"变得更高。在集成更多功能的前提下，手机屏实现了形态的多变。而且，折叠屏也只是一个开始，从京东方推出的产品来看，柔性屏可以承载更多关于手机形态的想象力：除了全面屏，还有外折内折、360°双向折叠，或将手机像一张三折页海报一样折起来，甚至还有像画轴一样徐徐展开的卷轴屏……

柔性屏的应用也不仅限于手机，只要有屏幕的应用场景，柔性屏就能带来更多的想象空间。比如，在车载应用领域，京东方柔性屏技术除了可应用于车内屏幕，还开发了尾灯、汽车 A 柱[①]等应用，以提升汽车的安全性。随着新一代智能网联汽车市场的快速增长，车载领域将成为柔性 OLED 显示的全新市场。

2021 年，京东方发布了 ADS Pro（高端 LCD 显示技术解决方案）、f-OLED（柔性有机发光设备）、α-MLED（玻璃基新型 LED 显示系

---

① 汽车左前方和右前方连接车顶和前舱的连接柱。——编者注

统及解决方案）三大显示技术品牌。其中，高端柔性显示技术品牌 f-OLED 代表京东方独有的高端柔性 OLED 技术解决方案，具有色彩绚丽、形态多变、功能集成度高等优势。它涵盖的技术能力在应用想象空间上极为广阔，而折叠屏手机不过是浮出海面的冰山一角，未来，更多智慧终端会被京东方柔性显示技术注入新的活力。

在京东方柔性技术和品牌的双加持下，柔性显示有望深入渗透人们生活的各种场景。此刻的我们已经可以像科幻小说家那样畅想，比如将柔性显示技术与现有的衣物、饰品融合，甚至直接贴附于皮肤上，这种"可穿戴显示"无疑将彻底颠覆人们的生活模式。

一朵"雪花"震撼世界

"两位年轻的运动员，将手中的火炬留在了大雪花的中心，这是一个由所有代表团共同构建的火炬台。这最后一棒火炬留在了大雪花的中心，继续燃烧。这，就是我们的主火炬！"延续全球冰雪盛会历来的传统，圣火点燃被安排在开幕式最受瞩目的压轴环节。但在 2022 年北京这场盛会的开幕式上，导演组选择了一个突破传统而又别出心裁的设计——没有点燃圣火的动作，也没有火炬台的熊熊烈火，取而代之的是一个悬于半空的巨型"雪花"。

随着圣火点亮，雪花绽放出一波波晶莹剔透的光芒，用唯美的光影秀将开幕式的气氛推至最高潮。现场转播开幕式的中央电视台不吝盛赞，称其为"史无前例、开创历史"的设计。

这片形似巨型雪花的火炬台，由代表各国的一个个小雪花共同构建而成，在圣火点燃雪花后，一片片小雪花接力将光芒向外传递。这确实是一个"史无前例"的精彩创意，但距离用视觉艺术将创意背后的美好寓意呈现给世界，还需要迈过一个"史无前例"的技术难关——既有的显示装置，无论是形状还是精准度，都未能达到让巨型雪花完美绽放的技术水平。

这种举世瞩目的盛会，哪怕一分差错涉及的都是国家荣誉，因此技术保障必须以100分来要求。事实上，没有任何电子装置能做到100%的技术无误，更何况一个结构复杂的巨型显示产品。为了达到最佳的演出效果，提出创意的导演组将这一高难度挑战交给了京东方。

接到"雪花屏"任务时，京东方团队留给自己的时间已经相当紧迫。无论从雪花的形态结构还是对于电路和系统的技术要求，都有着极高的难度。这个直径为14.89米的LED双面屏，由96块小雪花形态和6块橄榄枝形态组成。

"雪花屏"首先要做到尺寸大、厚度薄，同时要在升降过程中保持结构稳定。

接下来，根据导演组的创意要求，"雪花屏"上的55万余颗LED灯珠都要做到单点可控。换句话说，每一颗灯珠的显示，都要实现单一信道独立控制，而不是用一条线路控制一串灯珠。这样的设计是为了在火炬点燃的那一刻，能让雪花的光芒从中心向四周辐射开来。

单点可控对电路设计提出了极为苛刻的要求——55万余颗灯珠排布非常密集，最窄的地方只有4.8毫米，基本上就只剩下一个灯珠的直径。在如此窄的通道上布置灯珠，还要设计单点可控的电路，犹如"螺蛳壳里做道场"，在全世界还没有先例。

面对极限挑战，京东方的技术团队选择征服。历经半年的攻关，京东方团队研发出了行业内发光面最窄的单像素可控的LED异形屏，实现了55万余颗灯珠的单点可控，在全球范围内填补了这一技术空白。

正是得益于单点可控的设计，全世界的观众才有幸目睹了"雪花"升空后层层叠进的璀璨光芒。支撑这一视觉效果的除了硬件上的保障，还有更加强劲的软件实力。

为了保证观众看到的光影效果流畅统一，不会出现延迟、卡顿或与音乐节奏不同步，55万余颗灯珠需要实现毫秒级的响应和信号完美同步。每一颗灯珠都要实现这种响应，就像10个足球场大的场地站满人，且所有人都能不失毫厘地响应同一套指挥。想做到这种程度的"默契"，软件系统的精准控制不可或缺。

为"雪花屏"提供软件技术支撑的是京东方AIoT（人工智能物联网）技术体系和自主研发的同/异步兼容信发系统。其中，异步集控能在极短时间内将大规模视频内容快速下发，同步集控则确保102块双面屏实现毫秒级响应。此外，"主路+环路"备份的高冗余控制系统确保了火炬台播控系统的超高可靠性。

不仅如此，方案还采用了LoRa（远距离无线电）技术。这一技术对于普通用户乃至互联网企业可能都是陌生的，但在物联网领域却是耳熟能详的存在。它具有延迟低和抗干扰性强的技术优势，搭配同步播放时间校正技术，能够进一步确保下发指令的时机万无一失，实现视频画面完美协同。

一朵"雪花"震撼世界的背后，是京东方团队迎难而上的勇气和实力。"雪花屏"项目时间紧，任务重，要求高。从通宵达旦地准备标书材料，到夜以继日地技术攻关，在500张图纸的设计和十几轮制样的支撑下，团队最终将"小雪花"的出光面宽度控制至只有4.8毫米。而单点可控技术的生成，从某种意义上触到了屏显技术的天花板，其光影效果以及系统可靠性于当今世界的显示案例中堪称一绝。

整体可见，"雪花屏"的诞生过程就是"关关难过关关过"。无数的难题在团队的奋斗中被攻克，科技与艺术圆满交融，实现了"全世界的雪花都汇聚于此"的创意理念。最终，这片"史无前例"、如钻石般璀璨闪耀的巨型"雪花"亮相于冰雪盛会开幕式，既秀出了大国的美学境界，亦展露了大国的技术实力。

业界普遍认为，京东方所锻造的这片巨型"雪花"，除了展现出科技之美，更佐证了一个事实："雪花屏"完全超越了半导体显示企业的能力范畴。因为其所集成的硬件能力、系统控制能力、数据传输能力都充分说明，京东方将"屏显+IoT（物联网）"兼容并蓄、生动演绎，将不可能变成了可能！

无论是电视屏带来的生活变迁，还是手机屏的飞速更新换代，抑或是"雪花屏"将不可能变为可能，京东方以30年的不断创新，在"幕后"造福着每一个中国消费者。2021年，京东方凝结成了三大技术品牌——ADS Pro、f-OLED、α-MLED，并在它们的加持下，无论在电视大屏、手机小屏还是户外巨屏，消费者都能享受到顶级视觉体验。至此，京东方实现了技术、标准和品牌的全面飞跃。

然而令人难以置信的是，30年前京东方的前身——北京电子管厂，却是一家资不抵债、濒临倒闭的企业。

宿命：逆境中的坚守

纵观全球商业史，伟大的企业几乎都生于逆境，成于逆境。作为全球半导体显示产业的先锋，2021年，京东方的营收规模已经突破2200亿元。

若将时间的指针拨到30年前，京东方的前身，北京电子管厂正经历着一场危机。

当时，电子管领域遭遇了磁控管显示、液晶显示等新技术的冲击，需求规模迅速萎缩。无论是技术升级还是拓展市场，北京电子管厂都需要可观的资本加持，所以留给北京电子管厂的出路只有一条——企业改制。

1992年，邓小平的南方谈话标志着我国市场经济改革的开始，奠定了中国社会主义市场经济的新时代，国有企业改革的大幕也随之徐徐开启。京东方，正是在国企改革浪潮中重获新生的代表。

从改制到上市

始建于 1956 年的北京电子管厂，被誉为"中国电子器件工业的摇篮"。

在 20 世纪 70 年代的"彩电大会战"中，北京电子管厂研制出了 18 英寸彩色显像管。作为中国电子科技的尖兵团队，该厂曾拥有当时世界上最先进的电子管制造和研发设备。我国第一颗人造卫星"东方红一号"播放乐曲的计算机，也采用了北京电子管厂生产的集成电路。

北京电子管厂的发展变迁是新中国工业化进程的一个缩影。如果说，它的历史是一段艰苦奋斗的创业史诗，那么其所经历的挫折和困境，映射出的则是京东方引以为傲的精神图腾——产业报国，志存高远，自力更生，艰苦奋斗，持续创新。

进入 20 世纪 80 年代，北京电子管厂风光不再。由于电子管被晶体管和大规模集成电路替代，电子管的需求陡然下降。采用半导体技术的电子产品开始大量进口，这个"万人大厂"因产品市场的萎缩变得岌岌可危。

1988 年至 1990 年间，中国经济的土壤贫瘠而荒凉；1992 年春天，邓小平南方谈话后，社会主义市场经济的种子于改革开放的沃土中开始萌发。面对新时代的召唤，京东方的创始人王东升笃信，北京电子管厂若要复苏重振，必须从旧体制的迷雾中脱离，用股份制的市场化模式重组。王东升果敢担起厂长之责，举改革之旗，坚定踏上了企业变革之路，自此，京东方壮丽的发展画卷在时间的涤荡下铺展开来。

变革从来都不是一件轻而易举的事，王东升很快就遇到了第一道坎：股份制改造的钱从哪里来？

京东方历史上最重要的一笔 650 万元股份制改造资金，源自干部和员工的积蓄。为了救活企业，2600 多名干部和员工自筹资金，许多人甚至掏出了压箱底的存款。

一位亲历者这样讲述当时的境况：自家的存折上仅有 2000 多元，是一家人多年的积蓄。刚拿出存折时无比犹豫，可转念一想，如果大家都拿不出钱来，厂子就活不下去。最后还是一咬牙将存折上的钱全取了出来，来到公司集资入股。

员工们的举棋不定是人之常情，毕竟那还是个人均工资只有两三百元的时代。如果没有企业多年积淀下的信任，没有员工间如家人般的凝聚力，没有自力更生的奋斗精神，这笔资金不仅筹措无望，企业的改制也无从谈起了。

1993 年 4 月，北京电子管厂经营性资产出资，以企业员工募资的 650 万元，再加上银行的债转股，共同注资成立了北京东方电子集团股份有限公司。可以说，让京东方重获新生之力的是无数员工的伙食钱、结婚钱乃至养老钱。

股份制改造的最大好处在于企业可以自主经营，把没有市场前景的业务剥离出去，分流冗余人员，放下原来企业办社会的包袱。这是一个复杂的系统工程，其关键是要找到企业利润增长点，让企业从负债累累走向盈利。

作为中国最早的显示企业之一，北京电子管厂一直将战略方向聚焦于自身擅长的显示领域。当时，市场政策的基调是加快经济发展，扩大对外开放，积极引进外资。之后的京东方在这个过程中也抓住机会，与外资企业展开合作。

比如，京东方与日本旭硝子株式会社、丸红株式会社和共荣株式会社合资成立北京旭硝子电子玻璃有限公司（后文简称"北旭"），1993 年成立时，生产的产品是彩色显像管所用的玻璃支杆；与日本端子株式会社合资成立北京日端电子有限公司，生产端子、连接器等；与日本日伸工业株式会社合资成立北京日伸电子精密部件有限公司，生产电子枪零部件及影像显示零部件等。它们都属于 CRT 产业链上的配套企业。

这期间最成功的合资企业，是京东方与日本松下合作成立的北京松下彩色显像管公司，它生产的显像管是彩色电视机的关键部件。

在中国彩电产业飞速发展的 20 世纪 90 年代，北京松下彩色显像管公司位列中国八大彩管厂之一，算得上是北京市的明星企业。京东方上市以前，每年都可以从这家公司获得可观的分红收益。

上述在京东方企业改制之后成功的项目有两个共同的特点：一是从日本引进了技术和先进的管理经验；二是踩中了彩电国产化浪潮的风口。

彩电国产化的产业浪潮从 20 世纪 80 年代初起，一直持续到 90 年代末。20 年时间，中国通过引进技术，建立了玻壳、彩管到彩电整机的完整产业链，也催生出了长虹、康佳、TCL、创维和海信等一大批彩电企业。

1995 年，我们迎来了互联网的"黄金时代"。彼时，科技产业的宠儿——互联网公司如日中天，大型信息技术企业生机勃勃，这也激发了京东方决策层力图成为产业新贵的强烈愿望，而为此付诸行动的不二选择就是通过资本市场实现融资。

成为一家被资本青睐或者认可的产业新贵，不仅需要具有服务于大众的过硬产品，同时也需要创造足够高的利润来回报投资人与员工，从而成就自身发展。满足上述条件，就需要京东方拿出经得起检验的实力，以佐证其不是昙花一现。要知道，没有任何一家胸怀产业理想的企业愿意被贴上"融资裸泳"的标签。

时任京东方上市融资小组负责人的陈炎顺时常站在办公室的窗前思考：令人心动的上市计划，如何在有效行动上突破重重难关？换句话说，京东方的价值如何配得上资本市场准入的资格？

然而，上市融资小组除了要满足外部资本市场机制的检验，也需要尽快拿出行动打消内部对上市前景的疑虑。

摆在陈炎顺面前的挑战远比想象中的艰难：没有上市运作经验，

没有耀眼的产业背景，没有令人炫目的专业团队，更没有一间像样的工作室。

经过精心准备，富有坚定决心的陈炎顺将北京证监局（即中国证券监督管理委员会北京监管局）作为第一个突破口。

他频繁地拜访北京证监局相关领导，尽心竭力争取上市"门条"——A股市场上市的名额，以此顺利打开通向资本市场的大门。

现实犹如一面无情的镜子，给陈炎顺及其上市融资小组成员放大了资本市场的门槛：通往A股市场的"门条"不仅标准高，而且运作周期长。

当命运之神关上一道门时，往往会打开一扇窗。或许是被陈炎顺的"诚意"打动，抑或是看好京东方的宏伟蓝图，北京证监局的领导建议陈炎顺考虑将迈入B股市场作为融资踏板。

实际上，根据当时京东方的条件，B股市场不失为一项正确且适配的选择。B股市场对于公司的准入条件相对较低。相比A股市场，B股市场对企业的盈利状况、公司规模等要求通常较为宽松，使得初创企业以及具有发展潜力的公司也有机会得到资本市场的支持。

但扎心的事实仍在京东方资本征途上延续：即使京东方已经扭亏为盈，但每年的盈利不过几百万元，仍未达到B股上市的标准。

此时，经济学科班出身的陈炎顺并未因此灰心，而是选择通过专业知识，努力从财报细节中寻找资本背书。他认为，北京松下彩色显像管公司的盈利能力很强，而京东方是其大股东，一年从中可获得大约2000万元的分红收益。

按照国际会计准则，当持有超过20%的股权时，股东采取权益法进行核算极为合理，即将持股企业的利润按持股比例算作该企业的利润。这样一来，京东方一年就有几千万元的利润，完全符合B股上市的标准。

恰巧当时中国资本市场准备开设B股，中国证监会也在挑选企业进行试点，于是，京东方作为试点企业申报成功。紧接着，京东方成立证券部并在陈炎顺的领导下，历经 7 个月的紧锣密鼓筹备后，于 1997 年 6 月 10 日在 B 股挂牌上市，募资 3.5 亿港元。

这笔融资也意味着，京东方终于有了自主可支配的资金，有了自主选择技术路线的底气。京东方这家不被外界看好的科技企业，用自己的魄力与勇气打动了资本市场，正式开启"技术＋资本"高速扩张时代。

对陈炎顺及其团队而言，无论是勇闯 A 股还是迈入 B 股征途，京东方的股票代码仿佛是通往未来成功路上的一串密码，记载着资本市场的"风吹雨打"。而在那些为上市努力的不眠之夜，陈炎顺与京东方上市融资小组所付出的无数努力，充盈着京东方人勇往直前的信心与动力，坚定了京东方人继续在显示领域深耕下去的决心和永不言弃的发展信念，在企业内部更是激发了强烈的干劲儿与归属感。

2001 年，京东方又在深圳交易所增发了 A 股，融资 9.7 亿元人民币，成为当时为数不多的 A、B 股同时上市的公司。

上市是京东方历史上的关键转折点，也为进入半导体显示这一资本密集型的产业积蓄了力量。

科技基因驱动产业抉择

有了充裕的发展资金，京东方面临的选择很多，其中之一便是房地产。当时，一家外国基金公司欲投资 5000 万美元，推动京东方转行做置地生意。愿景与规划呈在案头，价值回报令人心动，企业内部也有相当多的声音支持这条发展路线。

面对转变命运的分水岭：一边是房地产的广阔疆土，回报是唾手可得的高利润快车道；另一边是坚持在显示领域的黑土地耕耘，走一条注定艰辛曲折的田间路。最终，京东方选择了后者，扛起了中国电子工业的创新锄头，继续做中国显示产业的开拓者与播种者，并倾注心血，深耕下去！

王东升对当时的管理层表示："如果连我们这些人都去做房地产，那谁来搞工业化？中国的工业现代化什么时候才能实现呢？"

每一家企业在创立和成长过程中都会形成自己独特的基因，京东方的基因就是怀揣中国科技梦，践行产业报国的使命。同时，这一基因也左右着京东方在每个关键岔路口的方向感。

本书调研采访了几十位司龄达 20 年以上的京东方企业中高管，他们每个人身上都体现着"技术为上，匠心钻研"的产业人气质。其中一位被访者是京东方吸纳的最早一批大学生之一，他回忆道："刚来京东方时，我们这些大学生要下工厂跟着师傅学技术。那些在工厂里干了一辈子的老师傅，当时一个月工资只有 200 多块钱，远比我们这些大学生收入低。虽然他们干着最基础的工作，却仍对技术创新带来的裨益充满着向往。"

基层技术人员就是一个企业的文化缩影，正是这种内化而深厚的创业基因指引着京东方走上液晶显示的顶峰。

除了对于高技术产业的精神追求，回顾京东方的历史后我们就会发现，促使其最终走上显示领域高峰的也有其技术选择的必然性。京东方创立的前 10 年，核心技术主要围绕着显示产业精心布局。在 2003 年之前，京东方已经掌握了显像管、VFD（真空荧光显示器）、STN（超扭曲向列屏）等显示技术。

从业务布局上看，无论是北旭、北京松下彩色显像管公司还是后来上市后投资的公司，京东方皆围绕显示产业链进行布局。比如，上市后与日本茶谷产业株式会社合作建立的北京京东方茶谷电子有限公司，生产显示器背光源；与香港冠捷投资股份有限公司合作成立的北京东方冠捷电子股份有限公司，生产和研发各种型号的计算机显示器。以上种种合作实践都为京东方储备了相应的人力资源和技术，为后来进入液晶面板领域积蓄了力量。

作为显示领域的高技术企业，京东方对技术的发展具有高度敏感性。当时，为了了解半导体显示产业的发展趋势，京东方的管理层频繁出国考察。

据中国光学光电子行业协会液晶分会某位负责人回忆，1995年，他与王东升一行人访问日本夏普时，对方送给他们一个彩色液晶显示闹钟。一件无心的礼物却让京东方的高层立刻意识到，液晶显示可能是下一代显示技术。这种对技术变迁的敏感性以及对产业趋势的预判能力，足以让企业在关键时刻把握住每个重要时机。

在上市之后，京东方的发展如预期般顺利。2001年6月，北京东方电子集团股份有限公司正式改名为京东方科技集团股份有限公司，那时的京东方已然成了北京市的明星企业。2003年，京东方的主营业务收入超过100亿元人民币。相较于刚创立时6000万元的营收，京东方用10年时间让业绩增长了100多倍。在"中国电子百强企业"的综合排名中，京东方从1997年的第99位上升到2002年的第13位，仅用5年时间就将排名上升了86位。

虽然头顶明星企业的光环，但管理层却并不满足，因为京东方需要建立独有的核心技术优势和技术壁垒。

此前在显示领域的技术积累，让京东方对下一代技术路线选择有了厚积薄发的基础。机会总是青睐有准备的人，2001年，受亚洲金融危机的影响，韩国现代集团的液晶显示业务板块HYDIS要出售，京东方抓住这个机会，通过跨国并购，于2003年年初一步跨入液晶显示领域。

20年，从无名小卒到世界翘楚

收购韩国HYDIS进入液晶显示产业，是京东方历史上的又一次命运转折点。这让京东方一脚迈入了液晶显示产业，从此，这个产业里多了一个百折不挠、乘风破浪的追逐者——它在20年中通过不懈的努力搅动起全球显示产业的风云,并最终超过了一个个竞争对手,登上王者之位。

然而,时间回到收购 HYDIS 之前。当时的京东方虽然宏观上身处显示行业,但此前的技术基础仍处在 CRT 领域。液晶显示是一条完全不同的技术路线,京东方既没有技术积累,也没有制造能力,更谈不上专利储备。如果要进入液晶显示产业,无异于跨界到一个完全陌生的领域。且在京东方进入液晶领域前,该领域就已经形成了日本、韩国和中国台湾三足鼎立的产业格局。它们筑起极高的专利技术壁垒,具有先发优势。这种竞争局面又使日、韩企业在技术研发上不断突破,进一步加快了液晶技术的升级速度。此时,中国液晶产业还是一片空白,当京东方进场搏杀时,技术上已经落后了国际竞争对手至少 20 年时间。

从零开始显然是不现实的,再走合资之路吗?前 10 年合资的历史让京东方深刻体会到技术受制于人的滋味。合资符合当时"用市场换技术"的战略,但在合资过程中京东方发现,中方和外资的责任和义务是泾渭分明的。中方虽然出让了市场,却始终无法掌握核心技术。

收购韩国 HYDIS,似乎成了京东方唯一的选择和路径,但这个机会也暗藏着巨大的风险。从开始与韩国方面接触到最后收购完成,历经近两年时间,这一过程充满了波折和风险。

现在看来,京东方的这次收购是中国半导体显示史上的一个历史性决策,也是中国半导体显示企业走向自主创新的起点。然而,半导体显示领域并非康庄大道。虽然液晶显示这一次世代显示技术给人类视觉带来了跨时代的改变,但液晶显示产业却是一个重资产投入的无限游戏。

所谓"一半是海水,一半是火焰",京东方从此走上了一条波澜壮阔的产业化之路,也书写了中国半导体显示的传奇历史。

2003 年,京东方虽然完成了对韩国现代 HYDIS 的收购,但站在全球产业视角看，初入国际舞台的京东方还是个毫不起眼的小角色，而京东方用了不到20年的时间就走完了竞争对手几十年的发展历程，实现了逆袭。至2023年，京东方已连续5年在半导体显示领域稳居全球第一。此时的京东方，业务网络遍布全球五大洲的20多个国家和地区。无论全球范围内的哪个产业，只要涉及屏幕显示应用，排名靠前的企业几乎都是京东方的合作伙伴。在产能规模、市场占有率、工厂智能化、技术优势和人才储备方面，京东方都已经超越了那些曾经的领先者。

综合公开财报和权威第三方数据，在产能规模和市场占有率上，京东方持续稳居全球半导体显示领域第一。从初入该领域一直到本书截稿日，京东方累计投入资金4000多亿元人民币，在全国建立了17条半导体生产线；在电视、计算机、手机、平板电脑和显示器等细分领域，京东方的出货量始终居全国首位；在全球市场上，其市场份额的优势还在不断扩大。

京东方的半导体显示生产线是世界先进制造业的典范，每一座工厂都有着绿色可持续发展工厂、智能化工厂的美誉。2022年3月30日，世界经济论坛正式对外公布最新一批"灯塔工厂"名单。京东方福州8.5代TFT-LCD生产线获得了"灯塔工厂"称号，这是中国大陆第一家入选的显示企业。"灯塔工厂"是世界先进制造业的最高荣誉，京东方的入选标志其在智能技术应用、自动化、环保节能方面都走在了世界前列。

技术引领方面，京东方也是毋庸置疑的领导者。2023年1月，美国商业专利服务机构IFI Claims发布2022年度美国专利授权量统计报告，京东方在全球排名第11位，连续5年跻身全球前20名。2023年2月，世界知识产权组织（WIPO）公布了2022年国际PCT（专利合作协定）专利申请量排名，京东方以1884件的PCT专利申请量位列全球第七，连续7年进入国际PCT专利申请前10名。

对消费者来说，京东方带来的改变是"让显示无处不在"；对中国电子信息产业而言，京东方20年的成长带动了整个半导体显示产业在中国的崛起；对一些城市而言，京东方的意义不仅仅是一个企业在当地投资建厂，而是整个产业集群的形成，是一个城市脱胎换骨的开始。

逆袭：弯道超车书写奇迹

工业和信息化部的数据显示，2022年，中国新型显示产业全行业产值超过4900亿元，全球占比36%，继续位居全球第一。"中国显示"已经成为引领全球显示产业发展的最重要增长极。

20年前，中国大陆还没有能力造出一块液晶面板，无论是技术、人才还是生产线，在新型显示领域都处于"一穷二白"的状态。

一个生态系统的繁荣源于第一棵树的成长、第一条河流的滋养。如今，中国半导体显示产业已经蔚然成荫，形成了完整而丰富的产业生态。

正如曾经产业荒漠中的第一棵树，京东方的价值体现在，它不仅是全球半导体显示丛林中的王者，更由于它的存在，曾经的中国显示产业荒漠变成了绿洲。

现在，这片绿洲也成为世界产业版图上的重要一极。无论将京东方放在世界半导体显示的发展历史还是中国整个产业生态发展脉络中去看，它在显示领域30年的耕耘都有着非凡的意义。

半导体显示，中国曾落后20年

美国发明出液晶技术的时候，中国电子科技的发展已落后发达国家至少一个技术周期。

我们通常所说的液晶显示器即TFT-LCD，包括两项基本技术：

TFT（薄膜晶体管）和 LCD（液晶显示），也就是由薄膜晶体管控制的液晶显示。这两项技术是 20 世纪 60 年代由美国 RCA 公司（美国无线电公司）发明的。

RCA 公司的技术很超前，但当时没有找到能应用技术的产品场景，因此难以与市场的需求匹配起来。

作为一家科技企业，技术无法走出实验室实现产品化，就无从产生经济效益，自然也难以在该领域持续投入。其他几家涉及液晶显示的美国企业，也都因为无法将技术产业化，在 20 世纪 70 年代就放弃了对液晶显示技术的研发。

但日本企业找到了液晶技术从技术到产业的最佳路线。20 世纪 70 年代，日本企业从美国引进了液晶显示技术。最初，日本企业只是将液晶技术应用于电子手表、计算器等技术门槛不高的产品上。夏普就是最早涉足液晶显示的日本公司之一。

1973 年，夏普就已将液晶显示计算器成功商业化，而后，在液晶显示领域又投入了数年。1988 年，夏普在日本电子展上展出的 14 英寸液晶显示器轰动一时，从而奠定了其在液晶显示领域中的地位。

笔记本电脑这款杀手级应用产品的出现，更是终结了液晶显示屏"有力无处使"的尴尬局面。对笔记本电脑需求的快速增长，带动了日本企业在液晶面板领域大量的投资。从 1991 年到 1996 年，全球至少建成了 25 条液晶显示生产线，其中 21 条生产线都在日本。

伴随着液晶显示工业的建立，日本也发展出一大批液晶显示上下游企业，包括玻璃基板、扫描式光刻机、彩膜、偏振滤光片（以下简称"偏光片"）、干法刻蚀设备、印刷设备和背光源等。就这样，20 世纪 90 年代，液晶显示产业在日本建立起来，日本的液晶显示技术也开始突飞猛进。

1995 年，液晶周期的低谷出现，日本企业纷纷亏损，并开始收缩战线。同时，韩国企业大举进入液晶产业，迅速改变了日本企业独步江湖的地位。

1997年，亚洲金融危机爆发。日本企业一边要应对金融危机，一边要应对韩国企业的竞争，不得已之下，它们开始转移技术给中国台湾。1998年，6家台湾企业获得了日方的技术支持，开始进入液晶显示产业。

21世纪初，日、韩、中国台湾三地的企业在液晶显示领域形成了三足鼎立的市场格局，并且建立起不低的技术壁垒。彼时，中国大陆在这个领域还是一片空白，无论是消费端、产业链端还是投资端，中国大陆都还在积极引进CRT技术。日本企业在国内发展液晶显示产业的同时，还将CRT技术和生产线转移到了中国大陆。到液晶产业在全球爆发的前夕，中国大陆CRT行业90%以上的产业链实现了国产化。

经常有文章这样表述："中国的CRT行业一夜之间被液晶替代。"实际情况并非如此，中国大量的CRT相关企业在上一代显示产业发展中吃到了红利，但是在技术替代的端倪出现时，它们有着很强的路径依赖，很难转型。

CRT技术属于上一代显示技术，液晶产业则属于新型显示技术，虽然同处显示领域，在技术上却泾渭分明。想要进入液晶显示领域，必须推倒CRT技术的既有框架从头再来，这无疑是"惊险一跃"，但京东方毅然迈出了这一步，从原来的舒适区直接跨入这个全新的技术领域。

京东方弯道超车引领产业

1994年，中国大陆的液晶显示产业是彻底的蛮荒地带，没有人才，没有技术，更没有任何配套产业。在这一背景下，京东方成立了平板显示预研小组，开始寻求突破困局的路径。

亚洲金融危机爆发导致日本和韩国的液晶显示企业都陷入了亏

损，这成为中国企业进入该行业的契机。有专家认为，液晶技术从美国转移到日本，再从日本到韩国和中国台湾，下一个必然是中国大陆。这一切看上去好像是历史的必然，但不可否认的是，京东方的路径选择在某种意义上加快了这个进程。

2003年，液晶显示市场终于迎来了中国玩家。那时中国已经有几家企业进入了液晶显示产业，包括京东方、上海广电集团（以下简称"上广电"）和后来的昆山龙腾光电股份有限公司（以下简称"昆山龙腾"）。京东方和上广电两家企业背景类似，却选择了完全不同的路线。京东方采取的是收购，然后在中国自建生产线的模式，上广电则沿袭了多年的合资合作模式。

时至今日，历史给出了这两条路线的最终结果：合资合作模式没有成功，而京东方用"技术收购，消化吸收再创新"的模式跨入了液晶面板工业领域，最终成为行业的领军企业。

21世纪初时，合资合作模式在国内已经有了多年的历史，在中国的CRT领域被广泛应用，也非常符合当时"用市场换技术"的政策背景。对企业决策者来说，合资合作模式有章可循，可操作性强，是一条比较稳妥的路线。还有一种易操作的方式即寻求技术转让，也就是花钱买技术。

然而，CRT技术被一夜替代，围绕着CRT技术建立起来的产业链在短短几年内全线崩溃。究其原因，中国企业作为技术的跟随者，没有通过自主研发融入技术演进的进程中，致使核心技术始终依赖外资合作伙伴。在外方掌控技术的制度和环境下，中国工程师的技术成长空间相当有限。中国企业缺乏对技术进程的感知、掌控乃至前瞻性的思考，这必然导致企业缺乏创新能力。一旦技术发生跃迁式变化，中国企业就容易被完全抛到新技术赛道之外。

在一个全新的技术赛道中，如果还是走合资合作的老路，必然会重蹈CRT企业的覆辙。想赶上国外的技术并实现弯道超车，必须有出奇制胜的战略。对京东方来说，这个战略就是收购。2003年，京东方通过收购韩国的HYDIS正式进军液晶面板产业。

事实证明，收购风险虽大，却是一种弯道超车的成功战略。当时，在液晶显示这条赛道上，全球竞争对手都在不断地进行技术创新，有如一场狂飙突进的世界一级方程式锦标赛。怎么加入这场高速向前的技术竞赛呢？京东方没有从头开始造一辆新赛车，也没有与别人合作打造一辆新赛车，而是直接买下赛道上相对靠前的一辆赛车。更重要的是，京东方对这辆赛车进行改造，使其变成了性能更好的赛车。

虽然收购策略使收购者获得了驶入赛道的入场券，但并不能帮助收购者直接跻身第一梯队。想要超越前方的竞争对手，自主创新必不可少。对一家高技术企业来说，自主创新能力就像武侠小说里的"内功心法"，习得了这种能力的企业，才能在武功招数上游刃有余，甚至"自创武功"。

通过收购，京东方获得了足以进入产业的初始技术来源，而且在国内建生产线，京东方也为中国工程师创造了一个"学习—实践—创新"的成长平台。在边学习、边实践的过程中，中国工程师迸发出了无限的创新能力，快速构建起了京东方自有技术专利体系ADS，形成了与国外巨头在技术上抗衡的能力。

一旦技术上形成了竞争力，企业便会呈现出指数级发展的态势。在这一点上，京东方的竞争对手，也是当时液晶领域中的某个领先者看得最清楚——它曾不遗余力地阻止京东方建线扩张。结果证明，阻止是徒劳之举。技术创新和扩张生产线就像一条双螺旋基因链中两股相辅相成、正向加持的力量，促使京东方实现了倍速成长。

京东方的高速增长也带动了中国整个显示产业链的繁荣。液晶面板处于整个电子信息产业的核心位置，其下游是消费电子市场，上游是材料、设备等配套的厂商。

京东方在显示技术上的不断创新和生产线规模的不断扩张，对于中国消费电子产业的崛起功不可没。正如前文所述，中国人电视屏的技术指标，无论是尺寸、分辨率还是刷新率，在十几年间都有了长足的进步。梳理一下智能手机产业的发展历史就会发现，中国智能手机从最初对直板机的模仿追随，到今天以折叠屏手机引领全球，与京东方从液晶显示屏到 AMOLED 柔性显示屏的技术发展轨迹具有惊人的一致性。

再看产业上游，整个半导体显示产业链对上游的玻璃基板、偏光片和液晶材料等都提出了需求。京东方大规模建设的半导体显示屏生产线，不仅吸引了众多国外的上游配套厂商来中国建厂，也带动了一大批中国本土上游供应商的成长。

产业链的增长不仅仅局限于规模增长，京东方本身的创新对于上下游产业链的创新也具有引领意义。比如，为了跟上京东方的技术创新步伐，面板上游的产业链围绕着显示材料等领域展开了层出不穷的创新。

20 年前，中国半导体显示产业还是一片荒漠；今天，整个产业生态已经在中国展示出了盎然生机。以产业链的纵向发展为视点，可以清晰地看到京东方作为产业引领者的作用，而具体到一个城市中，横向地去看京东方扎根和发展的辐射效应，对中国经济的意义则更加立体。

京东方产业链的"造城效应"

2006 年的合肥，还是一个中国中部名不见经传的城市。当年，合肥全市 GDP 为 1000 亿元。虽然是安徽省排名最靠前的城市，但与许多其他省会城市仍相距甚远。据一位曾在合肥筹建京东方 6 代线的负责人回忆："当时合肥机场非常小，感觉下了飞机走几步路就出机场了。五星级酒店在整个合肥都非常少见，大家的主流住宿方式还是住招待所……"

2021年,合肥GDP进入"万亿俱乐部",合肥也晋级为"新一线城市"。在合肥如今各种耀眼的光环中,有个称号被津津乐道——"最牛风投城市",而这一称号的起点便是京东方。

京东方第一条6代线便建在合肥,这也是合肥形成新型显示产业集群的开始。

液晶面板是整个半导体显示产业链的关键环节。以液晶电视为例,液晶面板的成本占一台液晶电视成本的70%。液晶面板制造商的上游供应商,比如玻璃基板、液晶材料、偏光片等企业为了降低成本,往往都倾向于在液晶面板制造企业附近建厂。一个典型的例子是深圳市三利谱光电科技股份有限公司(以下简称"三利谱")的选址抉择。

三利谱是目前国内偏光片的龙头企业。2014年年底,三利谱曾在选址问题上在合肥和武汉之间犹豫,但最终却笃定地选择了合肥,原因是京东方当时在合肥已经有了一条6代线和一条8.5代线,10.5代线也在规划当中。

合肥三利谱偏光片生产基地于2016年10月建成投产,厂址离京东方8.5代线工厂仅有3公里。由于距离优势,三利谱生产出来的偏光片可以直接供应到京东方,甚至可以做到零库存。前者只是京东方带动配套企业在当地落地的一个缩影。

2005年8月,合肥确立了"工业立市"的目标。为引入京东方建液晶面板高世代线,合肥市政府当时面临着巨大的压力,因为半导体显示产业所需的投资额太大了。但事实证明,合肥的投资是一笔极其划算的买卖,因为引入京东方就相当于引入了整个显示产业。

据2015年9月29日《合肥日报》报道,在京东方6代线开建不久,合肥新站区便集中与13个平板显示产业上游配套项目签署了入区协议,其中包括法国液化空气集团、日本住友化学株式会社等《财富》世界500强企业。

这些随京东方迁入的上游企业，为合肥新站高新技术产业开发区的平板显示产业基地提供了背光源、化学品、大宗气体、光学膜切割、表面贴装等相关配套产品或服务。

在合肥投资一条6代线后，京东方又相继投资了一条8.5代线和一条10.5代线，这使得合肥当地产业链的集聚效应持续增强，成为我国光电显示产业的中心之一。目前，合肥新型显示产业集聚企业超120家，上游涵盖装备、材料和器件，中游涵盖面板和模组，下游涵盖智能终端，实现了"从沙子到整机"的完整产业链，产业整体规模位列国内第一方阵。2020年，合肥全市平板显示及电子信息增速达25.9%，产值总量超过2000亿元；2021年第一季度，平板显示及电子信息同比增长55.8%。[1]可以说，新型显示产业已经成为合肥市高质量发展的重要引擎。

目前，京东方在整个新型显示产业中已经成为名副其实的生态平台企业。业内对生态平台企业有一个普遍定义：生态平台企业能串联起产业链上下游，在供应链、创新链和价值链等环节，通过自身发展赋能行业及与之关联的上下游企业，形成产业协作配套关系。正是生态平台企业的价值，使京东方成为各地政府招商引资的重点对象。如今，京东方已经在全国10多个城市布局产业园区，成为当地产业聚集的标杆企业。

—— 本章小结 ——

在一片寸草不生的荒漠里，出现了一棵生命力很强的树，这棵

---

[1] 安徽合肥：显示世界看见未来[OL].[2021-06-18].http://ah.people.com.cn/n2/2021/0618/c358266-34782839.html.

树努力地向下扎根、向上生长，渐渐地将周围的一小片荒漠变成了绿地，于是在这一片绿地上，生长出了其他动植物，随着绿地持续扩大，最后形成一片水草丰美的森林，这就是自然界里沙漠变绿洲的生态演化规律。当我们用自然界的演化逻辑去观察产业，会发现总有一些企业充当着荒漠中第一棵树的角色。

最近几年，经济学家们喜欢提"生态型企业"这个概念，意思是由于这个企业的出现和生长，形成了一个全新的商业生态，而他们提到的生态型企业大多是一些互联网公司。

当仔细去研究京东方的创立、生存和发展时，你会发现它从一开始就带着"生态型企业"的基因和使命。

从企业奋斗史的视角来看，京东方是中国半导体显示产业的一个奇迹。在它进入液晶显示产业之前，中国没有技术基础和人才储备，行业如同一片荒漠，但它凭着极强的使命感和产业理想精准地抓住了崛起的机会。

从原来的后进者、跟跑者直到今天的行业领导者，成为全世界半导体显示产业的中流砥柱，彻底解决了中国"缺芯少屏"中的"少屏"困境。在京东方进入半导体显示的20年时间里，中国液晶产品的价格大幅下降，从原来的奢侈品到今日的"白菜价"，人们也从原来的少屏到如今的"多屏"。作为芯片的下游企业，京东方的崛起也推动了芯片产业的发展。

从产业生态的视角看，因为有了京东方的快速扩张，才有了"合肥模式"，才有了一个个产业带的崛起，才带动了中国的家电、计算机、手机等消费电子产业的飞速增长，从原来依赖进口到现在占领世界市场。

一家企业的成长与一个国家整个产业的生长是相随的，其中需要企业具备超前的洞察力、前瞻性的战略布局能力，以及百折不挠的战略执行力。

当年的京东方成长为今天的京东方，究竟做对了哪些决策？有哪些载入史册的关键时间点？在半导体显示这个产业大潮中，京东方如何穿越一个又一个"无人区"，走上今天的行业巅峰？30年是一段不长不短的历史，那些深刻在京东方历史中的故事，有的令人感动，有的令人唏嘘，但每一步奋斗的足迹都成就了今天的京东方。

第二章
拓荒"无人区"

如果将创业视为一场沙漠冒险，那么京东方在半导体显示领域里的创业堪比登月探索。

1998年，京东方开始进入半导体显示这一高技术产业时，整个中国正处于一无产业基础、二无技术储备、三无对口人才的状态。作为产业拓荒者，京东方想要将半导体显示产业做到从无到有，无异于搭建平地楼台。

彼时，国外同行的先行者已经有了近20年的技术积累，专利壁垒林立，技术门槛不低。

在创业征途中有所作为，京东方需要迈好关键的两步：第一步解决技术来源问题，第二步实现自主技术创新。

换言之，京东方要完成中国半导体显示产业从0到1的突破，单凭技术的阶段性成功并不能带来长久的生命力。让技术创新根植于发展土壤，持续成长，方能成就京东方，以及整个产业的生存之根、立命之本。

曾几何时，中国的高科技产业由于底子薄、经验少，不得不通过技术引进策略谋求快速发展——与国外拥有行业技术的企业进行合资建厂，即"用市场换技术"。但京东方十多年的合资经验已经证明，这是一条看上去布满鲜花，实则暗藏荆棘的道路。京东方深知合资合不来技术，要获得核心自主技术唯有依靠自己，坚持自主创新，掌握核心技术。

京东方最终选择了一条难而正确的路——"技术收购，消化吸收再创新"。这是一条没有经验可循的路，也注定了京东方在迈入液晶显示的那一刻起就面临着无数的艰辛和未知的风险。

选择这样一条路的京东方，承受了巨大的压力，然而，正是京东方的毅然选择和不懈坚持，才有了液晶面板从依赖进口到出口全世界的转变，才有了今天中国在半导体显示领域的国际地位与话语权。

拓荒中国显示产业"无人区"

过去，中国的电子工业素有"缺芯少屏"的说法，其中"少屏"指的就是缺少显示面板。

液晶面板产业曾被一些学者称为"工业粮食"。正如前文所述，中国液晶面板的制造基础直接决定了消费者购买一台 75 英寸的液晶电视是花费 3000 元还是数万元。

整个液晶产业链上游包括设备制造、材料供应商等，产业链中游涉及液晶面板制造企业，产业链下游则是计算机、电视、手机等显示屏应用的消费电子企业。作为产业价值链的关键角色，中游液晶面板成本高就意味着终端消费者所买到的电子产品价格居高不下。

以液晶电视为例，液晶面板的成本占整机成本的 70%；而在计算机、手机产品中，屏幕也是其成本最高的零部件，占比为 25%~40%。

在 CRT 时代，中国的彩管厂、整机企业具有各自独立的产业角色。随着技术换代，虽然国内的彩管厂纷纷倒闭了，但是整机企业却生存了下来。

在 2000 年后，由于韩国和中国台湾 TFT-LCD 工业迅速崛起，中国大陆的彩电企业在没有本土液晶面板供应的条件下，也能依靠进口实现大规模液晶电视的生产。2010 年，国家统计局当年的统计数据显示，中国液晶面板进口额超过 460 亿美元，仅次于集成电路、石油和铁矿石，位居中国进口额第四位。

正是这一强劲的市场需求，触发了京东方进军液晶显示产业的动能。与此同时，京东方对液晶显示未来的应用场景做出了前瞻性判断：集高清晰度、色彩丰富、薄型轻便和可定制化等特点的液晶显示屏，将应用于更多细分领域。

然而，时代带给京东方的却是一道喜忧参半的考题。

京东方的前身北京电子管厂是"中国电子器件工业的摇篮"，因此京东方进入显示领域有着先天的基因优势。然而，京东方所涉足的主要是 CRT 显示相关的业务，从技术上看和半导体显示没有技术传承性。

2000 年，CRT 作为上一代显示技术已经走到了被替代的边缘，但是中国还处于各种技术路线都并行存在，行业趋势并不十分清晰的时期。正如在一片没有路的荒原上，往哪个方向走才是正确的选择呢？对当年诸多行业选手来说，一旦选错路线，就可能万劫不复。

技术路线选择决定命运

向左走，还是向右走？许多企业在发展的关键时期都会面临路线的抉择，而关键战略选择往往只有一次机会，选对了，便可以驶入技术发展快车道；选错了，则可能陷入衰败沉寂之域。

从 1993 年创立到 2003 年，京东方在 10 年的发展中，于电子工业的大赛道上始终未曾偏离显示技术这一发展方向。无论是与外资企业联合创新，上市后投资细分领域，还是下定决心深耕 TFT-LCD 技术，京东方的战略路径始终求真务实，行稳致远。

事实证明，把握好技术路线的方向感，企业便能在高手林立、荆棘丛生的产业之路上突破重围，脱颖而出！

1994年，京东方成立平板显示项目预研小组。当时，平板显示有三个技术方向，即PDP（等离子显示）、FED（场致发射显示）和TFT-LCD。PDP和FED技术以真空电子技术为基础，而TFT-LCD的技术基础是薄膜晶体管，是半导体技术，但它的缺点是投资大，技术难度也大，不被大多数人看好。

1947年晶体管诞生以来，电子器件进化史就是一部半导体技术替代真空电子技术的发展史。比如，收音机的核心器件电子管被半导体晶体管替代了，照明领域的真空日光灯照明被半导体LED灯替代了。京东方前瞻性地看到了CRT迟早会被淘汰，而以半导体技术为基础的TFT-LCD显示必将有更长远的发展潜力。

京东方在众多产业玩家中坚定地选择了TFT-LCD的路线，这源于京东方曾经在技术替代的泥潭中历经挣扎，对于技术趋势有着更为深入的理解，同时也更具敏锐的观察力与前瞻性眼光。

从真空电子技术到1947年半导体器件产生之后，电子器件的发展历史可视为半导体技术替代真空电子技术的历史，显示屏从CRT技术到TFT-LCD技术恰好顺应了半导体技术替代真空电子技术这一历史大趋势。

深入洞察技术发展之路，剖析每一种技术路径就会发现，当时盛极一时的等离子显示技术本质上还是真空电子技术而非半导体技术，虽然TFT-LCD在当时不甚成熟，却符合技术演化的大趋势和行业规律。

只有选择了正确的战略路线，才有未来无限的发展空间。今天，京东方世界领先者的位置是源于彼时正确的路线选择。实际上，京东方在战略选择上有一个方法论，就是"站在月球看地球"，即要有高度的视野，而不是拘泥于眼前的利益和行业的变化。

合资还是收购？走难而正确的路

2003 年，在创立的第 10 年，京东方进入了 TFT-LCD 领域。

当时，进入 TFT-LCD 工业的先行者不止京东方一家，还有上广电、昆山龙腾等企业，而用什么方式进入又是一次决定命运的战略选择。

那时，TFT-LCD 工业在日本已经发展了近 20 年，在韩国和中国台湾也有了坚实的产业基础，无论是人才、经验、技术专利还是产业配套都形成了很高的壁垒。中国企业从零起步要想不依靠外力，难于上青天。

那么，中国企业该如何进入这一高技术产业领域呢？

当时，摆在中国企业面前的有三条路：一是走合资合作的路线，这也最符合当时"用市场换技术"的产业政策；第二条路线是寻求技术转让，方式是与国外掌握技术的企业签订转让协议，由后者提供技术，建设生产线；第三条路线是跨国并购，当然，这条路线需要有并购标的，除了要有运气和机缘，某种程度上更需要有做产业的执着与勇气。

京东方首先否定了技术转让路线，这种方式一般是按产品型号签订合同，一般情况下，只要签订合同的产品型号达到一定的生产良率标准，就算完成了技术转让。转让技术的企业为了保护自己的知识产权，限制条款非常多。即使转让技术，一般也只会转让落后技术，在这种合作模式下，在我们掌握了被转让的技术之后，人家的技术已经升级迭代，如果自身没有研发能力是没有意义的。

合资合作模式看上去是一条成熟且容易的路线，但是京东方却坚决回避。原因很简单，合资合作模式能够在中国建生产线，能够获得产品，但根本拿不到技术，无法建立自己的技术研发体系。

与京东方几乎同时进入液晶显示产业的上广电选择了合资合作模式，并且建成了中国大陆第一条 TFT-LCD 5 代线。2002 年，上广电与日本 NCE（日本电气股份有限公司）成立合资公司，上广电占股 75%，投资将近 100 亿元，从 NEC 引进了一条 5 代线。结果证明，京东方的担忧完全在上广电身上验证了：上广电在技术上受制于人，在产品开发、生产线升级上处处受限，合资公司最终在不断亏损后破产。

对合资合作路线的顾虑也来自京东方自身的经历。京东方在以往与外资企业合作的过程中最大的收获是获得了先进的管理理念，学习到了外资企业的管理方法，但最大的缺憾是不能自主掌控技术。对一家科技公司来说，没有核心技术就是无源之水、无本之木。

一个典型的例子是北京松下彩色显像管公司，虽然得益于它的分红贡献，京东方才得以成功在 B 股上市，但是在这家合资公司里，中方在技术上没有任何话语权。

日本松下对合资公司收取技术转让费和提成费，即转让一项技术时，第一次先支付一次性的技术转让费，以后制造出产品后再支付销售收入提成。换句话说，中方只需要负责把生产组织好，任何技术问题都由日本松下来解决，新技术的研发也由日方负责……北京松下彩色显像管公司是当时 CRT 时代效益非常好的企业，但即使最后 CRT 时代落幕，日本松下退出中国市场，中方也始终没有获得核心技术。

在合作条款中，日方对技术和知识产权严密保护，使中方无法触及。在合资企业中，这种授权框架和专利束缚令中国工程师的创造空间极其有限。但是，这些技术并非人们想象中的那么高深莫测。技术攻关是发现问题、解决问题的过程，而中国工程师具备这样的能力。对京东方来说，与外资合作是企业在特定历史时期的选择。当时面对连年亏损的窘境，一些国内企业为了重振资产存量，借助手头现有资产与外资企业合作，以应对生存压力。但这终究不是长久之计，京东方在合资合作过程中，深知这一模式无法实现技术的真正转移，也无法培养自身的自主创新能力。

那么，除了合资合作还有什么路径能让京东方进入 TFT-LCD 工业？2000 年，京东方团队探访了全球几乎所有生产 TFT-LCD 的企业，以了解这些公司的投资和技术状况，寻找进入 TFT-LCD 产业的最佳机遇。2001 年，机缘出现：韩国现代集团需要收缩业务线，欲卖掉旗下的液晶显示业务板块。

韩国现代集团当时业务线很广，但受亚洲金融危机的影响陷入经营困境。韩国政府要求其进行结构调整，收缩经营领域。当时，从韩国现代集团分离出来的现代电子更名为 HYNIX（海力士半导体），而 HYNIX 旗下的 HYDIS（现代显示株式会社）是专门从事 TFT-LCD 开发、生产和销售的子公司，也就是当时要出售的企业。

HYDIS 拥有 2 代、3 代和 3.5 代 TFT-LCD 生产线各一条，当时在全球 20 多家 TFT-LCD 企业中排名第九，生产的主流产品是 17 英寸显示屏，出货量全球排名第三。

HYDIS 设有独立的研发机构，当时正在研发 4 次光刻技术，以及液晶滴注技术，并且拥有 300 多项专利，其中独立研发的 FFS[①] 宽视角技术是全球三大主流技术之一。

这对当时的京东方来说既是极佳的收购标的，也是一次巨大的挑战，因为：一是其最初报价定在 5 亿美元以上，如此高额的跨国并购，国内没有先例；二是当时正值中国刚刚加入 WTO（世界贸易组织），中国企业对于利用国际规则以及跨国并购还相对陌生。

经过对各种路线的充分评估，京东方管理层决定抓住这次机会，以跨国并购的方式进入 TFT-LCD 工业。相对于合资合作、寻求技术转让两条路线，跨国并购是一条没有参照系的路，前面有诸多未知的风险，但京东方的管理层深知，这是一条难而正确的路，也是一条自

---

① FFS（fringe-field switching），边缘场开关模式。FFS 技术采用了一个整体透明的平面电极来增加透光率。

主创新之路，一条产业拓荒之路。

这条路对中国半导体显示产业而言，意义重大。

"蛇吞象"跨境并购与中国显示产业"黄埔军校"的崛起

在诸多商业并购案例中，有的企业想通过并购缩短进入新兴领域的时间，有的企业欲通过并购消除潜在竞争对手的威胁，还有的企业想更好地丰富自身的业务版图或者技术版图。

显然，京东方并购韩国HYDIS时，以上三条都不适配。首先，京东方当时资金实力不强，京东方2002年财报显示，净利润只有8300万元人民币。因此，京东方的这次并购也被一些媒体称为"蛇吞象"式并购，并称它花大钱买了一个自己可能只了解皮毛的业务。不仅如此，更大的风险还在于，跨国并购往往会因地域、文化、语言等因素造成重重障碍而滞缓，同时能否消化吸收并掌握核心技术也是个未知数。

一波三折的跨国并购

2003年年初的某一天，京东方北京总部，会议从白天开到深夜，从小会议室换到大会议室。临近签约，董事会成员的意见却并不统一。

未知的风险和压力笼罩着京东方管理层的每个人：按当时汇率计算，并购价高达30亿元人民币，这是当时中国企业金额最大的海外收购案。就在收购谈判一年多的时间里，液晶面板的价格持续下跌，谈判过程波折不断，甚至还出现了诚信问题。

对HYDIS的收购就像心理学上的"半杯水"理论：乐观者说，还有半杯水；悲观者言，只剩下半杯水。

业界主流分析则颇为乐观，收购成功，将为京东方带来三层利好。第一，可以提升竞争力。通过整合两家公司的资源和业务，京东方能够增强自身在液晶显示产业的竞争力，更好地应对市场竞争和产业变革。第二，可以实现规模效应。通过收购 HYDIS，京东方可以实现生产规模的扩大和运营效率的提升，增强盈利能力。第三，可以强化供应链。收购 HYDIS 可以帮助京东方更好地提升供应链的灵活性和稳定性，确保产品质量和交货能力。

最终，在得到董事会和执委会成员的电话表态后，现任董事长、时任签约代表陈炎顺签下了这个决定京东方命运的收购协议。

而此次收购所经历的波折鲜为人知。

如前文所述，2001 年 6 月，韩国 HYDIS 在出售最初阶段报价超过 5 亿美元，这对京东方而言显然是个远超自己资金实力的收购标的。

为了降低风险，京东方打算与台湾某企业合作，定下了两家企业联合收购 HYDIS 的计划。然而，这家台湾企业并非真诚合作，只是想追求收购主导权，从而把京东方变成自己的加工厂。更为严重的是，它将京东方于收购过程中的策略和底牌透露给了韩方。这种不诚信的行为触碰了京东方的底线，于是京东方放弃了与该公司的合作。

然而，单独收购又面临着极大的压力和风险。

当时，有收购意向的企业除了京东方，还有另外两家台湾企业。或许是不想转售给中国大陆企业，韩方当时要求达成收购意向的企业，无论谈判结果如何，都需要先交 1000 万美元的保证金。韩方认为京东方的实力不够，想要通过这种方式吓退京东方。同时，参与竞购的两家台湾企业开始频频发难，不断阻挠京东方。为了不错过这一难得的收购机会，京东方冒着极大的风险将 1000 万美元汇给了韩方。

事实上，虽然京东方上市之后融到了部分资金，但是面对当时的HYDIS报价，资金缺口仍然很大。在收购谈判的过程中，液晶面板正好处于下行周期，价格一直往下跌，来自外界甚至企业内部对收购不认可的声音此起彼伏。京东方管理层一方面顶住压力，推动收购进程；另一方面，从技术上最大限度地规避收购风险。

为了防范收购失败风险，京东方不仅构建了全新的海外公司架构，同时通过于韩国本土的京东方分公司提出合规要约收购。在整个收购过程中，京东方充分使用了杠杆收购的方法，使6000万美元自有资金成功占据整体收购资金的15.8%，而其余9000万美元通过国内银行贷款获得。这就相当于京东方韩国公司自有1.5亿美元收购款。另外，京东方基于韩国支持高技术产业的政策，以京东方韩国公司资产抵押的方式向韩国银行贷款约2亿美元，为收购流程铺平了资本路径。

跨国并购犹如一场复杂的交锋，过程中不仅涉及烦琐的政府审批流程，还要努力游说银行申请贷款。而舆论环境对京东方也充满了怀疑，很多媒体批评京东方的收购是"蛇吞象"，收购标的远超自己的实力……

在收购过程中，京东方搬开了一块块"大石头"，但令人意外的是，更大的阻力和风险却出现在了被收购方。

韩国HYNIX从一开始就不情愿将HYDIS卖给京东方，但是当时处于亚洲金融危机，日、韩企业要么是无力收购，要么是自身已经有更高的世代线，HYDIS可选买家实在有限。于是，"卖身"京东方，它既不情愿又不得已，于是便想搏一搏卖个高价钱。

收购谈判初期，京东方成立了一行5人的谈判小组。据当时谈判小组成员回忆，他们首次亲赴首尔便尝到了吃闭门羹的滋味：无礼遇，无接待，无指引，甚至中方人员抵达HYNIX公司办公大厦一楼却无人相迎。谈判小组只好以访客身份进入大厦，由保安带领至会议室。

步入谈判会场，场面一度令谈判小组瞠目结舌：现场参会的韩国人斜坐于桌旁，身体后仰，双脚高抬于桌面，斜眼藐视地对中方谈判小组说："你们来了？"

面对这样的开场，京东方谈判小组愤懑而冷静："很抱歉，我们不打算继续谈了，因为你们没有展现出诚意！"言毕，转身离去。

眼瞅着合作气氛被人为破坏，韩方团队深感懊悔，迅速致电中方谈判小组表达歉意。原来，他们想以一种傲慢的方式在谈判中占据主动地位，没想到却弄巧成拙。

经历了几轮艰难谈判，京东方与 HYNIX 终于达成了最后的收购协议，交割日也随之确定——2002 年的最后一天。结果在临近交割日时，京东方在核查资产中发现了虚假资产问题，这引起了京东方内部的争议，好不容易达成收购共识的董事会对于是否继续收购又出现了不同的意见。

不过，韩方虚假资产的问题被查出后，京东方在谈判中就掌握了主动权，谈判签约团队全部撤回国内后，韩方火烧眉毛，专门派出团队追到北京继续谈，希望京东方能完成收购。

最终，京东方与韩国 HYNIX 达成了收购协议。从接触收购标的 HYDIS 到最后签约历时一年半，过程可谓一波三折。回溯收购历程，其中彰显的是京东方进入半导体显示产业的坚定决心——即使顶着重重压力，也能坚持战略目标并做出果断决策。可以说，京东方团队以超常的勇气完成了这一极富智慧和远见的资本出击，也开启了中国液晶显示产业的自主创新之路。

管理延续和团队融合

2003 年 1 月 22 日，京东方正式对外宣布以 3.8 亿美元收购了韩国 HYDIS，HYDIS 正式变更为 BOE-HYDIS。

也许是京东方的"毅力"得到了上天的垂青，收购完成后，液晶产业的周期波动开始从波谷反弹，面板市场回暖，这使得BOE-HYDIS很快进入盈利期。

对京东方而言，收购HYDIS并不仅是为了企业收益，更重要的是解决进入TFT-LCD产业所面临的技术和专利障碍。

京东方此次收购的初衷是探寻一条"技术收购，消化吸收再创新"的道路，旨在获取技术资源优势，并在北京自建TFT-LCD生产线。而这一战略目标的实现，意味着京东方能够培养持续不断的创新能力，因此，BOE-HYDIS成为中国本土第一批TFT-LCD技术研发人员以及工程师的"黄埔军校"。

但实现这一切的前提是被收购企业能够在收购后顺利交接和平稳运营。收购HYDIS是跨国并购，京东方管理团队面对的是完全陌生的民族文化、企业管理理念和企业经营环境，除此之外，京东方人对液晶产业的生产技术、工艺流程等也存在陌生感。

收购后，两个重要议题摆在京东方决策层面前：第一，收购后如何顺利过渡，将BOE-HYDIS的价值真正发挥出来；第二，如何将TFT-LCD技术学到手，并能够在中国扎根，生成自身的创新能力。

据一位当年参与收购的谈判小组成员回忆，韩国人的民族情结较重，工会组织责权甚至凌驾于企业运营管理之上，企业员工很信赖工会，而京东方这个新东家又无法左右工会，这对京东方团队来说是从未遇到过的管理难题。

收购完成之后，京东方派遣了22个人的管理团队去协助韩国管理层完成收购后的管理工作，目标是通过完成团队的融合，让BOE-HYDIS能够平稳过渡，正常运转。

京东方文化一直将"对技术的尊重和对创新的坚持"作为企业信条，因此京东方对韩国技术人员非常尊重，中方管理团队也非常尊重韩国团队的意见和观点。

行胜于言，在实际工作中，韩国工程师也感受到了京东方人的真诚与务实。收购 HYDIS 之后，京东方并未改变原有的管理架构，也没有对原有的部门和人员进行大面积的调整，核心管理团队以及各个部门都继续沿用。京东方虽然是新东家，但是总部派去的管理团队全部做副职，上至企业社长下至各个部门都是如此，公司还按照原来的运营体系运作。

值得一提的是，原先团队所有人的薪酬福利还是按照既定的年度薪资和激励目标来执行，京东方未做调整削减。

与韩国员工待遇不变相对应的是，京东方派往韩国的中国员工工资基本上只是韩国员工工资的 1/5，并且按照总部规定，中国员工的工资要设定一个上限，不能超过限额，这让韩国团队非常震惊。

韩国团队原本认为京东方完成收购是以赚钱为目的，但从收购后的种种迹象看，京东方人追求的是液晶显示产业的建设与生态发展。这群人燃烧着对技术的渴望，满怀学习激情，希望汲取技术精髓，同时坚持经营企业的使命。而韩国团队则展现出职业化的风采，坚守企业信念，将精力倾注于工作之中，与中国团队的配合也变得越来越顺畅。就这样，京东方的企业文化在异国生根发芽并且结出了丰硕的果实。韩国工程师对于京东方这家企业的认可就是最好的证明。几年后，基于业务调整的需求，京东方又对 HYDIS 做了一次战略剥离。当时，京东方制定了一个政策，韩国工程师可以转签京东方，成为中国京东方的员工，并承诺不降低他们的工资，还为他们提供住房补贴，希望他们在中国扎根。当时，有一大批韩国工程师转签到京东方，在中国安家。

本土化管理措施的实行和优秀企业文化的营造，为中国工程师的学习创造了良好的环境。此后两三年，京东方先后派出 5 批人员到 BOE-HYDIS 学习，其中大部分是技术人员，正是他们构筑起了京东方在中国落地 5 代线、自主建设 6 代线的人才基础。

奋发有为：京东方的勤学誓言

HYDIS 的成功收购只是一个开始，京东方深知，技术绝不会因为购买了完整的生产线或专利，就能自动转移到购买者的手中。技术收购只是京东方进入这一前沿技术领域的"入场券"，让中国的技术人员尽快成长起来才是解决问题的关键。

TFT-LCD 属于高端工业制造业，京东方在闯入这一领域之前，精心组建了研究小组，默默培养了一批人才，然而，实际掌握实操技术的人却寥寥无几。中国的 TFT-LCD 工业基础并不雄厚，与这一工业相契合的半导体集成电路制造业也显得颇为滞后。

为此，2003 年 2 月，京东方集合了一批专业人才出征韩国学习。作为种子工程师，他们有的刚刚大学毕业，有的参加工作不久，专业包含机械、电子、物理等领域。在当时，中国大陆一无半导体及液晶专业，二无液晶产业基础，这些技术人员可以说被赋予了撑起京东方未来发展的重要使命。

出征前夕，这群年轻人脚步轻盈地沿着北京八达岭长城台阶一路登顶，彼时长城上冬雪未化，寒气逼人。登顶后，他们展开一面国旗，并郑重宣誓："学好技术，归国效力……"伴随着青春的激情，雄壮的誓言响彻长城内外，这也意味着中国液晶显示产业即将迎来春天。

他们宛如一块块未雕琢的玉石，带着真挚而朴素的初心踏上了未知的征途。毫不夸张地说，在长城宣誓的这批年轻人是中国液晶显示产业希望的火种，而"长城宣誓"仪式对于激发年轻人的使命感极富时代意义。

如今，当年参加过长城宣誓的年轻人很多已经成长为京东方的高级管理者，时间过去了 20 年，他们回忆起当时的情景仍然心潮澎湃，记忆犹新。那是一段激情燃烧的岁月，也是一段求知若渴的艰苦岁月。

回忆起那段学习时光,除了语言不通,京东方的年轻工程师所面对的最大问题是大多数韩国"师傅"并不会主动将"真功夫"传授给他们。但这些年轻工程师并不介意,而是用热情与耐心主动融入韩国同事的团队:有人跟在师傅后面照猫画虎地学习,遇到问题就主动追着师傅问;有人下班后陪师傅喝酒,还喝出了友谊,慢慢地与韩国工程师打成一片,成为韩国师傅解决问题的小帮手;还有人开办了中文学习小组,主动教韩国人学中文,在学习中精进韩语,联络感情……

除了与韩国工程师交往日益亲近,这批中国学员还不忘将大量的时间与精力用在技术钻研上。据当时在韩国学习的工程师回忆,韩国员工都是 8 小时工作制,到点就下班,但是中国"学生"往往工作时间是 12 小时,有的甚至达到 16 小时。为了尽快搞清楚自己负责领域的技术诀窍,他们甚至通宵达旦地学习,这也让很多韩国工程师改变了态度,在做项目时,更愿意带上这些中国的工程师。

这种高强度的学习不仅仅发生在普通工程师身上,当时京东方的高层管理者也不例外。据一位当年 BOE-HYDIS 的韩国工程师回忆,京东方高层领导参观韩国工厂的经历让他印象深刻。

这位领导亲赴 BOE-HYDIS 参观,本以为只是一次例行公事的走马观花,但他坚持要求穿上洁净服,进入车间了解整个液晶显示产业的制造流程,详细观察所有工序才肯离开。

从计划中的一小时变成整整一天,这位陪同的韩国工程师非常不解,但在随后的交谈中得知,很多京东方的领导都是工程师出身,他们痴迷于技术创新,所以非常珍惜每一次难得的现场学习机会。

这位韩国工程师回忆,京东方当时赴韩的许多管理层人员,不仅要参观生产线,对于 TFT-LCD 产业的各种资料也如获至宝,大家只要有时间就会如饥似渴地学习和研究。韩国工程师感叹,他每天都被中国管理者虚心请教,同时,更被中国科技人员的钻研精神所感染,钦佩之情油然而生。

事实上，当时中国没有成熟的液晶显示产业，而这一领域又很有专业性，对当时的京东方而言，未来要自主建设生产线的话，一是要学习所有的流程细节，做到有的放矢；二是要招到对口的人才，再送去韩国生产线深造，发挥出最好的人才效果。

在很长一段时间里，BOE-HYDIS 成了京东方工程师的学习基地。2003 年到 2005 年，京东方招进来的技术研发人员，大多数都去韩国学习过，他们中的大多数人都成长为京东方的中坚力量。

然而，光学习还远远不够，如果说 BOE-HYDIS 是中国液晶显示人才的"黄埔军校"，那么这批"毕业"的学员必须进入真刀真枪的"战场"历练才能成长起来。京东方要想真正成功实现技术的引进、消化和吸收，就必须为这些中国的工程师创造一个实践的平台，这就是京东方的第一条 TFT-LCD 生产线——北京 5 代线。

从后来的结果来看，被媒体质疑的"蛇吞象"式的并购事实上非常成功。"蛇吞象"本身没有绝对的对错之分，关键在于如何消化整合。京东方作为一家有着强大技术基因的公司，以务实和真诚的管理理念为基础，保持了高强度的持续学习精神。这样的经营理念帮助京东方成功消化了 HYDIS 的技术资产，最终形成了自身的竞争壁垒，超越了被并购的"大象"。

5 代线的"练兵"与"成长"

京东方从决定进入液晶显示领域的那一天起，就明确选择了自主技术创新之路。在半导体显示这个领域，技术的掌握、迭代、创新都来自建设生产线、开发产品和优化工艺等实践过程。

收购韩国 HYDIS 之后，京东方便立刻着手在北京建设一条 5 代线，这不仅是中国工程师的"练兵场"，还点燃了中国液晶工业的火种——5代线不仅培育了中国首批液晶显示领域有着自主创新能力的工程师，也成为中国第一批液晶显示技术专利的摇篮。

以5代线为平台培养人才

技术转移如何才算成功？并不是中国工程师将技术学到手就可以了，而是要实现自主开发和自主创新。北京大学路风教授曾经用两本书——《走向自主创新》《新火》——的体量研究中国企业的自主创新之路。他在《新火》中指出，自主开发的能力只能在自主开发的实践中生成和成长，不可能在使用外国技术的过程中获得，也不会是引进技术的直接结果。

企业自主创新能力首先来自人才。20年前，京东方对人才的观点与今天国家倡导的人才观不谋而合："必须坚持科技是第一生产力，人才是第一资源，创新是第一动力。"纵观发展的各个关键时期，京东方始终将人才作为必不可少的基础性、战略性支撑，并且不拘一格聚天下英才为企业所用。

纵观京东方发展的各个阶段，人才都起到了决定性作用。京东方从创立之初，经过多年实践，形成了一套创新的人才发现、培养和管理激励机制，这使得京东方不仅能聚集海内外不同国籍的顶尖人才，更能在具体的项目上发挥关键人才的作用，调动团队的积极性，使企业获得高质量发展。

5代线就是京东方在培养人才方面具有重大意义的典型项目。

京东方5代线的建设是半导体显示技术引进、消化和吸收的第一步。在正式收购韩国HYDIS之前，5代线的筹备就已经开始了，总投资额达12.5亿美元。对京东方来说，搭建一个全新的团队，建一条从未建过的生产线，是一个史无前例的艰巨任务。在这个过程中，京东方面临的首个挑战便是人才稀缺。彼时，放眼显示产业，专业人士与技术翘楚可以说万中无一。

若要创造从 0 到 1 的奇迹，唯有迈出第一步：组建一支精英工程师团队。人才从何而来？有两个途径可供京东方选择：一是从兄弟公司，如松下等，挖掘人才；二是转岗内部老员工。然而，前者受限于公司间的"姻亲关系"，难度颇大，后者则面临着员工年纪偏大、缺少产业大规模化经验的现实，也非最优选项。

综观全景，唯有开辟一条新的人才选拔途径——从头培养新人，面向高校招募应届毕业生重点培养——方可实现点石成金。虽然显示产业是中国新兴产业，培养新一代技术人才也并非易事，但好在年轻人学习能力强，潜能巨大。更难能可贵的是，他们的勤学与实践可与中国显示产业的成长互相促进、相辅相成。

在产业基础完全空白的情况下，要想将 TFT-LCD 工业落地中国谈何容易。京东方高层决策者亲赴韩国，屡次探究 TFT-LCD 工艺流程，精心规划所需人才。

从 2002 年开始，京东方便展开了大规模的招聘，而当时受聘进入京东方的很多科技人才不仅留了下来，而且还成为京东方发展的中流砥柱。京东方当时的人才算盘打得简单而直接：前往清华大学、北京大学、北京理工大学等享有盛名的学府吸纳相关人才。

虽然京东方当时已是一家上市公司，但在社会上缺乏声望，影响力也有限。因此，公司人事部门在这些名校张贴的招聘布告与通知遭到了冷遇，这些名校才子对于投身京东方毫无意愿。

为了能够以真情打动人才，京东方管理层决定亲临高校，穿梭于校园间开展现场招聘演讲。

或许是受到饱含真诚的演讲的感染，或许是被京东方员工所彰显的报国情怀、技术梦想所打动，这些天之骄子开始将热情聚焦于京东方的产品与企业发展背景上。在一波接一波演讲的激励下，报名面试的人数翻倍增长，京东方新一代人才种子开始初显生命的活力。

在激情与梦想的召唤下，年轻学子纷纷将目光投向中国显示产业的未来,计划用青春华章与智慧火炬书写中国显示产业蓬勃发展的辉煌。

从实现本地化开始

在中国建设 5 代线,搞定技术人才和团队只是第一步。

液晶显示产业链是全球化的,中国当时没有显示技术工业,自然也就没有围绕这一产业的上游产业链,更没有围绕这一产业的相关供应商。如今看起来驾轻就熟的事,在京东方建 5 代线的时候,却是关关难过。

打个比方,假如要在一片空地上盖一座房子,流程无非是请人设计好图纸,然后买好水泥、钢筋等材料,请一支施工队照着图纸施工即可。而京东方面临的情况是,这座"房子"的图纸国内没人会设计,建筑公司也没有相关的建设经验。这就是身为"拓荒者"所面临的难题——整个产业链基本是一片空白。

在建设 5 代线工厂的过程中,京东方既要把 5 代线的工厂顺利建成投产,还要把相关的国内供应商带动起来,因为只有培养出国内的供应商体系,才能建立起成本优势,也才能提升企业的整体竞争力。

当时,京东方 5 代线工厂厂房由韩方团队支持,但按照中国的建筑规范要求,国外的设计图纸要在中国落地施工,必须由符合资质的中国设计公司盖章才能启动施工。也就是说,韩方必须找到一个有资质的中国合作伙伴将原有图纸思路变成中国的施工图,才能投入使用。经过考虑,京东方选择了中国电子工业领域实力最强的设计院——中国电子工程设计院,这一合作使得中国本土设计机构在早期就有了深度的参与。

同样,在进入施工阶段,作为 TFT-LCD 工厂中关键的洁净间,洁净度要求极高,属于高精度工程,但中国却没有施工团队具备相关的建设经验，且韩国的施工团队也无法大批量过来。多方探寻后，京东方最终选择了中国电子信息产业里最优质的施工单位——中国电子系统工程第二建设有限公司。

就这样，拥有本土资质的各方团队凭借着原有的专业实力，在生产线建设过程中通过不断摸索，逐渐掌握了整个流程并积累了经验，为未来再建生产线厂房打下了坚实的基础。

事实证明，这种带动本土供应商进入中国第一条5代线的建设思路非常正确。正是因为有了这一建设基础，京东方自主建设才积累了供应商资源，也为本土供应商的成长发挥了重要作用。

设计和施工只是京东方建设生产线带动本土供应商的一个侧面。液晶显示的上下游产业链庞大而复杂，要在中国这片显示荒原培养出一个如此庞大的产业，确实需要坚实的合作与科学的建设。

京东方5代线以及由5代线带动的第一批参与建设的供应商，成就了后来整个中国液晶产业的燎原之势。

京东方5代线建设具备载入中国电子工业史册的资格。因为TFT-LCD生产线不是一般的制造工厂，而是一项浩大而复杂的工程。北京5代线占地20万平方米，主要供应商都来自海外，整个建设过程涉及几十家不同的单位在现场作业，各种设备、工程技术人员来自日、韩、美、德等数十个国家和地区，高峰时同时有5000人在现场工作。

仅用了18个月的时间，京东方及其合作伙伴就把一片荒地变成了当时中国最先进的液晶生产线并实现了量产，结束了中国大陆无自主液晶显示屏的时代。

从5代线"生长"出技术创新力

对TFT-LCD这项高技术工业而言，并不是买了设备、建设好了生产线、把生产线开动起来，并实现了量产和良率就实现了技术转移，这个工业高度依赖人,也就是依赖工程师的能力和经验。

技术转移的实现分为两部分:一是可以被数据化和流程化的知识系统,包括工作程序、工艺流程、数据库等;二是以工程师为载体的经验值部分,它用文字很难具体表述,用英文表述可以叫作"know-how"[①]。

据一位当年赴韩国学习,现已走上领导岗位的京东方高管回忆,当时在韩国学习产品开发用了整整一年时间。虽然他是微电子学与固体电子学博士,但是真正进入显示屏幕生产线时才深知,工程师的经验至关重要,而这也是中国企业自主技术创新的根基。

为了纪念那段学习历程,这位高管至今还保留着当时的学习日志。厚厚一摞的学习日志见证了他在韩国学习技术的艰难时光,也记录了一个工程师从新手到专家的成长历程。

对一个身处异国他乡,语言不通且走出校门不久的职场新人来说,没有人会主动倾囊相授,只有自己足够用心和努力才能琢磨明白其中的技术诀窍。在这份日志中,每一次设计描述都被他详细记录下来,比如薄膜晶体管里的栅线和数据线应该画多粗,交叉的面积应该有多大,这些显示半导体产业里的技术核心都一一落在了纸面上。原有的方法和规则可以写在纸面上,但真正深入5代线的实际运营后,他才发现还要面对各种层出不穷的问题。有一次进生产线测参数,他发现其中有个数字无法在计算中得到对应,于是思考了整整一夜,才忽然发现,第一个参数放在最底下会形成一个闭环,问题就这样迎刃而解了。

就是在这种不断发现问题、解决问题的学习和实践中,京东方的

[①] know-how,直译为技术诀窍,最早指中世纪手工作坊师傅向徒弟传授的技艺的总称,现多指从事某行业或做某项工作所需要的技术诀窍和专业知识。对技术门槛和科技含量极高的行业来说,know-how 更是不轻易对外开放的技术绝密。——编者注

工程师对设计规则才有了深深的体悟。这是一种难以用文字总结，也无法写在纸面上的经验，是一种工程师的内化型知识，只有靠自己大量的实践积累方能习得。

总结而言，京东方的工程师在韩国学习期间，对于技术是知其然的过程，建设5代线、独立自主进行产品设计和解决问题的过程则是知其所以然的过程。只有知其所以然，才能形成自主创新能力。可见，让京东方从大学招来的年轻人迅速成长起来并独当一面，最有效的方式就是"从干中学"。

2003年9月，京东方5代TFT-LCD生产线在北京经济技术开发区破土动工。

京东方5代线的部门设置基本参照韩国BOE-HYDIS模式，同样，在重要技术岗位上，如生产线布局、工艺流程和产品设计等生产体系由韩国工程师担任正职，中国工程师则跟随韩国师傅做学徒。

对于韩国工程师，北京5代线既是一个极具挑战性的项目，也令他们兴奋和期待。由于HYDIS本身最高世代线是3.5代线，京东方一下子要上马5代线，这些工程师从未有过类似经验。出于对更高技术的追求，大家摩拳擦掌，积极参与，这也是5代线得以迅速启动的原因。

北京5代线的第一个产品是17英寸的液晶屏，主要用于台式计算机。这个产品在韩国原有3.5代线玻璃基板上可以切割出4块屏，但在5代线的玻璃基板上可以切出12块屏。虽然从技术上看，产品一样，性能参数一样，韩国工程师拥有的技术经验也相差不多，但是他们以前没干过5代线，看上去是从切4块屏到切12块屏，但还是有许多技术问题是此前不曾遇到过的，他们也需要在生产线运营过程中不断地学习、探索，解决新问题。

在这一过程中，中国工程师有了充分参与的机会，跟着韩国师傅一起，不断地在遇到问题、解决问题的过程中磨炼自己，这大大加快了中国工程师的学习效率。

能够在解决问题的过程中提出独特的解决方案，中国工程师便有了独立创新能力。这种创新能力是在技术转移过程中"生长"出来的最宝贵能力，也是京东方日后走向自主创新、建立自己专利体系的原生能力。

有一则案例可以在这里分享一下：当时一位高管在开发部负责Cell（封装有液晶分子的基板单元）段的技术，他觉得当时所用的支撑材料的设计都有问题，应该重新设计和实践。

于是，他提出支撑材料可以Z字形摆放。虽然韩方管理层认为这不符合常规，但在他的坚持下还是抱着试试看的态度按照他的设计思路尝试了一次。结果，使用了新的设计之后，产品的可靠性能增强了，生产过程中出现的问题也减少了，而这一设计当时在全行业都是超前的，京东方还为该设计申请了专利。

这个案例只是冰山一角。韩国工程师在技术上将中国年轻工程师领进了门，而中国工程师却在不断的学习和解决问题中成长起来，并实现了5代线从0到1的突破。随后在从1到N开发出多款产品的过程中，中国工程师团队不仅学到了师傅的经验和技能，而且自己也提高了技术创新的意识和能力。

在整个5代线运营的过程中，京东方先后开发过多款产品，这些产品最初由韩国专家做主要设计，中国工程师跟着学习；慢慢地，变成了由中国工程师开始独立担当设计工作。据了解，北京5代线产品最多时有30多款，由此迅速培养和提高了中国工程师的创新能力。

收购韩国HYDIS之后，京东方通过对技术的消化、吸收和再创新，形成了自己的核心技术和研发能力。因此，京东方5代线的价值极其巨大，可被视为一套高强度学习训练实战体系。按照TFT-LCD行业工程师的学习成长时间，国外同行同样的职位、同样的技术水平可能需要积累10年时间，而京东方工程师的成长只有3年时间。

据资料显示，到 2009 年，京东方在 TFT-LCD 领域已经拥有了 2000 多名专业工程师，是当时国内同行中规模最大、掌握技术最全面、最有经验的一支技术团队，他们成为京东方随后高速扩张的骨干力量，也是中国半导体显示产业在全球胜出的先头部队。这正是 5 代线"生长"出的最重要成果。

技术版图背后的生存定律

液晶显示产业最为显著的特点就是世界级竞争。任何一家企业，从踏入这个领域的那一刻开始，就要面对国际规则和全球的竞争对手。

在这场竞争中，硬件和软件实力缺一不可，如果把生产线看成硬实力，那么人才和技术就是软实力，而在软实力中，技术专利又是重中之重。如果要与国际巨头同台竞争，京东方必须在技术专利上规划自己独有的版图，并且不断扩大优势。

从宽视角领域开始建立核心专利体系

随着京东方 5 代线投产，以及后来更多生产线的上马并形成规模扩张之势，一个决定京东方未来发展的关键问题摆在了管理层面前，那就是核心技术自主权的问题。

京东方在收购韩国 HYDIS 之后，获得了 2000 多项可使用的半导体显示技术专利，拥有了进入液晶显示产业的基础技术储备。但这远远不够，因为液晶显示产业是典型的高技术密集型产业，其他日、韩同行起步更早，技术积累同样雄厚，每一家企业手里都握有数万项专利，甚至很多是源头专利，而源头专利是很难绕过去的。

从产品发展的方向和当时的技术现状上看，主要用于计算机屏幕的 TN（扭曲向列）液晶屏技术较为成熟稳定，但有一个不可忽视的缺点，即 TN 液晶屏从侧面看会出现颜色偏差和亮度偏差。而作为新趋势的宽视角技术，顾名思义，其优点是屏幕从正面、侧面任何角度看，显示效果都是一样的。这项技术得益于液晶屏的一种结构设计，它与液晶分子的排列方式、玻璃基板、液晶界面层材料和处理工艺有关。

宽视角技术存在两大流派：一个流派是 VA[①] 技术，由日本率先开发并持有基本专利；另一流派是 IPS[②] 技术，最初由另一家日本公司开发。VA 技术的特点是屏幕按压会出现波纹，就是俗称的软屏；IPS 技术正相反，俗称硬屏。在整个行业中，软屏阵营较大，而硬屏阵营较小。韩国现代 HYDIS 最初从日本引进 IPS 技术后，在此基础上做了迭代升级，形成了自己的专利技术 FFS。

京东方该如何建立自己的宽视角核心技术专利体系，并解决底层技术使用的问题呢？

液晶面板产品使用的底层技术很难调整和改变，但产品优化的空间很大，比如像素结构的优化、窄边框的设计、低功耗等。

液晶面板的整个制造过程有 300 多道工序，每一道工序在材料、工艺流程上又有着大量的优化空间，也都可能产生新的技术和专利。

京东方不断开发拥有自主知识产权的宽视角技术和产品，在开发过程中，在现有技术基础上持续升级改造，不断丰富并追加专利，最终形成了京东方独有的先进宽视角技术专利体系——ADSDS，简称 ADS。

与此同时，京东方成立项目组，秉承尊重彼此知识产权理念的态度，与日本公司谈判，以解决底层技术的使用权问题。但是，谈判过程非常艰难，价格一直降不下来。之后，京东方抛出多项自主申请的专利，请日本公司检讨自己是否使用了京东方的专利技术，结果

---

① VA（vertical alignment），垂直取向，即液晶分子的取向垂直于玻璃基板。
② IPS（in-plane switching），面内转换显示模式，即液晶分子的取向平行于玻璃基板的面内。

对方一改强势态度，形势趋于缓和。2013年，双方签订了友好协议，京东方以较小的代价解决了底层专利问题。

京东方解决了专利问题后，便在宽视角技术领域持续精进，将ADS专利体系不断增强，使基于此技术开发的产品不仅具备了全视角、无色偏、超高刷新率的优势，且在分辨率、节能、屏幕轻薄等方面的特质凸显，并广泛使用于手机、计算机、电视等屏幕。

如果说ADS专利系统解决了京东方与国际竞争对手博弈的专利问题，那么着眼于未来建立技术研发体系，则是让京东方从行业跟跑者到领先者的关键。

2008年，京东方从5家竞争企业中争取到了国家发展和改革委员会批准设立的第一个TFT-LCD工艺技术国家工程实验室，这更加坚定了京东方要做好专利体系建设的决心。当时，在液晶显示面板生产制造过程中，新产品的开发、工艺、材料的优化过程本身就伴随着大量的技术创新，这个过程也是技术专利产生的过程。为了更专注于该体系的建设，在2009年，京东方对组织架构做了一系列调整，将研发工作从生产过程中独立出来，将集团的中央研究院和京东方光电研究所整合起来设立了集团技术研发中心，从组织上开始建立专门的技术研发职能部门。

这一技术研发中心的组建，为京东方系统性技术创新提供了组织保障。技术研发中心的价值不仅着眼于创新生产过程和跟跑国际同行的技术，更重要的是着眼于未来的前瞻性布局和基础技术的聚焦储备，持续积淀技术底子，激发创新后劲。

回顾京东方的发展历史，在最困难的那几年，京东方始终坚持对技术研发的持续投入，除了争取国家级实验室，京东方还于2010年在北京经济技术开发区建设了研发大楼和一条专门用于技术研发的实验线，总投资为2.6亿元。这些技术研发上的超前布局，也来自京东方一直以来"站在月球看地球"的全球视野。

"站在月球看地球"

"站在月球看地球"是京东方面临技术路线选择的重要方法论。"站在月球看地球"就是要站在更高的视角做出前瞻性判断，就像站在月球上看地球一样，由于视角足够高，才能将地球的基本样貌和运行规律看清楚，这也是京东方的成功秘诀之一。

"站在月球看地球"这一重要方法论能让京东方跳出行业看行业，清晰地洞察行业发展规律，掌握技术演进的基本脉络。

从1997年B股上市到2001年A股上市，京东方实现了高速发展，并先后投资了各种与显示相关的高技术工业，比如显示用背光源、台式计算机CRT显示器、真空荧光显示器等。

A股上市后，伴随着全球互联网热潮，京东方也进入了信息技术终端产品领域，包括笔记本电脑、数码相机、一卡通等。

2002年，在通过跨国并购正式进入液晶显示产业前夕，京东方已经实现了"小康"——营收和利税在北京工业企业中都位居前列。此时进入液晶显示产业对京东方而言其实是跳出舒适区，进入陌生领域。对当时的京东方来说，做出这样的选择需要极大的勇气。

正是"站在月球看地球"这一方法论，支撑了京东方的"惊险一跃"。它是一种着眼于未来的终极思维，它超越眼前的短期利益与挑战，着眼于整体的发展和可持续性。

正如前文所述，在技术路线的选择上，面对较为成熟的等离子技术和并不明朗的LCD技术，京东方坚定地选择了LCD技术，也是得益于这种战略方法论的指引。

一般企业在做战略选择时往往看重用户需求，也就是通过洞察用户需求做出选择。当时等离子技术路线的产品更成熟，也更受消费者欢迎。但京东方并非单纯站在消费者视角或者行业视角来看待眼前的机会，而是洞察到行业发展的规律，精准地看到技术演进的脉络。显示产业此前应用的电子管、彩色显像管、真空发射管的基本特征是电真空器件，整个工艺以抽真空为核心。等离子技术虽然产品形态属于平板，但是技术核心是发光二极管，仍然属于真空技术。未来的技术趋势是半导体技术替代真空技术，这是大方向，因此京东方果断选择了 LCD 技术。

"站在月球看地球"在京东方的关键抉择中一再被验证，在每个关键决策中都能拨开迷雾，直指本质，让京东方总能沿着正确的道路前行。同时，这一方法论还衍生出指导京东方发展的一大经营法则和两大理论体系。

回到 2008 年，投建后的北京 5 代线在运营上始终不理想。京东方管理层苦苦思索如何盈利：运营不理想固然有液晶周期的影响，但是是否与运营思路也有关系呢？

5 代线建线的定位是开发和生产计算机显示屏。26 英寸的显示屏虽然销售还不错，但利润空间并不理想。为了解决这一问题，王东升提出了"12 块定律"，也就是说 5 代线的一块玻璃基板至少要切出 12 块显示屏才能盈利，而且以此为最低限，屏切得越多，玻璃基板的边际收益就越高。如果按照 5 代线的产品定位，切 26 英寸的显示屏，一块玻璃基板只能切出 5 块，这就意味着 5 代线生产的显示屏尺寸要比 26 英寸更小。

基于"12 块定律"的思路，北京 5 代线开始了小型化转型，最终找到了盈利点。在这个定律的基础上，京东方发展出来一个新概念——玻璃基板边际收益，简单来讲，就是一块玻璃基板切割多少块屏才能实现收益最大化。这个概念颠覆了液晶面板产业之前以"切割效率"为中心的传统思想。所谓切割效率，指的是一块玻璃基板怎么切割能实现面积最大利用率。

切割效率是典型的制造企业思维方式，而玻璃基板边际收益才是真正以市场为导向的创新经营思想。此后，京东方在玻璃基板边际收益的基础上形成了企业基本经营法则（也被称为企业经营法则），即基板实际边际收益要大于基板保本边际收益,并形成了一个标准公式。

该公式为产品的营利性提供了一个标准,即生产线上开发和生产的产品通过公式测算,就能得出该产品的实际盈利情况,这样,哪类产品需要淘汰、哪类产品需要满产满销就会一清二楚。企业基本经营法则的制定为产品的营利性提供了可操作的标准。

然而,只着眼于眼前的产品营利性还不足以解决企业的持续竞争力问题。要知道,液晶显示产业具有投资大且技术迭代快等特点,同时,跌宕起伏的液晶周期波动更是对企业的生存和发展带来挑战,所以只有持续不断地技术创新,迅速建立核心竞争力,才能在市场和行业中长盛不衰。

在这样的行业环境下,京东方采取了系列创新举措并取得了显著成果。2010年,通过对行业技术特点及产业周期的深入洞察与研究,王东升首次提出了显示行业"生存定律"。这一"生存定律"指出:"若保持价格不变,显示产品性能每36个月须提升一倍以上。这一周期正被缩短。"这个"生存定律"也被称为"王氏定律"(如图2-1),其理论地位相当于显示行业里的"摩尔定律"。

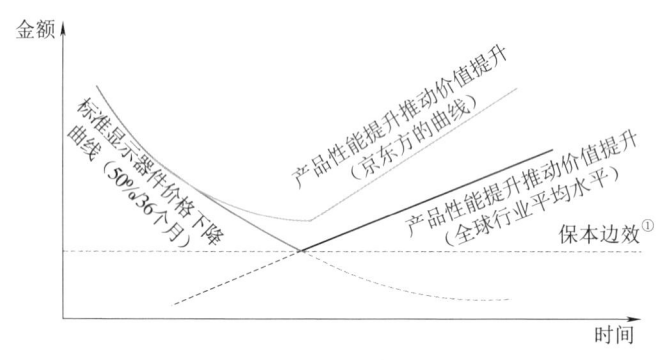

图 2-1 王氏定律

---

① 指京东方基板保本边际效益。

"王氏定律"非常明确地指出了技术创新对推动企业价值提升的重要作用，只有通过技术创新不断提升产品的性能、成本力和生产线效能，才能确保企业实现良性循环且保持稳定盈利。

在这一定律的指导下，京东方需要比竞争对手更快地推出品质更好的新产品，而不是跟在竞争对手后面做技术升级和产品开发。如何衡量这个指标？京东方内部有一个明确的"新品全球首发率"要求，用新品全球首发率来倒逼技术和产品的研发与创新。

在"对技术的尊重和对创新的坚持"的理念指导下，京东方持续多年将7%左右的销售收入用于研发投入。京东方始终认为"技术行不一定赢，技术不行铁定输"，因此，即使在2012年以前，京东方连续亏损了8年，现金流紧缺的情况下，依旧每年投入几十亿元的研发费用。"不管经营得好还是不好都必须坚持。"陈炎顺回忆说。这是京东方一直以来坚守的底线，也正是对研发的高投入让京东方迅速缩短了与国际巨头的差距，完成了行业地位的跃迁，最终推动京东方发展到现在，并拥有领先全球的核心技术。

2012年，京东方作为液晶显示领域里的新锐力量，正处于加速开疆拓土的时期。但随着TFT和EL（电致发光）技术的进步以及AMOLED技术的发展，业界和媒体充斥着"OLED将会替代LCD"的声音，指出OLED是替代液晶显示的下一代显示技术。"OLED替代论"一时甚嚣尘上，这种言论对于在液晶显示产业持续投入发展的京东方无疑有着很大的负面影响。

也就在此时，京东方站在行业发展规律的高度，从技术替代的大历史背景和信息产业大生态脉络中发现并指出，显示技术属于光电技术，而控制光电转化过程的关键就是半导体技术。无论是TFT-LCD显示技术还是AMOLED等新型显示技术，它们的基础技术都是半导体技术，其材料选取、工艺制造都与半导体密切相关。基于这样的思考，京东方提出应该将以半导体为基础技术的平板显示产业重新定义为"半导体显示产业"。

"半导体显示产业"概念的提出明确了显示产业发展的方向与路径，即半导体显示技术将延展于不同的细分赛道，满足不同场景的市场需求，这也从侧面印证了"OLED替代论"的局限性。

实际上，无论是在TFT-LCD上的探索，还是在AMOLED领域的创新，京东方在不同技术维度研发上始终保持着不断精进的态势，每年新增专利数也呈指数级增长。可以说，京东方在半导体显示技术不同的细分赛道上完成了精准布局。

事实上，随着半导体显示产业的大发展，各种技术路线百花齐放，不同技术也出现交叉融合的趋势，且终极目标都指向一个——提升人类的视觉体验。

如今"OLED替代论"早已烟消云散，在柔性屏的技术水平和出货量方面，京东方都在向行业第一名迈进。

京东方是一家有思想、有理论的企业，其企业思想与理论体系不仅对自身的创新发展起到了关键性作用，还影响了整个行业的创新与发展。

—— 本章小结 ——

几乎所有的创业都是一场冒险。对京东方来讲，通过跨国并购的方式进入半导体显示领域，可谓"惊险一跃"。实际上，对大多数创业企业来说，惊险一跃可能并不难，难的是放弃舒适区。这"一跃"从另一个角度说也可以叫作"战略性收敛"，即通过调整自身业务范围和资源配置，使其能够更好地专注于核心业务和关键能力，从而跻身国际领先者之列。

这"一跃""一收"让京东方拿到了半导体显示产业的"入场券"，

也拿到了技术专利、人才、生产制造和市场份额。京东方从此进入了一个全球性的产业，开始与世界级的选手同台竞技。

一家企业的创业历程往往会有"英雄之旅"式的故事情节，尤其是从 0 到 1 的过程，更需要创业团队具备惊人的勇气，泰山崩于前而从容应对，打败一个个竞争对手，拿下市场份额。

当我们重新审视决定京东方命运的关键抉择时就会发现，京东方团队靠的不是一腔孤勇，而是对行业规律的深刻洞察和理性思考，并由此形成了自己的方法论。这种思想的光辉，以及在实践中形成的影响整个行业的产业理论，是在其他企业身上比较少见的。

一家有思想的企业，在中国这片产业"无人区"中探索，若要从一个行业无名小卒变成影响行业的世界级巨擘，势必会经历诸多的磨难和艰辛。没有哪个成功的企业是没有经历过绝境淬炼的，京东方也不例外。不过或许正是因为经历过举步维艰，才使得京东方创造性地找到了独一无二的发展路径。

京东方从 0 到 1 的探索就像在产业"无人区"种下第一棵树，秉持着"站在月球看地球"的战略思维。京东方在种树时，心中就已经有了整片森林。从一棵树到一片森林乃至一个生态系统，京东方需要做的不仅是自身的精进，还要不断丰富这片森林的生态。在这一过程中，京东方持续、全方位的创新不断发生，甚至超越了以往经验，填补了市场空白。

第三章
巨人之路

如果说京东方在半导体显示产业领域里从 0 到 1 凭借的是家国情怀、产业使命和纵身一跃的勇气和智慧，那么，要想实现从 1 到 N 就需要对既定战略路线的坚持，更需要沿着产业模式创新、融资创新、技术创新和组织创新四条发展路径，从优秀走向卓越，最终聚合为京东方的"巨人之路"。

京东方产业模式创新指的就是"技术收购，消化吸收再创新"。这是一条没有人走过的路，它有两重意思：一是将技术创新的种子播种在国内；二是形成自主技术体系，让产业的"大树"独立成长起来。从一棵树到一片森林的过程，就是引进、消化、吸收、再创新的过程。

京东方所聚焦的产业模式核心是自主创新，正是自主创新形成的能力，让京东方在产业扩张中获得了众多地方政府的支持，成为地方政府的"技术合伙人"和"产业合伙人"。

资本市场只是推动企业发展的外部支撑，不断地攀登技术高峰才是京东方保持高速成长的内生力量。在技术的进阶之路上，京东方并不是单纯地与竞争对手搞技术竞赛，而是将眼光放在客户身上，让技术服务于市场，引领市场。既"仰望星空"又"脚踏实地"，最终指向的是企业的竞争力。

在增强企业竞争力的过程中，组织需要不断地调整运营模式以适应战略的变化，而组织运营模式的创新又增强了企业的竞争力，进而放大了其吸引外部合作伙伴和行业人才的优势……这一切最终形成了正向循环。

不过，自主创新之路并非一帆风顺，所有走向卓越之路都要经历一段深深的低谷。作为半导体显示产业的后进入者，京东方也毫无意外地经受着行业周期的洗礼。

"低谷长歌"推进产业发展模式

世界上所有伟大企业的诞生往往都有一个"不走寻常路"的开端和一段穿越绝境的成长历程，京东方就是一个力证。

京东方成功收购韩国 HYDIS 之后，便迅速在北京落地建设了第一条液晶面板 5 代线。京东方的 5 代线当时创造了半导体显示行业建设速度之最：仅用 18 个月的时间，京东方就在北京亦庄的一片荒地上，完成了从生产线建设到产品量产的整个流程。

京东方 5 代线成功量产，意味着在全球半导体显示领域迎来了一位实力强劲的后进者。那个时候，全球的竞争对手没有人会预测到，京东方在日后的发展中会爆发出令对手"生畏"的竞争力。

不过，对当时的京东方而言，要完成"技术收购，消化吸收再创新"这一独特的产业发展模式，5 代线量产只是万里长征的第一步。在"引进、消化、吸收、再创新"这个四部曲中，5 代线量产只意味着完成了前三步。要真正实现再创新，自主建设更高世代线是必经之路，只有具备了独立自主建设高世代线的能力，京东方的模式创新才算真正取得成功。

因此，自主建设 6 代线有着重要意义。然而，6 代线的筹建并不顺利。

行业迎来至暗时刻，京东方穿越寒冬

液晶周期是半导体显示产业的"魔鬼定律"，进入半导体显示产业的玩家皆难逃这一定律的磨砺。京东方作为行业后进者，羽翼尚未丰满，便迎来了残酷的液晶周期低谷。

2004年第四季度开始，液晶面板的价格持续下跌，在京东方5代线建线之初，17英寸液晶屏的价格还是300美元，5代线量产时已经跌至150美元。

2005年，京东方出现了创立以来的第一次亏损，全年亏损达到16亿元；2006年，亏损额超过17亿元；到2007年第一季度，市场依然未现回暖迹象。

当时，作为半导体显示产业的新秀，京东方还处于立足未稳的状态。一边在亏损，另一边京东方又急需资金——5代线建线的银行贷款已经到了还款期！此时，京东方还需要持续扩张，因为6代线建设已提上日程。这时银行纷纷给京东方亮出"黄牌"，新贷款无从谈起，之前的贷款展期亟待企业解决。

京东方为此专门成立了银行贷款展期小组，与各大银行开始谈判。据谈判小组成员回忆，2005年京东方出现亏损，各家银行接连将京东方信用等级调低。出于对行业企业风险的敏感性，银行的谨慎行事无可厚非，但一家银行的决定往往会引发连锁反应。当时展期小组成员一家家上门拜访，局面却并不乐观：在展期小组费尽周折进行多轮谈判后，一家提供了1000万元贷款的小银行同意展期，但迟迟不给盖章……那段时间，展期小组的经历可谓"四处奔波，一言难尽"。

雪上加霜的是，作为上市公司，由于连续两年亏损，2007年第一季度，京东方 A 戴上了 ST[①] 的帽子。

资本市场表现差，质疑声以及不满情绪开始在股东中蔓延。那两年的股东大会，京东方的管理层面对的不仅是业绩质疑，甚至还要防范因为股东不满情绪而产生的安全风险。媒体的质疑伴随着各种负面文章此起彼伏。

然而，在众多外部角色中，北京市政府对京东方给予了高度支持。前者出面斡旋各方面关系，组织银团参加座谈会，还组织银团代表参加 5 代线的活动等。北京市政府在力所能及的范围内，让京东方有更多的机会去解释液晶产业的特点，以争取银行展期。

彼时，京东方的负债率一度达到 80% 以上。

为了解决财务危机，京东方决定出售部分资产归还银行欠款，以降低资产负债率。其中一宗资产交易是 2007 年年初冠捷科技集团股份的出售。冠捷科技集团是中国台湾的显示器制造商，京东方于 2003 年收购其股份，目的是解决京东方自身液晶面板初始市场问题。到 2006 年，这一收购的战略使命已经完成，虽然无奈，但也只能壮士断腕，本次股份出售使京东方获得 24 亿港元，用于归还银行的贷款。另外一宗资产交易则是 BOE-HYDIS 的股权出售。

回顾京东方那段艰难的历史，最值得关注的并非京东方如何解决诸如银行债务等外部问题，而是如何重塑使命、修炼内功等内部举措。

2005 年 4 月，为了走出困境，京东方在内部轰轰烈烈地开展了"3020 行动"，意思是将产品价值提升 30%，单位成本降低 20%，实现产品的价值最大化和成本最优化。2006 年年底，京东方又将"团队、速度、品质"作为企业经营指导方针。

[①] ST（special treatment），特别处理，指的是沪深两市交易所给那些财务或其他状况出现异常的上市公司股票进行警示的政策，这些公司的股票名称前会被添加一个"ST"作为标志，俗称戴帽。

第三章 巨人之路

"3020行动"就像一场攻坚战役的冲锋号，京东方企业经营管理的各个方面，包括设计、采购、制造、销售和管理的各个环节全部投入其中，努力争取价值最大化和成本最优化。

号角吹响！京东方全体员工被动员起来寻找问题并提出解决方案。仅仅用了半年时间，数千项改善提案由广大员工提出，并被迅速付诸实践。生产线上，当意识到个人的行动关系到企业命运时，数千名员工全力以赴，不惜牺牲个人休息时间，力保设备24小时持续正常运转。有一次，生产设备出现了问题，为了不影响当期产量，员工用人力连续搬运10多个小时，许多人从生产线下来时已筋疲力尽，甚至直接倒在地板上睡着了。

在日常工作中，降低成本的努力也贯穿各个生产环节，比如最大化地利用生产物料，将其价值发挥到最优，即使对于只能处理的废弃物料，也会进行全面分类再处理，以提高出售收入。

案例不一而足，京东方的员工在没有管理者的要求下主动担当，真正做到了"平时看得见、关键时刻站得出来、危机来临时豁得出去"。

"3020行动"是明确而具体的行动指令，不仅推动了内部研发部门的技术创新能力，同时挖掘出了整个企业运营体系的创造力。

在困境中，京东方人自上而下的责任感和创造力锻造了其强大的竞争力，而这种竞争力不单纯是产品上的竞争力，更是整个系统的竞争力。这种竞争力不仅赢得了客户的认可，还赢得了政府和资本的认可。

"围追堵截"中建起中国首条6代线

液晶面板产业除了液晶周期这一"魔鬼定律"，还有规模取胜的"潜规则"。京东方5代线投产时，全球其他竞争对手均是手握多条高世代线的产业玩家，与它们在一个牌桌上同台竞技，筹码的多寡在某种程度上决定了竞争力的强弱。

京东方在建设 5 代线的同时，内部已经开始规划 6 代线的建设——只有向更高世代线扩张，京东方才能在全球市场上拥有更多竞争筹码。

加注筹码，玩家需要对市场命题做出精准判断。5 代线玻璃基板最经济的屏幕切割尺寸主要针对计算机显示屏，并不适合电视屏。对当时的液晶面板企业来说，电视屏才是液晶面板的蓝海市场，6 代线的建设是打开电视市场的关键。

京东方最初的计划是通过 BOE-HYDIS 海外上市筹措资金来建设 6 代线，但是由于海外上市计划流产，使其靠自身力量建设 6 代线的计划化为泡影。不过，作为该领域当时中国拥有自主技术创新实力和专利储备的公司，京东方成为其他机构"技术合伙人"的优选对象。

2005 年下半年开始，为了解决国内彩电企业"缺屏"困境，在深圳市政府的主导下，"聚龙计划"开始实施。具体方案是由 TCL、创维、康佳、长虹四大彩电企业组成联盟，深圳市人民政府国有资产监督管理委员会（简称"深圳市国资委"）下属投资公司深圳市深超科技投资有限公司与上述四家企业各出资 200 万元，2006 年年初成立聚龙光电有限公司，并计划在深圳建一条 6 代线。

在"聚龙计划"中，液晶面板的技术来源成为核心。放眼国内，当时只有京东方有实力做这一核心的"技术合伙人"，而京东方规划的 6 代线建设也恰好与"聚龙计划"一拍即合。2006 年 5 月，京东方以 40% 的控股比例成为聚龙光电有限公司的技术提供方，并迅速组建了技术团队。

本来万事俱备，但东风未至，不速之客不请自来。这时，某日资企业找到深圳市政府，主动提出帮深圳建设一条 7.5 代线，并声称京东方的技术不过关。当时的日资企业毕竟是液晶领域中的头部企业，面对对方的提议，联盟中多方出现了决策动摇，再加上有企业转向与日资企业合作并退出的情况，"聚龙计划"最终瓦解。

2007年年初，京东方A面临退市风险。不得已之下，京东方决定将北京5代线从上市公司拆分出来，以保住上市公司不受5代线亏损的拖累。

可以说，彼时的拆分是源于京东方自我解构的勇气，今天看这样的历史决定，仍然令人心生感慨——面对危机，唯有迎难而上，方能突破层层考验。

拆分计划与信息产业部及国家开发银行主导的整合计划几乎同步进行。所谓整合计划就是信息产业部欲将当时同样陷入亏损的上广电、昆山龙腾和京东方的5代线剥离出来，整合成立一家公司以壮大规模抵御风险。消息一经传出，该日资企业再次出现，它联系上广电，提出与其合作。结果，京东方依然未躲过被甩掉的命运。

做出拆分计划时，京东方已经行至黎明前的黑暗时刻。2007年第二季度，液晶面板市场开始回暖，京东方决策层果断停止拆分5代线，紧紧抓住了危机之后出现的转机。

自有资金不足，寻求外部合作又屡屡受挫，京东方的6代线扩张之路充满波折，直到合肥市政府的出现，曙光才照进现实。

事实上，京东方当时6代线的选址主要还是锁定在长三角和珠三角地区。除了区位优势，京东方当时一个最主要的考虑因素是建6代线需要上百亿元资金，合作方必须是有财力的大城市。2006年，合肥市的一位官员通过京东方一位独立董事的介绍，主动找上门来洽谈合作。

合肥市当年制定了"工业立市"的目标，即通过发展工业，加快城市经济的增长，提高人民生活水平，促进城市的现代化建设。

为了吸引投资和促进工业发展，合肥市制定了一系列的政策支持措施，如减税降费、土地供应、人才引进等，为企业提供良好的投资环境和发展条件。

特别值得一提的是,合肥市鼓励创新的发展眼光颇具看点——加强科技研发和技术创新能力,建设高水平的研发机构和创新平台,推动科技与产业深度融合,提升工业竞争力和创新能力。显然,引进京东方6代线,将其置于合肥创新版图,极具产业创新联动效应。

面对合肥这个合作伙伴,京东方有"相见恨晚"之感:合肥有着很强的区位优势,水电资源充沛,科技人才比较密集,有一定的家电产业聚集优势。最重要的是,合肥市政府对于引进京东方6代线项目有着非常坚定的决心,由市委书记亲自挂帅。

京东方团队赴当地考察营商环境时,合肥市已经准备好了厂址和土地,并且还有备选方案。为了凑足资金坚定地支持京东方6代线项目,合肥市甚至决定暂停地铁建设。

合肥无疑是绝佳的投资和创业选择,但是基于在深圳和上海的两次"遭遇",京东方担心同样的"剧情"会再次上演,于是用两个小时的时间与合肥市政府相关领导进行了专门讨论:"如果外资公司来谈合作,怎么办?"京东方得到的回答积极而肯定:外资来,合肥市绝不动摇,坚持与京东方合作。最终,2008年秋天,京东方与合肥市签订了合作框架协议。

果然,搅局者又不期而至,他们找到合肥市政府,提出愿意与合肥建设6代线,并继续散布京东方技术落后的言论。彼时,合肥市政府的确有部分领导的思想开始动摇,当时领导班子里有人提出,"要不两条线一起建?"京东方当时也诚意地提醒对方,以合肥市当时的财力,这是不现实的,所谓"一桌饭没法请两桌客"。

出于对市场的全面了解,合肥市政府最终决定派当时的财政局领导与搅局者接触一下,以多方面掌握情况。

这一去一谈,颇有看点:由于不熟悉业务,当时的财政局领导邀请京东方的一位高管一同赴会。席间,翻译因对专业词汇不熟悉而使沟通有点词不达意,此时,京东方的这位高管凭借深厚的专业知识与外语能力，将双方设计建厂、产能输出和环评报告等环节统统置于桌面上讨论，令在场人士刮目相看。合肥财政局领导会后当即给市政府写了一份报告，结论是：京东方的技术不差，人才能力过硬，京东方6代线建设的质量和成本一定不输外资企业。

显然，京东方人所展现出来的专业性征服了合肥市政府的决策者，并且，合肥市市委领导也非常坚持国有企业自⬚⬚⬚与京东方自主创新之路不谋而合。

2008年9月，随着京东方6代线项目框架协⬚⬚⬚，该项目终于在合肥市顺利启动。6代线项目，无论对京⬚⬚⬚对合肥市都具有里程碑式的意义。从此，京东方开启了狂⬚⬚⬚扩张模式。

2009年4月13日，计划总投资175亿⬚⬚⬚6代线在合肥破土动工。由于京东方6代线已经准备了⬚⬚⬚团队都憋着一股劲儿，于是仅用18个月的时间便实现⬚⬚⬚的量产。与此同时，海外的业内同行通过媒体在各种⬚⬚⬚消息，散布京东方不具备6代线技术能力与建设经⬚⬚⬚局者自然少不了那个日资企业的身影。

现实总是充满惊喜与⬚⬚⬚"⬚术不行"的谎言随着6代线的量产而不攻自破⬚⬚⬚产后的一个多月，良率就达到了95%以上。

这样的⬚⬚⬚业。合肥6代线投产后，可覆盖18英寸到37英⬚⬚⬚寸的液晶显示产品。由于当时32英寸和37英寸的显⬚⬚⬚是液晶电视的主流尺寸，合肥6代线的投产也标志着中国彩电⬚⬚⬚第一次拥有了液晶显示屏的本土供应来源。

⬚东方的产业模式是打造自主技术创新的模式，这一模式对竞争对手也形成了威慑。

回溯历史，处于行业头部的那家日本企业对当时只是行业新秀的京东方一路"围追堵截"，似乎有点不合情理，但如今来看我们不难

屏之物联

理解，其阻击京东方的真正目的是扼杀后来者的创新成长。

自主技术创新不仅是京东方武装自身核心竞争力的法宝，也是改变显示半导体产业市场格局的一把利剑。

原先，中国的工业制造在全球产业分工中一直处于垂直产业链下游，此前 CRT 技术便是如此。中国企业靠着劳动密集型的工厂组装产品，外资控制着技术上游，在整个价值链的分配中，外资企业始终是最大的利益获取方。

京东方在拥有了高世代线的自主技术能力后，不仅改变了原有的垂直分工模式，更重要的是，中国低成本的制造能力加上广阔的市场空间成就了京东方强劲的核心竞争力，原先液晶工业日、韩、中国台湾的三强争霸格局也随即被打破。

这从另一个侧面佐证了京东方自主创新路线的正确性。这一切都得益于京东方从一开始采取的模式，即通过收购获得初始技术，同时在这一基础上不断创新，循序渐进形成自己的技术护城河。

这是一条走向强大竞争力的路线。竞争对手看得很清楚，对京东方的"围追堵截"其实是为了阻止其迅速做大，为了让中国液晶面板产业崛起得慢一些，从而将外资液晶面板在中国市场的份额保持下去。

然而，一味地压制终会落空。伴随着生产线的扩张，京东方的技术实力也突飞猛进。数据是最有说服力的。2007 年，京东方发明专利仅为几百件，此后专利数逐年上升，截至 2022 年年底，累计自主专利申请已超 8 万件，形成了以 TFT-LCD、OLED 核心技术为主的专利体系。

也就是说，即使在最困难的时期，京东方的技术创新也未曾停止过。自主技术创新带动自建生产线，再加上中国本土市场的巨大潜力，国际竞争对手的危机感陡然而生。在它们看来，京东方这家行业新秀，强大且令人生畏。

乘风破浪，高世代线频频落子

半导体显示产业属于技术密集型、资本密集型和政策密集型产业。日本、韩国半导体显示产业崛起的背后，离不开相关资源的支持。

在中国市场经济体系下，有远见的企业即使没有现成道路可行，也会率先扎进产业中披荆斩棘地寻找生机。一旦发现行业利好显现，那个勇于"拓荒"并积累了一定竞争力的选手就能第一时间抓住机遇，迅速成长。京东方的发展即是佐证。

2009年，为应对国际金融危机对中国实体经济的影响，国务院部署制订了十大产业调整和振兴规划，其中《电子信息产业调整和振兴规划》明确将新型显示器件列入国家政策支持的范围，这也代表了国家层面对显示产业的发展决心。

政策利好激发了这些显示技术企业在中国建生产线的动力，但外企却受到了本国或者本地政策的掣肘。为了防止产业技术外流，日本、韩国、中国台湾都曾制定政策限制液晶企业在中国大陆建厂，这给了京东方这类有技术实力的企业一个绝好的窗口。

另外，液晶面板产业作为全球性产业，生产线建设牵动着设备、材料等上游供应商的利益。2008年在全球金融危机的背景下，日、韩、中国台湾等液晶生产线建设全部停滞，对于整个供应链的需求也随即封闭。当时，供应商急需为自身找到供给出口。

作为全球金融海啸后首条液晶面板生产线在合肥的建设启动，京东方6代线瞬间成为整个供应链的焦点，也因此获得了更多的产业助力。

更让行业震惊的是，仅过了不到5个月，京东方便发布公告在北京开建8.5代线。这条8.5代线的投建本质上是对全行业的声明：技术封锁早已失灵，中国企业已经拥有了自主建设高世代线的能力。

京东方的北京8.5代线总投资280亿元，是中华人民共和国成立以来北京市投资最大的单体工业项目。

北京 8.5 代线是京东方的第四条液晶面板产线，此时京东方已经具备了强大的技术储备。这条生产线是专门采用京东方 ADS 专利技术的电视屏生产线，这条生产线的建立使京东方的产品覆盖了终端电子消费的各个场景，也标志着京东方具备了与国际竞争对手同台竞技的水平。2011 年 12 月，京东方 8.5 代线的良率就超过了 90%；到 2012 年 7 月，这条生产线实现满产，良率达到 94%，并且实现了月度盈利。

此外，京东方北京 8.5 代线还有一个亮点，那就是可持续发展理念的落地：既要发展产业，也要考虑环境保护的问题，这是企业长期发展的生命线。

北京是个缺水的城市，但液晶面板的生产是一个高耗水过程，环保审批很难通过。为了通过环保审批，京东方在报批中提出使用再生水，但再生水中一些化学元素超标可能会造成产品质量问题。面对环保这一难题，京东方的解题思路不是向政府要政策，而是技术创新——在生产线供水系统之前加装预处理系统，把再生水里的不合格元素降到自来水的水平。看上去是增加了成本，但实际上这一技术的使用使京东方 8.5 代线既实现了预计的产品品质，又成为环保标杆，同时再生水成本比自来水低了很多，其环保创新的价值随着时间的推移日渐凸显。

北京 8.5 代线迎来满产的同时，京东方又在合肥启动了一条 8.5 代线。与北京 8.5 代线不同的是，这条设计产能为 9 万片/月的生产线，包括了 30K（每月 30 万片）的氧化物 TFT 量产线和一条采用氧化物 TFT-OLED 的先导线。此后，京东方又于 2013 年、2015 年分别在重庆和福州各建了一条 8.5 代线。

合肥市在 6 代线和 8.5 代线的建设中尝到了产业拉动效应的甜头，接着为京东方提供了更多的支持，于是京东方在 2015 年 4 月又宣布在合肥建设一条 10.5 代生产线，主要生产 60 英寸以上的产品，项目总投资 400 亿元，这也是世界上第一条 10.5 代线。

在大规模建设液晶生产线的同时，京东方积极布局柔性生产线，在成都、绵阳、重庆各建一条 AMOLED 生产线，加入柔性显示竞争的大赛道。

在京东方眼花缭乱的加速扩张中，资金似乎不再是问题，但是多条生产线集中建设，需要的资金都是几百亿元起步，钱从哪儿来？这要得益于京东方与地方政府探索出来的产业合作发展模式。

产业发展，创新共赢之道

企业的发展壮大，归根到底，一是受众用户的认可，二是资本的助力。放眼美国硅谷的成功企业，绝大多数得益于完整而成熟的资本市场，其背后也往往站着优秀的资本推手。

反观中国，市场经济体制的形成始于 1992 年，市场化的风险投资在中国也不过十几年的历史。1993 年创立的京东方，在其发展的前 20 年时间里，其资本来源渠道极其有限。

相较于其他行业，半导体显示产业是一个重资产产业，一条生产线动辄需要上百亿元的投资。

京东方在进入半导体显示产业最初几年，国有资本一方面正在退出市场竞争性行业；另一方面，中国的一级市场投资还处于萌芽阶段。无论是市场化的私募股权基金还是政府的产业引导基金，都远没有像如今这般发达。

很多媒体认为，京东方的发展是靠政策支持或者靠政府"输血"。事实上，地方政府只是京东方的投资人，作为地方政府的"技术合伙人""产业合伙人"，京东方创造的资本增值的产业合作模式才是核心。在这一模式中，京东方给政府带来投资增值，反过来政府投资又为产业创新和企业高速发展注入了动能。显然，这是一种共赢的模式。

京东方发展的每一个关键时点都能找到资金迎刃而解的创新方案，这也是这家科技公司的一大亮点。

半导体显示产业需要国家力量

半导体显示产业是一个全球性竞争的产业，所有的产业玩家一旦进入这个领域，就意味着进入了全球市场的竞技舞台，面对的也是世界级的竞争对手。

充分的市场竞争，再加上半导体显示面板企业所生产的产品是相对标准化的，共同组成了"液晶周期"形成的前提。

一边是半导体显示的技术投入和生产线建设，一边是市场需求逐渐被激发，这是围绕着半导体显示产业的两条螺旋上升的曲线。

液晶面板生产线投资高，一条生产线投资动辄几百亿元人民币。加上技术门槛高，回报期长，通常一条生产线的建设周期为24个月。生产线建设完成以后，必须尽快把它的产能全部释放出来。当新的产能释放出来，面板价格就会降低。由于成本降低，从计算器、电子手表等小型液晶屏产品到笔记本电脑、手机、电视机、车载等高端液晶屏产品，液晶面板更多的应用产品和应用场景被创造出来，消化了大量的产能，于是市场上的液晶面板便出现了供不应求，价格上涨，这又会吸引投资进入。当这些投资者积累的产能释放出来，并导致生产过剩、价格下降，又会造成产业衰退，各家显示企业利润骤减，甚至陷入亏损。但是价格下降必然会导致需求扩张，进而扩大液晶面板的使用范围，又引发产能不足，价格上涨，于是一轮新的投资和一拨新企业投入半导体的技术投入和生产线建设中，如此循环往复，便形成了液晶周期。

"产能集中释放"与"需求扩张"不能精确衔接，就会造成液晶产业链的利润率急剧波动。在过去的30年中，身处其中的企业每1.5~2年都会遭受一次液晶周期的洗礼，企业在盈利和亏损的两极中颠簸，犹如在坐过山车。

在液晶周期的"魔鬼定律"中，产业的后进入者选择在什么时机投资进入就变得很关键。毕竟半导体显示生产线投资额巨大，如果生产线量产时刚好赶上液晶周期低谷，价格下跌，日子就非常难熬。这个时候，企业为了满足接下来的市场需求，又要投资建设新的生产线，资金压力便会接踵而至。

这样的产业特点使得身处其中的企业靠一己之力很难有长足的发展，无论是日本还是韩国，背后都有国家力量的支持。

面对产业的"魔鬼定律"以及实力强大的国际竞争对手，京东方刚一进入半导体显示产业就感受到了寒意，因为京东方 5 代线量产时正赶上液晶周期的低谷。按照韩国企业成功的经验，这个时间应该加大投资力度，进行生产线扩张。然而，京东方当时面临亏损，加上银行贷款到期，新的融资渠道没有打开，当时的政府决策部门还没有形成对这一产业重要性的认知，也没有相应的配套支持政策，因此京东方一时陷入了扩张无门的困境。

或许是一种历史的必然，王东升和陈炎顺正是在京东方发展的关键节点，展现出了他们出色的企业运营能力，让京东方渡过了资金之困。在这一过程中，如何在不违背政策的前提下，用创新的思路促使多方共赢，是其融资创新中的核心方法论。

京东方在与地方政府合作中摸索出来的创新融资方式，既撬动了政府资源，又运用了市场规则，这样的模式远比政府直接出资的模式更具优越性。

"债转股"的金融创新，让京东方绝境重生

京东方的金融创新是一个渐进的过程。

2003 年年初，京东方斥资 3.8 亿美元收购了韩国 HYDIS。

"技术收购"之后就是"消化吸收"，在实施上就是在北京筹建 5

代线。然而在这一阶段,京东方并没有充足的资金储备来建设5代线。在北京市政府的积极推动下,银团贷款以及工业投资公司出手相助,得以让京东方5代线顺利建设落地。

然而,这条5代线自量产后便开始亏损。液晶显示产业是以规模取胜的,止步不前比冒险投资的风险更大,因此即使在最困难的局面下,也不能放弃技术的研发投入和生产线的建设。

2005年到2007年是京东方极度困难的两年,京东方这盘"全球显示产业领导者"的"大棋"几乎走到了死局。京东方一边不遗余力地与银行谈贷款展期,另一方面卖掉部分资产来还债。

经过多方努力,银行的贷款展期谈了下来,企业负债率也随之下降。

但一笔28亿元借款的到期日也已临近,为了渡过难关,京东方提出将这笔借款"债转股"。这既解了京东方燃眉之急,作为项目投资方的北京市政府,未来也还有机会通过资本市场实现资产盘活,并通过"债转股"实现了资产的保值增值。

京东方在最艰难的时期,对半导体显示产业的未来仍然充满信心,也始终坚持自己的战略,而"债转股"也正体现了政府对京东方这家企业的信心。值得一提的是,京东方作为中国"债转股"早期的实践者,对于后来中国"债转股"政策的普及落地具有一定的先行示范意义。

1993年,为了将资不抵债的京东方前身北京电子管厂救活,王东升说服银行,将银行的贷款和利息转为京东方的股份,这样企业不仅能活下去,银行也有收回贷款的希望。京东方股份制改造后,银行通过"债转股"成为北京东方电子集团股份有限公司的股东。彼时,距全国政策性"债转股"还有5年时间。

梳理京东方的发展历史不难发现,其金融创新在某种意义上可以视为一种被逼无奈,但也可以解读为一种锐意进取和绝不"等、靠、要"的精神，它体现出京东方敢于突破常规与固有框架的勇气，展现出了对自身实力和未来前景的坚定信心。这种创新思维在京东方后来的大规模扩张中发挥了重要作用。京东方将地方政府变成京东方的产业投资人，用融资创新的思路既解决了生产线建设资金来源的问题，也为地方政府招商引资创造了优秀的样板。

产业投资的"多赢"局面助力京东方高速扩张

正如前文所述，京东方的国内扎根计划绝不仅满足于建第一条 5 代线。然而，遭遇液晶周期持续亏损，加上每一次 6 代线建线机会都被某日本企业破坏，京东方在 2005 年到 2007 进入了多事之秋。

虽然如此，但京东方并未停下扩张的步伐。当时，多个对产业发展有敏锐判断的地方组织开始找京东方商谈在当地建线事宜，其中就包括成都。

在液晶面板领域，无论从技术升级还是市场拓展规律，企业都是从低世代线向高世代线扩张。由于当时 6 代线以上的高世代线投资金额过高，为了降低风险，京东方决定在成都先建一条 4.5 代线，聚焦小尺寸液晶面板领域以做出规模。

2008 年 3 月，成都 4.5 代线开工建设，2009 年 10 月正式投入量产，而这个时间点，正是智能手机大爆发的起点。京东方成都的 4.5 代线刚好踩中了这一风口，从生产线建成到产能扩张，始终保持着盈利态势。

4.5 代线除了打开了新市场的大门，更大的意义在于，其创新的模式为接下来京东方与地方组织合作打造了一个样板，同时也为京东方未来生产线建设过程中的资金来源创造了一套全新的解决方案。

成都 4.5 代线总投资额为 34 亿元。在这一项目中，京东方采取了定向增发股票的融资方式，这为京东方打开了全新的资本渠道。

紧接着，在合肥 6 代线的资金筹措过程中，京东方进一步验证了定向增发这一融资模式的优势，并取得了巨大的成功。

2009年6月，京东方经中国证监会批准，公告为合肥6代线进行120亿元的定向增发。

合肥6代线的120亿元定向增发，当地政府的国有资本、市场机构投资者和纯市场资本各占1/3，这几乎是一个完美的资本结构。

合肥6代线的投资也开创了产业投资的多赢局面。引进京东方6代线带动了上下游产业链的企业纷纷来合肥投资建厂，形成了光电产业集群，而这又带动了当地的就业、消费等。

正如京东方在技术领域的创新一样，成都4.5代线的融资创新如果是模式的实验，那么合肥6代线就是创新大规模的应用。合肥的成功让有意引入半导体显示产业的地方政府纷至沓来。自此之后，京东方彻底打通了半导体显示生产线的投资扩张渠道，将企业发展推上了快车道。

定向增发从京东方的角度来看是一种融资方式，而站在地方政府的角度看，则是一种全新的投资模式。这种产业投资不仅带来了资本回报，还带动了地方相关产业链的成熟和产业聚集区的发展，增加了就业。资本和产业在京东方的一次次生产线落地中实现了"双向奔赴"，从而结出产业集群、增本增值的硕果。

在这个过程中，投资主体所关注的不是该企业的性质，而是企业有无核心技术、有无未来增长空间等。

投资人的视角可以再次佐证京东方创新产业模式的价值：京东方通过"技术收购，消化吸收再创新"的方式形成了自己的核心技术体系；通过国内建生产线的方式进一步强化了自己的技术研发体系，扩大了人才团队；在高世代线的自主建设、良率爬坡、市场开拓等方面进一步证明了这条路线的正确性以及自身的运营能力。

有核心技术，有市场空间，有标准化运营模式，这一切就是一个优秀投资标的所具备的要素，正因为如此，京东方成为深受地方欢迎的"产业合伙人"。

在京东方高速发展的历史中,采用定向增发等方式的确获得了地方政府的多次投资,这一点曾多次被质疑。不过,京东方与地方政府的合作创造了一种全新的产业发展模式。这种模式不仅对政府、对产业链、对社会发展具有示范作用,还是"合肥模式"被广为学习借鉴的重要原因。

布局未来技术创新,京东方的融合之术

武侠小说里真正的高手不在于门派,而在于"能打"。

在半导体显示领域,京东方就是一个非常"能打"的选手。这里所谓的"能打"体现在综合竞争力上,即战略上有智慧,技术上有创新,管理上有方法,团队中有人才!

如果把京东方 30 年的历史展开来看,它成长为半导体显示技术领域的"武学宗师"一共经历了两个阶段:第一个阶段就是从 CRT 技术直接跨越到半导体显示技术;第二个阶段是在半导体显示这条宽广的赛道上,对不同细分技术进行再延伸。

当竞争对手在"技术替代"的逻辑下有所放弃的时候,京东方对每一个能"开花结果"的细分赛道都没有放弃。它一边在各种新技术上投入研发力量,一边通过核心技术再加持实现增值,这使得京东方的产品在市场上始终保持强劲的竞争力。

柔性显示:在舆论喧嚣中超前布局

为了对显示技术有更前瞻性的洞察,京东方于 2009 年成立了集团技术研发中心,从组织上将研发工作从生产线中独立出来。事实上,液晶面板的新产品开发过程本身就伴随着大量的技术创新,但是如果只站在生产线视角搞研发就容易忽略宏观视角下的技术演进脉络。

京东方的这一技术研发中心就是经国家发展和改革委员会批准的，中国首个TFT-LCD工艺技术国家工程实验室[①]。研发中心既能将新的研发成果用于现有生产线上进行产品创新，又可以着眼于未来，聚焦一些基础技术和前沿技术。

2010年左右，京东方在液晶显示技术这一赛道上还处于追赶者的位置，但半导体显示这一大赛道已经出现了不同的技术路线，其中OLED就是其中之一。

OLED技术被发明出来已经超过了40年。京东方在2001年已经开始投入技术力量进行研发，是国内最早进行技术布局的企业。虽然市场上有不同的技术路线，但是京东方靠自主研发，精准掌握了一些前沿的技术方案。

不过，当时的技术离商业化还很远。2010年，从全世界范围看，OLED仍然处于技术和应用的早期，京东方在专注于扩大液晶显示的规模优势时，也在这个领域加大投入了技术研发力量。

彼时，京东方技术研发中心的优势已体现出来。据京东方集团一位高管回忆，2009年，他作为管培生加入京东方，并进入技术研发中心工作。当时的技术研发中心就已经开始投入OLED的研发。以当时的体量开始研发投入，对京东方而言是一次非常有挑战的决策。

与液晶显示最大的不同之处在于，OLED所使用的有机材料本身会发光，不需要像液晶显示器那样需要背光源、液晶层、偏光片等，因此可以将显示器本身做得很薄。OLED还有一些液晶显示不具

[①] 现名称为"新型显示国家工程研究中心"。自2021年2月以来，国家发展和改革委员会遵循"少而精"的原则，分两批次组织开展现有国家工程研究中心（国家工程实验室）优化整合，择优择需部署建设，最终全国共191家国家工程研究中心（国家工程实验室）通过评价，成功纳入国家科技创新基地新序列。2022年，北京京东方技术创新中心（京东方新型显示国家工程研究中心）成功入选这一新序列管理的国家工程研究中心名单，也是显示行业唯一的国家级工程研究中心。——编者注

备的优越性，比如色域广、对比度高等。消费者使用的直观感受就是 OLED 屏幕的色彩更鲜艳，画质更好。除此之外，如果将玻璃基板换成柔性材料，就能够实现显示器柔性弯折的效果。正因为如此，OLED 可以等同于柔性屏。

作为显示产业链的赋能企业，京东方的技术创新往往是与客户需求紧密关联的，但如果只跟在客户需求之后搞技术创新，就难以创造引领产业的新技术。因此，京东方既要紧随市场需求，又要有超前布局。

京东方刚开始进行 OLED 研发时，由于概念超前，客户并不知道柔性屏能用来做什么。为了对未来产品的走向有一个直观的认知，2012 年，京东方与清华大学美术学院工业设计系合作，基于柔性显示屏的特点，发动清华大学的老师和学生做了一次设计大赛，请他们动用艺术的想象力展望柔性显示的未来。通过这个设计大赛，京东方收集了很多创意，之后这些创意被做成初始的模型或者原型机再去与客户讨论。

时至今日，已经推向市场的折叠屏手机、折叠屏笔记本电脑、滑卷屏手机、车载曲面屏等产品，在 2012 年还处于概念阶段。然而，仅仅过了 10 年时间，当时的概念就变成了今天的普及性产品，这体现了京东方自主创新的能力，同时也表明中国显示半导体技术的自主创新达到了新的高度。

企业的技术创新并不像大学实验室所处的环境那般纯粹、目标简单。企业的技术创新往往处于与一个个竞争对手的博弈环境中，不能抛开市场去看技术创新，也不能抛开竞争力去看技术创新。从竞争的角度分析京东方的技术创新会发现，先发制人未必会赢，而后发制人却会获得强大的竞争力。

2012 年，业界和媒体上出现了大量"OLED 将会替代 LCD"的论调，很多媒体也开始质疑京东方正在大规模投资的液晶生产线属于落后产能。2010 年，全世界第一条 AMOLED 4.5 代线建成；2013 年，韩国企业推出了 OLED 液晶电视，并放缓了对液晶生产线的投资力度，这些似乎都佐证了业界和媒体的结论。但京东方并没有被竞争对手的动作和媒体舆论打乱阵脚。

2012 年，王东升在国际平板显示器产业高峰论坛上提出了"半导体显示产业"的概念，明确了半导体显示的关键技术内涵、历史演进和未来趋势。针对当时的"OLED 替代论"，他指出，从 CRT 到 TFT-LCD 是技术的中断和开始，从 TFT-LCD 到 AMOLED 是技术的延伸和发展。

在这一理论的指导下，京东方一边对 OLED 加大研发力度，另一方面在对液晶生产线投资的同时，也没有停下对液晶显示技术的持续提升。2011 年 8 月，京东方宣布投资 220 亿元，在鄂尔多斯建一条 AMOLED 5.5 代线，只不过这条线生产的是刚性屏。这条生产线的创新之处在于 TFT 背板全部采用 LTPS（低温多晶硅），这是与液晶显示不同的技术体系，这条生产线为后来 AMOLED 在工艺技术上做了提前的技术储备。

事实上，2013 年时，所有企业针对 AMOLED 的一些工艺细节和流程都不敢说自己是最先进的，因为这一技术还处在摸索和迭代中。

由于京东方在 LCD 领域后来居上，日、韩企业渐渐丧失了竞争优势，因此韩国企业寄希望完成一次技术跳跃，像当年液晶显示替代 CRT 那样，占据技术的主导地位，形成技术垄断。然而，事与愿违，彼时的京东方在 OLED 上已经有了深厚的技术积累，重点是，在这场技术博弈中，最终的裁判是市场。

从消费者的角度看，OLED 屏比液晶屏有诸多的好处：膜层轻薄，OLED 屏的厚度只相当于液晶屏的 1/3，而且有响应速度快、低功耗、色域广、对比度高等优点。但是 OLED 技术在电视这样的大屏应用上却不得不面对一个现实：成本居高不下。

LCD 具有更低的成本、更高的亮度和可能更长的寿命，使其成为预算友好型设备和某些特定应用的可行选择。选择 OLED 还是 LCD 取决于用户或制造商的特定需求、预算和偏好。

实际上，OLED 屏较薄的这一优点与智能手机尤为适配，因为手机在有限的体积中需要集成更多的功能。但在 2017 年以前，OLED 屏在手机上的应用一直不温不火，直到苹果手机 iPhone X 第一次用上了 OLED 屏，才迅速打开了手机大范围使用 OLED 屏的应用市场。而京东方 AMOLED 生产线的建设和出货时间，刚好匹配上了手机对于 OLED 屏需求大爆发的时间点。

2017 年，成都 6 代柔性 OLED 线量产；2019 年，绵阳 6 代柔性 OLED 线量产；2021 年，重庆 6 代柔性 OLED 线量产，这些都赶上了手机曲面屏、全面屏、折叠屏的创新需求。

从 2023 年京东方在 OLED 屏的出货量、专利技术储备等数据上看，京东方在柔性 OLED 显示领域的突破性增长，完美诠释了其在这个技术赛道上的"后发制人"。

抛开竞争力谈企业技术创新是空洞的。有人说，京东方在 OLED 电视屏应用上似乎无所作为，而这恰恰是京东方选择的智慧。技术的创新需要和市场应用相匹配，虽然京东方在 OLED 技术上布局最早，技术掌握也最成熟，但在市场应用上，京东方却没有全面铺开，而是选择有所为、有所不为。

事实上，用户要的不是技术本身，而是屏幕的显示效果。京东方在大屏电视的技术上基于客户的需求，布局 OLED 的同时，也重点在 LCD 的应用上做了大量的技术创新；在中小尺寸维度上基于客户和市场趋势，重点在 OLED 上做了大量的技术布局和技术推广。

液晶显示如何在技术上"后发先至"

2015 年，一位持电视屏"OLED 替代论"的记者向笔者推荐了一台液晶电视。在她看来，用户购买电视并不是为了追求技术指标，而是满足视觉享受。且不说同样尺寸的电视，仅 OLED 电视的价格就高出一大截儿。

实际上，液晶显示技术在不断升级的同时，普通用户欣赏以上两种显示技术输出的影像并无太大差别，而液晶电视既便宜又耐用，使用寿命还长。这不由得让笔者想到一句颇具智慧的产业名言：生产能够销售出去的产品，远比销售能够生产出来的产品更有效果！

用户的体验点出了用户需求的本质：用合适的价格够买更好的视觉体验，而不是光看一堆技术指标。京东方在液晶领域的技术创新正是基于对市场深刻的洞察。

正如前文所说，虽然公众和媒体有各种"口诛笔伐"，但京东方仍坚持在液晶显示高世代线高强度投资，目前它是全球液晶生产线数量最多的企业，在液晶显示技术领域也早已遥遥领先。

由于液晶显示的技术工艺在新型显示领域里最成熟，其成本也远低于 OLED，尤其是在电视等大屏应用上，因此京东方在这条成熟的工艺路线上不断进行技术投入，比如 LTPS、氧化物等材料的使用，高分辨率、高刷新率、低功耗、窄边框等基于产品的性能创新，都在不断优化用户的产品体验。

这些技术投入不断拉近了液晶显示与 OLED 显示的视觉效果差距，但产品性能与价格又优于 OLED，这使得京东方在大屏市场上形成了强大的竞争力。

时至今日，再也没有所谓"OLED 替代论"了，回头再看"OLED 替代论"多少有点阴谋论的影子。

日、韩企业通过媒体制造"OLED 替代论"舆论的时候，并不表示其 OLED 技术已经成熟，而是因为在液晶显示领域已经败给了京东方。同时，京东方在技术上本来就有后发优势。深圳清溢光电股份有限公司副董事长、液晶技术专家张百哲在接受笔者采访时，揭示了其中的本质原因：液晶显示产业的发展并不是一个企业或者一个产业链环节的事，电子工业每三年就会在设备、材料等方面更新换代。以8.5代线为例，韩国企业的8.5代线主要是在2007—2008年建成投产，而京东方的8.5代线比它们晚了5年，这使得京东方在同样的代线上，技术水平高于韩国生产线。虽然在液晶显示领域京东方相对于日、韩企业有一定的后发优势，不过，真正让京东方能够后发先至，在市场上拥有强悍竞争力的不是某一条技术路线的优势，而是对于技术应用的理解，即不强调技术本身，而强调用户的最终体验。因为终端用户只为体验买单，不为技术本身买单。

与液晶显示相比，OLED在画质表现上确实更为出色，在大屏上也往往用于高端电视，但是OLED技术始终未突破自身的技术难点，使得OLED电视寿命短、售价高。

如何让液晶电视达到OLED电视的画质体验呢？京东方的实践结论是：液晶显示技术还有无限提升的空间。比如，液晶显示背光技术的提升可以使显示屏亮度和对比度都有更好的表现，Mini LED就是其中一种背光技术，如果将传统液晶电视的背光源升级成Mini LED背光源，液晶电视的显示效果便能更上一个台阶。2022年9月，京东方携手创维推出了全球首款主动式玻璃基Mini LED电视，备受行业瞩目。此外，如果将量子点技术用于背光源，则可以让液晶电视的色彩表现更为出色。

除了亮度、对比度、色彩这些指标，分辨率也是液晶电视的一个重要技术指标。京东方在2017年提出的"8425"战略（推广8K、普及4K、替代2K、用好5G），把提升液晶电视的分辨率作为重要的技术方向。据了解，目前京东方已经推出了16K的液晶显示产品。

创新技术路线的多元价值

京东方一直在探索的另一条重要技术路线就是量子点显示。作为半导体显示领域的前沿技术，量子点是一种极其微小的无机纳米晶体，一旦受到光或电的刺激，便会发出非常纯净的有色光线，而光线的颜色由量子点的组成材料和大小形状决定。

量子点技术路线中，最为超前的是主动量子点技术。所谓主动量子点技术，就是用电刺激量子点使其发光，量子点屏幕可以省去背光源，属于自发光直显技术。

早在 2017 年，京东方就推出了 5 英寸、14 英寸采用全喷墨打印工艺的 AMQLED 产品原型，并获得国际信息显示学会（SID）Best in Show 奖。2020 年，京东方又发布了 55 英寸 4K AMQLED（主动式矩阵量子点发光二极管）显示屏。不仅如此，2022 年 5 月，京东方在国际信息显示学会国际显示周上，还首次发布了 55 英寸 8K AMQLED 显示屏。这款显示屏基于量子点电致发光原理，采用氧化物 TFT 背板驱动，并利用喷墨打印工艺制备电致发光功能层，是真正的主动式量子点自发光显示屏。

相对于主动式量子点自发光显示屏，量子点技术更成熟的应用是将量子点技术用于传统液晶电视：以蓝色 LED 为光源，将采用量子点的光学材料放入背光灯与液晶面板之间，从而使传统的液晶电视在色域覆盖率、色彩控制精确性、色彩纯净度等各个维度得到大幅提升。

那么，将量子点技术和 Mini LED 背光技术相结合用于液晶显示屏是否也是一个方向呢？答案是肯定的。

时至今日，显示技术已经没有像 CRT 和液晶显示那样有明显的代际差，而是在组成产品的每一个工艺制程或者材料迭代上精进，从而形成不同的技术细分路线，而这些新的技术又可以用来增强原来的产品，比如用量子点技术增强液晶产品或者加持 AMOLED 产品等。在产品端，技术融合趋势逐步显现。

京东方拥有全世界最多的液晶生产线，它在各个技术路线上的成果恰恰可以让这些生产线实现商业化，最终转化为市场竞争力。所以，技术没有终局，只有赢得市场才是终局。

超大尺寸显示技术的想象空间

在消费电子领域，京东方的显示技术解决方案已经覆盖了生活中所有场景里的产品，而且针对每一种产品都有不同的技术创新和升级路径。

除了消费领域，近年来，公共设施或者超大尺寸显示领域市场应用需求也越来越多，比较典型的应用场景就是2022年全球冰雪盛会的"地屏"。

这块地屏采用的是LED显示巨型屏，由4200多个LED模块拼接而成。

传统的LED拼接显示屏在演出、会议、公共空间有着广泛的应用。要达到更好的显示要求，技术进阶的下一步就是MLED。LED芯片从现有的毫米级别缩小到十分之一，也就是100微米级别，就被称为Mini LED；缩小到百分之一，即10微米级别，就被称为Micro LED。

从技术角度来说，更低的成本、更好的环境适应性和可靠性以及更低的功耗是所有显示产品追逐的方向。过去几年里，MLED成为炙手可热的新型显示技术。相比于LCD显示和OLED显示产品，MLED显示产品具有更低的功耗、更优秀的可靠性、极高的亮度、极短的响应时间和良好的工作稳定性。

作为背光源，MLED可以应用在电视机、电竞显示器、笔记本电脑、车载、VR（虚拟现实）等领域，提升显示屏的亮度。普通的液晶电视或者OLED电视的亮度通常不超过1000尼特[①]，而Mini LED

---

① 尼特（nit），描述显示器亮度的单位之一。

的屏幕亮度能达到3000尼特以上，除了极高的亮度，Mini LED的屏幕还有1000000∶1的对比度，以及高刷新率和超高的分辨率。

从人眼感知的角度，这些数据指标带来的视觉体验究竟有什么不同？首先看亮度。高亮度的显示器对环境光的抗干扰能力很强。以家里的普通液晶电视为例，白天阳光很亮，不拉窗帘时观看，效果很不好，尤其是遇到黑色场景，基本看不清。因为普通电视屏幕的亮度只有几百尼特。Mini LED大屏在户外也能清晰地看到影像，这就是高亮度的功劳。能在户外光线干扰下看清影像还不够，还要能看清影像中黑色部分的各种细节，这就是高对比度的功劳。再说刷新率。刷新率就是显示屏上图像每秒被重复显示的次数，刷新率越高，图像显示就越连贯。普通笔记本电脑的行业标准刷新率为60赫兹，而MLED产品可以达到240赫兹，这代表着显示屏显示的动态画面有着超高的流畅度。采用京东方显示屏的专用电竞显示器以及游戏笔记本电脑，都使用了京东方的Mini LED背光技术，极大限度地满足了电竞玩家追求高性能体验的需求。

MLED同样可以直接做成显示器，但受到生产线玻璃基板的限制，传统液晶显示器最大只能做到120英寸。MLED的优点则是可以拼接，京东方自主研发的侧边线路工艺，可实现各种尺寸拼接，使大屏幕很难看出拼接的痕迹。

这样一来，Mini LED技术就可以把极致的画质带到各类场景中去。京东方Mini LED显示屏已逐步应用于地铁站、交通指挥中心大厅、体育馆、商业中心等场景。除了无限拼接的特点，京东方Mini LED玻璃基显示屏还取得了TÜV南德检测机构颁发的国内首个高视觉舒适度认证。此款显示屏所采用的主动式驱动技术，可以实现产品显示画面均匀过渡，特别是在极黑画面下，肉眼仍可察觉到细微亮度的变化且无闪烁，实现真正的高视觉舒适。

Mini LED终极进化的目标是Micro LED，这个显示技术拥有Mini

LED 的全部优点，在显示色彩、亮度、分辨率、响应速度、功耗能方面超过了现在所有的显示技术，能够覆盖绝大多数显示应用场景，而且 Micro LED 寿命非常长。

虽然 Micro LED 是未来最完美的技术解决方案，但这一技术目前还处于商业化的早期。因为它的制造难度实在太高，即使应用于电视这样的大尺寸显示器，其芯片尺寸也只有 40～90 微米。如果用于 VR 和 AR（增强现实）设备，其芯片要小于 10 微米。从 Mini LED 到 Micro LED 的过渡，本质上是 LED 微小化的过程，也正是由于这个微小化过程使得材料、驱动技术、工艺等都要发生质变。

目前，业内集中攻关的技术叫"巨量转移"，即将数百万甚至数千万颗微米级已经点亮的 Micro LED 晶体薄膜准确高效地移动到驱动电路板上，仅这一项技术就演化出多种不同的解决方案。

涉及前沿技术和早期应用，技术攻关的难题往往集中于基础技术，巨量转移就是其中之一。在对京东方相关技术人员进行访谈时，笔者发现在这类前沿技术上，京东方早已不是"一个人在战斗"。京东方在美国、日本都设有办公室，能够随时洞察最新的前沿技术。比如，巨量转移技术就是京东方与一家美国实验室进行联合创新的结果，目前已经取得了突破性进展。

显示技术的阶梯越来越陡，但是离人们的终极显示需求也越来越近。京东方不放过每一个最前沿的技术方案，但这一过程也需要在市场和技术成熟度中去做选择——让技术领先于市场，同时引领市场，并服务于市场当下的需求，这是京东方技术创新所带来的强大竞争力的核心原因。

京东方的组织创新法则

企业成功 = 战略 × 组织能力

中国著名管理学者杨国安教授提出的这个公式被许多商学院奉为经典，京东方如今的成功同样契合这一公式。

回望京东方30年的发展历史，从一家濒临倒闭的国有企业到年营收2000亿元的半导体显示巨擘，京东方每一个关键节点的决策都佐证了其战略的正确性。

不过，京东方的战略选择是一个连续的、动态的过程，它要求组织能力能够适应每一次的战略变化，因此组织创新是京东方需要持续面对的一个课题。

京东方第一次重大组织变革是京东方刚刚创立后，将集团下面的各个分公司独立运营，让大家自谋出路，探索新业务。当时公司的目标是找到赚钱业务，将集团带出亏损的困境。此后很长时间里，京东方的合资公司或者子公司，组织上都是相对独立的。

第二次重大组织变革发生在2010年，京东方半导体显示生产线开始遍地开花，每条生产线都是独立的法人实体。如何将越来越多的生产线协同起来而不是各自为战？京东方开始了SOPIC[①]变革，该变革的核心是数据化、专业化，强调客户导向与集团统筹管理。相对于第一次的"放"，第二次变革更强调"收"。

第三次重大组织变革是面向未来发展，即伴随"屏之物联"战略，京东方大举向新的物联网方向迈出转型步伐。

剖析京东方的组织创新，就需要通过具体的措施来洞察其组织创新的原则，这样才会更有借鉴意义。

组织创新底层原则：产业经济规律

2009年，随着国家政策的利好和融资渠道的打通，京东方开始进

[①] SOPIC 是战略（strategy）、组织（organization）、流程（process）、信息技术（IT）系统和内控（control）五个词英文单词的首字母缩写。

入大规模建设生产线的阶段。

从 2010 年开始,京东方的生产线数量迅速增加,也就是在这一年,京东方的 SOPIC 变革开始,这是京东方历史上的一次重要组织创新,也是日后京东方能迅速做大并跻身半导体显示领导者地位的关键。这次组织创新的起始,是 5 代线的一次业务变革。

2006 年,京东方内部启动了"3020 行动",即以速度和品质取胜。这就意味着,京东方的生产线将围绕重点产品、重点技术进行生产布局。

实际上,同年处于亏损状态的京东方 5 代线在建设初期一度被视为产能重磅线,但随着市场需求的变化,该生产线所提供的产品及产能开始呈现出冗余状态。很快,公司围绕员工反馈,就 5 代线产品调整问题进行调研。调研的结论是:5 代线 30 多款产品需要大量精减,只留下 3 款产品。这 3 款产品定下来之后,京东方随即从研发、制造、采购、销售所有环节实现规模化生产,其结果是产品品质得到快速提升,第二年营收多出十几个亿。回看历史,当时虽然有液晶行业回暖带来的利好,但产品的调整确实起到了非常大的作用。

这次产品调整让京东方对于液晶产业的运作规律有了深刻的认知:液晶面板制造产业本质上是一个规模工业化的产业,没有规模就没有经济性。如果只有一条生产线,企业往往为了不失去客户,就会满足客户提出的各种产品要求,这样一来,产品就会越来越多;产品一多,生产线上的换款频率就高了;因为要针对不同产品搞开发,开发人员也就多了。这自然既不经济,也不高效。

京东方把产品从 30 多款减到 3 款,并不是单纯放弃客户,而是去说服客户把同样产品的订单集中给京东方,而不要分散给不同的供应商。产品规模一上来,品质变得更稳定,交期也更加准时,客户满意度也会随之提升。

最为重要的是，被砍掉的产品把产品研发人员的生产力释放了出来，让更多的研发人员可以去支援其他生产线。

当从一条生产线增加到多条生产线时，京东方就需要把这种规模经济的思路扩展到整个京东方的所有生产线。要将京东方视为一个整体，去实现整体效率也会最高，这就是 SOPIC 变革的根源。

SOPIC 变革的核心目的，是将京东方各个独立的法人体系，也就是现地工厂变成整个京东方具有整体性的专业制造组织，避免出现"封疆大吏"各自为政的情况。

基于此，SOPIC 的组织目的与原则为京东方的现代化组织变革开辟了一条科学通路，让企业在生产组织的集权管理和区域分权管理之间找到了平衡。

在对京东方多位管理人员的访谈中，我们进一步了解到这次组织变革的精髓：如果每条生产线都独立运营，内部就会出现每条生产线都要配备从市场到研发再到财务、人事等职能部门；对外，由于每条生产线所面对的供应商、客户都差不多，就会出现多头对外，市场上就会呈现多个京东方。这样一来，集团内部就会出现内耗，也不能形成规模化效益。

SOPIC 变革的目的就是专业化、集中化，在集团层面设立经营企划、运营管理、产品开发、全球营销、全球供应链、全球制造等中心组织。这样一来，每条生产线都从原来的独立经营企划变成全集团一盘棋。

当把所有生产线变成一个整体后，那么无论是供应商集中采购，还是统筹整个生产线去完成客户的订单，都会因为有了规模而更加经济，对每一条生产线来说效率也会更高。

举个简单的例子，京东方的不同事业部在企划产品的时候需要考虑价格和成本的问题，每一款产品要根据生产线的实际情况决定放在哪条生产线上去生产，能保证良率高、成本低、效率高。这样的决策是通过京东方内部管理系统来实现的，SOPIC 里的"I"就保证了流程的透明度和高效性。

在这样的组织架构下，每一座现地工厂的管理就变得更简单了，工厂的负责人只需要管好生产即可，不再需要考虑客户、订单这些问题。不同生产线隶属于全球制造中心，对客户来说，由一个统一的制造中心为客户服务；对京东方来说，由一套覆盖所有显示器类型，并且在技术加持下不断升级的制造体系去面对全球市场。

组织创新的导向：客户需求

在研究京东方技术创新路径的时候，我们发现一个规律：如果把当下的市场需求看成一个原点，那么京东方围绕这一需求既有马上适配的技术方案，也有引领需求的技术方案，还有超前于未来的技术方案。

通过对京东方的访谈，京东方的研发人员与行业里的头部企业有着紧密的互动。比如，10 年前，惠普和戴尔在计算机显示器领域是第一梯队的客户，那么京东方便与这样的客户进行战略绑定，研发上紧跟客户的需求。通常京东方的最新显示技术往往先应用在这些客户的高端产品上，后者负责去引领市场，京东方也总能占据先机，迭代出更好的显示屏产品。

京东方与国际一线消费电子厂商一直保持着良好的深度合作，一些新的高端技术首先应用在其产品中，或者根据该厂商未来的产品规划进行技术创新。比如，氧化物的液晶显示、Mini LED 技术都在计算机产品上实现了率先应用。

以客户需求为导向看似是一个放之四海而皆准的经营准则，但是 SOPIC 变革之前的京东方还没有形成这样高度的共识。SOPIC 创新变革的一个指导原则就是，运营机制从生产导向向客户导向转变。

这一组织创新原则让京东方把多条生产线协同起来，更有利于抓住市场机会。一个特别值得关注的结果是，京东方精准抓住了中国智能手机崛起的市场红利。

京东方在大规模扩张生产线之初，对于各条生产线是有明确分工的，比如北京5代线主要生产笔记本电脑屏，成都4.5代线主要生产手机屏，而合肥6代线主要生产电视屏，之后的8.5代线等更高世代线的扩张，规划的目标也是向电视大屏幕挺进。

如果京东方单纯是一家制造型企业，对于工厂这样的定位没有任何问题。当以客户需求导向为原则进行组织变革之后，这样的定位即被打破。每座工厂到底生产什么样的产品，不是机械地按建厂时的规划来划分，而是按照市场需求与客户需求来确定。

智能手机在中国大规模崛起的同时，京东方的生产线也适时地开始了小型化产品的转型。最先开始转型的是北京5代线。5代线是京东方第一条半导体生产线，肩负着为其他生产线输送技术和人才的责任。正如前文所说，之前5代线开发的产品很多，但是一直亏损不赚钱，直到开始专注于小尺寸屏幕才开始盈利，而且还成为京东方重要的利润贡献生产线。这种小型化的转变不仅发生在5代线，后来的6代线、8.5代线也都开始生产智能手机等小屏幕产品。这正是市场牵引的结果。

从2010年到2020年，中国智能手机爆发增长的这10年，京东方完美抓住了这个大风口，而这正是组织创新所带来的成果。

SOPIC变革的过程，就是把集团各个组织专业化，并把这些专业化组织网络化的过程，最终形成协同效应。比如，不同产品形成不同的事业部，以手机事业部为例，其责任就是洞察手机市场的变化，了解客户的需求，在这一基础上去统筹各生产线的产品开发和生产。这就使生产线生产的产品是市场最需要的，而不是建线时规划出来的。当手机市场出现爆炸性增长，就会快速传导到生产线，原先的大屏生产线向小屏转型也就顺理成章了。

经过这样的组织创新后，京东方就成为一个半导体显示产业中的"超级计算机",这台"计算机"的前端有着很强的洞察市场的界面,并随市场需求变化而变化;中间是一个个供应模块,也就是工厂;后端则是人、财、法等支持体系。随着京东方更多生产线工厂的建立,这些工厂不再是各自为政的独立个体,而是有着标准接口的制造模块,直接插在京东方这台主机上。无论是建线,还是财务行政体系,抑或是市场渠道体系,新模块都可以直接复用。最关键的是,这个体系还会不断地升级,这就是京东方组织创新的精髓。

未来组织创新命题:如何长出更多的"小京东方"?

组织创新是以战略为指挥棒的。战略执行得好与坏,高度依赖组织效率。京东方在企业发展的重要阶段,也就是生产线规模扩张时期,坚定地实施了 SOPIC 变革,避免了不同法人主体各自为政的局面,同时,还将京东方整体资源效率最大化,使得京东方迅速在全球行业中形成了强大的竞争优势。

这样的组织创新还带来了一个直接好处,就是加快了人才培养的速度。人才的成长分为两个维度:一是在其专业领域持续精进,成为专家型人才;另一个维度是在更宽广的视野维度上做事,获得跨领域的经验,实现快速成长。

京东方将各种专业组织垂直打通后,能够综合地调配人力资源。以产品开发为例,产品开发人员当不只服务于某一条生产线的时候,就有了更宽的视野和更多的机会,他们会在支援新的生产线中获得更多的技术积累和更大的技术进步。这一优势也成为京东方吸引人才的一个关键点:年轻人有更多的机会在比较高的起点和比较大的平台上做事,从而获得快速成长。

京东方在半导体显示产业里领先地位的形成,也迎来了新的扩张和战略目标,这就是由半导体显示企业向物联网企业的转型。

京东方早在几年前就已开始思考,在业务上如何摆脱显示器件制造的单一定位。对于其服务的客户，京东方也开始从提供屏幕显示器件到提供解决方案的思路转变，逐渐形成了物联网转型的战略路线。

战略的转变对组织创新又提出了新的要求。京东方现有的组织架构可以被视为一个矩阵式管理系统，以现地总经理这一岗位为例，当地的生产、销售要向该总经理汇报，同时他也要向集团的中心组织汇报。这种管理模式的优点是将京东方整体竞争优势最大化，但缺点是损失了一定的决策效率。

如今，京东方已经是一个拥有 17 条半导体生产线（截至 2023 年 10 月的数据）、十几万员工、分散在十几个城市、由上百家独立法人机构组成的巨型集团公司。在物联网转型战略下，这样一家大型企业既要保持创新的敏捷性，还要稳住业务基本盘并不断增长；既要成为颠覆者而不是被颠覆者，还要在京东方的生态体系下培养出更多的"小京东方"，为未来的发展空间和边界创造更大的可能性，那么，京东方势必会进行第三次组织创新。

京东方的组织创新也是一个渐进的过程。如果说第一次组织创新让京东方从亏损走向盈利，那么第二次组织创新则让京东方从制造企业转型为一家科技企业，并坐上了半导体显示产业全球老大的位置。由此延展，京东方第三次组织创新将把京东方带向更广阔的空间。这就是配合"屏之物联"战略提出的"三横三纵"组织管理模式（详情请见第十章）。

—— 本章小结 ——

京东方在创立的第 10 年，采取"技术收购，消化吸收再创新"的方式进入了半导体显示领域。这一方式可以看作一个产业新玩家

"弯道超车"的策略。我们仍然把半导体显示这条宽广的赛道看成一场世界一级方程式锦标赛,"弯道超车"只能解决能否加入赛道的问题,以及能比部分竞争对手领先几个身位的问题,但并不能解决最终能否获得冠军的问题。

如果说产业模式的创新和一路坚持,凭借的是赛车手的信念和意志力,那么地方政府支持下的金融创新,就是这辆赛车持续加速的燃料来源。要让这辆赛车跑得更快,需要不断升级赛车本身的零部件,不断变换路线去超车,正如京东方在原有技术上的精进和在不同技术路线上的投入。在这场漫长的比赛过程中,想在赛道上换轮胎,就需要统筹协调整个比赛的支持系统,这就是组织协同的价值。

京东方的模式创新、金融创新、技术创新和组织创新构成了京东方完整的创新体系,这个体系中的各个要素相辅相成、互相加持,形成强大的竞争力,让京东方最终甩开了竞争对手,跑到了第一的位置。

这是一条没有终点的赛道,从卓越到伟大,京东方提出了"屏之物联"战略,正式开始了向物联网企业转型。在这一战略转型的议题下,京东方在技术上要完成从显示技术到物联网技术的跨越,而为了支撑这一战略,组织创新更要紧随其变。

第四章
从卓越再出发

纵观世界商业史，凡称得上伟大的企业，虽所处的行业千差万别，服务的客户也各不相同，但它们大多有一个共同点，那就是志向远大。很多企业在立下宏伟愿景时，往往被世人认为是"天方夜谭"，甚至连自己的员工也持怀疑态度。直到那些在宏大愿景指引下的企业最终穿越了经济周期，走出了至暗时刻，成了商业史上的传奇，人们方能感知到梦想与使命的力量！

京东方的整个创业发展史便是一部"志向高远，进取不息"的历史。在刚刚进入半导体显示领域时，京东方便立志成为显示领域的世界级企业。

当远大的志向变成具体数据目标，进而又被一个个实现时，团队自信和进取心随之被激发出来，由此形成的正向反馈是推动企业快速发展的强大力量。京东方从进入半导体显示产业，到自主建设生产线，再到超越全行业的竞争对手，我们可以看到这个团队不断进取奋斗、意气风发的成长轨迹。

一家企业熬过成长的艰辛，登上行业的峰顶，通常也将面临新的挑战。从企业生长周期的视角去看，当一家行业巨头进入壮年期，有战略远见的领导层往往就开始思考企业的第二成长曲线。

30 年历史的京东方已是而立之年,其领导者深深地明白潜伏在成就之下的危机。怎么去避免成功者的危机?如何成就百年基业?那就需要从山顶再出发。

　　新的征程需要解决什么问题?京东方本质上做了两件事:第一,重新定义战场;第二,重新定义自身。

领跑者保持发展定力

　　"从行业跟跑者到行业领跑者"这句话概括了京东方自 2003 年进入半导体显示产业以来取得的成果,短短几个字浓缩了京东方人的骄傲。

　　2012 年以前,中国液晶面板还依赖进口,最高年进口额超过 500 亿美元,占整个单一产品进口的第四位,仅次于铁矿石。"缺芯少屏"是中国产业之痛,上至政府部门下至普通消费者,无不希望这一局面能够得到快速改善。

　　2023 年 9 月,在世界显示产业大会上,中国工业和信息化部电子信息司发布的数据显示,2022 年我国显示面板产值超 3600 亿元,全球占比 48%,中国大陆的半导体显示面板已经成为全球显示面板产业的重要一极。在半导体显示面板的中国力量中,京东方是当仁不让的"王者"。

　　上市公司年报也显示,京东方 2021 年实现营收 2193.1 亿元人民币,同比增长 61.79%,首次突破 2000 亿元营收,京东方业绩再创新高。

　　如果说数字是枯燥的,那么市场份额更能说明问题。截至 2022 年,京东方在 TFT-LCD 领域全球市场份额排名第一,在 AMOLED 领域仅次于三星排在全球第二,并且大有赶超第一之势。毕竟,在 AMOLED 领域的国际一线品牌都已经是京东方的合作伙伴,在一些新兴应用领域,京东方的技术储备和行业客户布局也有很强的前瞻性。

过去20年，中国在半导体显示面板产业的总投入超过万亿元，一边是国家的产业支持，一边是巨大的中国消费市场，京东方在这一万亿级的赛道中不断进行生产线投资和技术研发，彻底改变了中国"缺芯少屏"中的"少屏"局面。更重要的是，京东方的投资也带动了上下游产业链的蓬勃发展。

20年前，中国半导体相关产业链几乎处于空白状态；如今，中国半导体显示配套企业如雨后春笋般成长起来。京东方在一个城市的投资往往会吸引上游配套企业也在当地投资建厂，经过多年的发展，类似于合肥这样半导体显示产业聚集的城市不仅仅发展了显示产业，同时也带动了当地房地产、酒店业、服务业的兴旺。由此可见，京东方成了一家具有产业经济带动能力的企业。

"从行业的追赶者，到跟跑者，再到行业的领跑者"这样的描述形象地传递了京东方在半导体显示领域从籍籍无名到独占鳌头的变化。

然而，一家企业往往在坐上行业龙头老大的宝座时，真正的挑战才会出现。成功者的威胁往往很隐蔽，并不容易察觉，只有具备远见卓识的企业领导者才会意识到威胁的存在，并未雨绸缪，防患于未然。具体来讲，京东方的危机感来自两个方面：一是外部环境，二是自身。

先说外部环境，全球商业史上不乏风光无限的行业巨头突然倒下的案例。哈佛商学院教授克莱顿·克里斯坦森在《创新者的窘境》一书中提出了颠覆性创新的概念。克里斯坦森指出，越成功的市场领先者越有能力投资，在连续性创新上把原有的产品做得更好，以取得更高的市场占有率以及顾客满意度，这也因此忽略了市场上正在兴起的、看似微不足道的颠覆性创新力量。

同时，因为企业越成功就会越重视现有的客户，内部资源也相应地以满足现有的客户为优先配置，所以很可能就会疏忽并错失了潜在客户，进而错失未来的机会，所以颠覆性创新是成功企业的致命杀手。

颠覆性创新的概念于1997年提出，那时，互联网推动下的加速发展还未全面开启。这一理论模型在互联网时代，尤其在中国市场变得更加残酷。图4-1中大公司那条累进式创新线的斜率将会变得越来越低，这说明大公司在完成了创业积累取得成功进入舒适区之后，特别喜欢改良式创新。

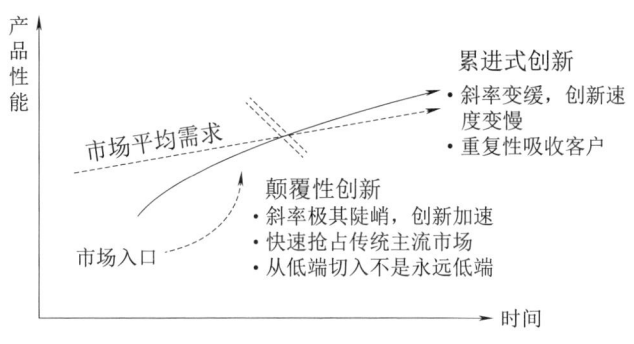

图 4-1 中国真实发生的颠覆性创新

与之相对的是下面那条颠覆性创新的曲线，它的斜率变得越来越陡，意味着技术在加速产品的迭代，同时资本会推动产品周期的迭代，这就造成了一个结果：两者的相遇时间变得越来越短。也就是说，对于传统的领先者，挑战者会快速出现，由于挑战者背后可能还有资本推动，它对领先者的威胁是巨大的，甚至有可能快速替代领先者。

在半导体显示产业的发展历史中，京东方也亲历了这种加速的颠覆性创新力量——半导体显示替代CRT显示的过程。在那场技术替代风暴中，曾经风光无限的中国八大彩管厂无一例外地倒在了技术迭代的滚滚洪流中。

张百哲教授曾用一个生动的例子讲述了当时技术迭代的速度：2008年年初，张百哲教授一行人去调研当时某著名彩管厂，第一次去调研时该厂还是一幅车水马龙、热火朝天的生产景象。一位行业专家当时就说，CRT 市场至少还能干 5 年。然而，2008 年 7 月，该厂已经是一派凋敝之象。

"厂里一个大的玻壳车间里都有麻雀了。"张百哲教授至今谈起仍然十分感慨。半导体显示作为颠覆性的创新者，给传统 CRT 显示带来的冲击就是在短短半年时间里从车水马龙到门可罗雀。

正是这样的经历，促使京东方的创业团队从一开始就不断追求技术上的领先，同时也时刻保持着危机意识。这种危机意识使京东方从 CRT 行业跨越到 TFT-LCD 行业，并且很早就开始进入 OLED 领域，超前布局 Mini LED 乃至 Micro LED。与此同时，京东方对全世界显示领域出现的任何新技术都保持着足够高的敏感度，也一直坚持前瞻性的产业布局。

从竞争角度看，如果说外部威胁是容易洞察的，那么内部危机往往更具隐蔽性。

生物界有一个规律，激烈的竞争往往会使生物保持持续进化，避免被自然界淘汰。那些进化到食物链顶端，少有天敌的生物反而无法保持种群的繁衍，慢慢走向灭亡。

这正是行业领导者的烦恼。半导体显示这条赛道就像一场超级马拉松，京东方正如一名起先成绩并不十分优秀的马拉松选手，最初跑在自己前面的高手云集。但京东方冷静而笃定：只要不断强大自身，保持路径清晰、方向明确，调整自己的节奏和技术，就能一个个地超越前面的对手。

在这一过程中，京东方持续地进行生产线投入、技术创新，服务好客户，随之而来的就是"成绩"的快速提高：横向对比，超越了越来越多的竞争对手；纵向对比，自身的竞争力呈指数级增长。

京东方长期的成长和积累，实现了从量变到质变，取得了世界瞩目的成绩。京东方从 1993 年改制成立公司，历时 27 年时间，在 2019 年实现了第一个千亿元营收的突破，从 2020 年到 2021 年，仅用两年时间就完成了第二个千亿元的跨越，并于 2021 年进入全球品牌价值 500 强行列。这有力地诠释了从量变到质变的过程。

然而，这位超级马拉松选手当没有了对手，且一直处于领跑状态时，就难免会产生怠惰情绪，甚至容易失去方向感。此前由于追赶对手所产生的成绩提升速度可能再也难以重现，这就成为领跑者面对的挑战，也是进入壮年期的企业所面临的问题。

伊查克·爱迪思在《企业生命周期》一书中生动地将企业的生命周期分为孕育期、婴儿期、学步期、青春期、壮年期和贵族期等阶段（见图 4-2）。当步入壮年期，大多数企业就开始出现衰退的迹象，到了贵族期，衰退愈加明显，但这些衰退迹象看上去却像一个大企业非常正常的状态。比如，企业终于从资金紧张状态变成充裕状态，财务、法务等行政部门有了话语权和决定权，客户关系稳定且现金流充裕……看上去，规范管理成了企业的日常，而这往往是衰退的开始。

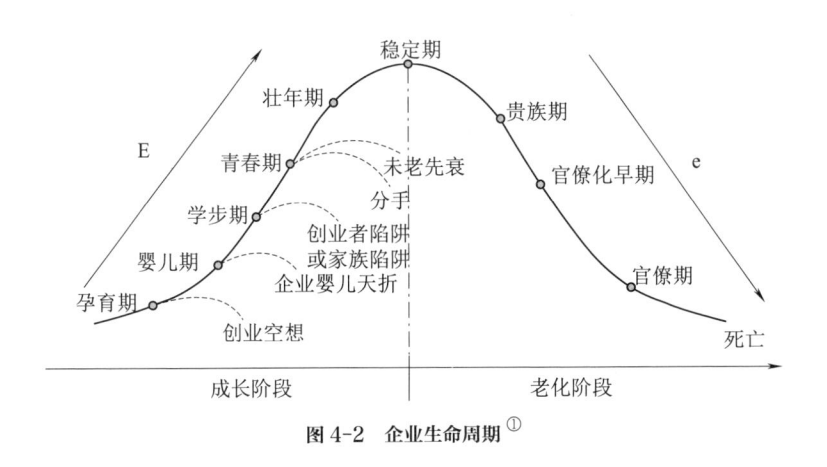

图 4-2　企业生命周期[①]

---

① 图中字母 E 指的是 entrepreneurship，即企业家精神、企业创新精神，用 E/e 大小写区分企业家精神和企业创新精神在企业不同生命阶段的强弱。

相对于外部环境的威胁，这种来自组织自身成功的威胁更加致命。

从企业的生命周期理论角度分析，京东方经过了 30 年的努力进取，不断创新，在半导体显示领域站上了世界行业巅峰，全国拥有十几万名员工，已然处于企业的壮年期。正如人类的三十而立，如何能保持壮年期的状态，甚至在壮年期还能重现青春期的活力，是摆在京东方管理层面前的课题。

关于"大米"与"寿司"的思考

企业进入壮年期，一方面要时刻关注来自外界的颠覆性创新的力量，另一方面也要审视自身的"体质"如何跳出企业生命周期进入衰退的宿命，让自身重新焕发青春的能量。更重要的是，壮年期的企业有时间进行行业本质的思考。

如今，京东方已经坐上了全球半导体显示产业的头把交椅，再重新审视半导体显示这一赛道，仍然面临着这个产业两个最大的难题：一是周期波动，二是投入产出比。这是全行业的难题，看似没有破解的办法。

半导体显示产业面临的第一大难题是周期波动，也就是行业所熟知的"液晶周期"，但并不意味着它全无优点。纵观半导体显示产业的历史，几乎所有行业巨头和产业区域的崛起都与这个周期息息相关。

历史上第一次行业衰退期是 1993 年到 1994 年，当时日本企业进入了半导体显示产业；第二次行业衰退期是 1995 年到 1996 年，韩国三星、LG 等企业利用这次液晶周期波动，进行大规模投资，奠定了韩国企业在半导体显示领域后来的霸主地位；第三次行业衰退期是 1997 年到 1998 年，中国台湾获得了从日本转让技术的机会，并迅速进入了半导体显示产业。所以，从行业历史可以看出，液晶周期的低谷往往是催生行业新贵的契机。

京东方进入半导体显示产业也是利用了液晶周期的机会窗口。2001年，京东方通过收购HYDIS进入了TFT-LCD产业。当时正是液晶行业的衰退期，中间虽历经波折，但京东方仍然以较为理想的价格获得了TFT-LCD的生产线、技术和人才资源。

2003年，当京东方最终完成收购时，全球液晶面板产业价格开始上涨，这使得刚刚成立的BOE-HYDIS第二个月就开始盈利，这一波周期利好让京东方在斥巨资进入这一产业后，资金压力迅速得到缓解，并积累了发展资金。这是京东方在半导体显示领域迈出扎实稳健的第一步。

然而，任何一家企业都难以只享受周期红利而避开周期波动之苦。2004年下半年，液晶行业经过新一轮回暖后开始进入衰退阶段，京东方在韩国的全资子公司BOE-HYDIS开始亏损。雪上加霜的是，京东方利用韩国的专家和技术在北京兴建的5代线于2005年10月开始量产，此时液晶周期还处于低谷期，面板价格比建线之初跌了一半。再加上银行贷款到期，国际订单锐减，在巨大的压力下，京东方被迫卖掉了部分资产，同时，想办法降低成本，优化产品线。直到2007年，京东方才迎来新的一波行业景气期，度过了危机。

熬过最艰难的2005—2006年，京东方对液晶周期有了深刻体悟。在行业波动的现实下，很明显，企业规模越小，受到波动的影响越大。正如小舢板在大海上航行，一场暴风雨就可能让其葬身大海，而一艘巨轮抗风浪的能力就会大大增强。这也是京东方用十几年时间坚持投资生产线、不断扩大规模的动力。截至2023年10月，京东方在全国已经布局了17条半导体生产线，覆盖了所有的显示技术路线以及各种不同类型的客户和场景。

除了液晶周期，投入产出比是半导体显示产业另一个影响因素。

半导体显示属于国家工业现代化的基础行业，和集成电路行业一样，投入产出比都比较低。

"咱们有万亩良田，却只会种大米、卖大米，如果把大米做成寿司，身价立刻可以翻好几倍。"陈炎顺在内部会议上屡屡提出这样的看法，这也反映了京东方领导者对于这个行业投入产出比低的忧虑。

对标自己的下游企业，这个形象的表述便一目了然。京东方的产品是"大米"，而手机品牌商的产品则更像"寿司"，资本市场也用 PE 值（市盈率）给出了完全不同的价格——京东方的 PE 值只有 6 倍左右，而苹果的 PE 值曾一度高达 30 多倍。

关于"大米"和"寿司"的思考实际上是关于行业本质的思考，是关于产品附加值的思考。京东方的管理层在迅速扩张生产线、提升技术，并且不断加宽半导体显示产业"护城河"的同时，已经开始更深入地思考行业本质问题，以及如何从行业本质问题出发，找到京东方全新的发展路径。

从行业规律中找"钥匙"

陈炎顺在内部讲话和行业交流时，经常会强调京东方的方法论——"站在月球看地球"，意思是只有跳出行业，站得足够高，才能看到行业的本质规律。

京东方处于这个产业中，就需要面对液晶周期波动和投入产出比低两大行业痛点。然而，单纯从问题本身来看，这两大难题是无解的。

京东方能够取得今天的行业地位得益于京东方的管理层善于从行业本质出发解构问题，并得出指导企业发展的理论思想和方法论。正如前文所述，京东方在发展过程中，提出了"企业经营法则""王氏定律""半导体显示产业"等概念。在这些概念的指导下,京东方在规模和技术上不断突破,形成了"对技术的尊重和对创新的坚持"这样的企业信条,并且在公司内部形成了一整套技术创新体系。

多年来,京东方每年会拿出销售收入的 7% 左右投入技术和研发,其中 1.5% 会投到基础技术和前沿技术领域。按照京东方现在的营收规模,每年的技术投入超过 100 亿元,以提升自身的技术能力,对冲行业周期。

用规模和技术的领先去抵消一部分行业的波动性风险,京东方可以说已经做到了极致。然而,液晶周期是客观存在的行业痛点,近几年,由于国际局势的动荡和全球贸易环境不确定等因素的影响,液晶周期正在变短,行业波动更加频繁。

如何平滑这种周期波动,让京东方的体感从"强周期"变成"弱周期"甚至"无周期",就需要再次拉高视角,洞穿行业本质。

站在整个产业链角度看,京东方之前的液晶面板制造是产业里投资最大、规模最大,也最难做的一个领域,产业链上下游几乎没有企业涉足。

京东方在全国大规模布局生产线已经初具规模后,就需要思考下一步产业发展的路径。当把视角拉高去看京东方以及京东方所在的整个产业链,就会豁然开朗:做通产业链,向上下游延展,向价值链上游突破,提升自身的价值创造能力即成为京东方选择的路径。

2016 年,在首届京东方全球创新伙伴大会上,京东方创造性地提出了"开放两端,芯屏气/器和"的物联网转型发展战略,通过全面开放应用端和技术端,推动半导体芯片、显示器件、软件和内容、功能硬件的和谐组合,倡议全行业携手共建和谐共赢的物联网生态系统。

"开放两端"成了京东方向上下游延伸的明确战略,而"芯屏气/器和"成了京东方向物联网转型的指导理论。这个理论是经历了三年战略实践探索而得出的，是一个循序渐进的过程。

2013 年开始，京东方就提出了 PS+[①]事业战略。这一战略的提出意味着京东方开始摆脱单一的面板制造者身份，从卖器件到卖解决方案，向价值链上游突破，提升自身的价值创造能力。

京东方自身积累最雄厚的便是半导体显示和光电传感的核心能力，在 2015 年，京东方就成立了传感事业部，使得光电传感技术成为京东方系统解决方案的有力支撑。

2016 年，向产业链上下游延伸的思路正式用"开放两端"的战略被描述了出来，而"芯屏气/器和"正是"屏"与"物联网"融合思想的体现。

伴随着"芯屏气/器和"理论的提出，京东方业务板块也升级为 DSH（显示器件、智慧系统、健康服务）三大事业群，并在此基础上形成"+互联网"战略。

在这一阶段，京东方依据对物联网产业融合发展的市场特征和产业运行内在规律的深刻认识，提出物联网发展阶段，并指出应用场景是打开物联网价值创造之门的钥匙，用"赋能应用场景"和"智慧领航"作为物联网转型的价值主张和观点来指导企业转型实践。

京东方在面对物联网的大市场时，关注点还是更多地放在新型显示和传感事业的核心竞争力上：从卖显示屏向信息交互端口再向相关传感器转型升级，提升盈利能力；从单一整机代工向多产品线智能制造服务、细分行业智慧服务模式转型升级，形成新的商业模式和营收利润增长级。

互联网时代是一个由用户产生数据、由数据带来价值的时代。物联网时代虽是互联网时代的延续，而物物链接产生的数据、应用和场景却带来了全新的想象空间。这是一个与互联网完全不同的时代，在

[①] P 表示显示屏事业，S 表示智慧系统产品事业，+ 表示服务事业。

这个时代，京东方站在了一个优势生态位上——屏成了各种设备的信息入口。

"芯屏气/器和"正是基于屏的技术和物联网技术融合而来的物联网发展理论。但这个理论只是一个方向，在物联网的汪洋大海上，京东方还需要有一张"航海图"——一个可落地可执行的战略。在这一战略指引下，京东方从商业模式到管理体系、组织文化都要快速地升级进化。

战略转型：重新定义京东方

有数据显示，《财富》世界500强企业平均寿命为40～42年，1000强企业平均寿命为30年，只有2%的企业能存活50年。由此可见，没有任何一家企业能够永远高枕无忧，京东方要想立于不败之地，只有转型方能夯实甚至重塑自身的竞争优势。

近年来，政治经济存在诸多不确定性，正如查尔斯·狄更斯在《双城记》中写道："这是最好的年代，也是最坏的年代。这是智慧的年代，也是愚蠢的年代。"

身处变革时代，许多企业看到更多的是机会，抓住企业转型时机即能制胜市场，并引领行业格局的变化。

物联网时代，万物可传感、能互联、高智能。生成式AI、云、大数据、物联网等技术快速融入细分应用场景，数字化与智能化已经成为创新发展新动力。

显而易见，物联网是京东方重塑自身、对抗周期的转型方向。作为京东方新一代的领航人，陈炎顺必须给京东方制定一个有效战略，为京东方未来画出边界清晰的路线图。

陈炎顺有随手记笔记的习惯，他会把所见所闻以及自己的感悟和思考随时记录下来。这些记录内容广泛，可能是国际局势对于产业的影响，也可能是一个专家的观点，甚至可能是一件小事。这些带着思考的记录像是一颗颗珍珠，在某个必要时刻会串联在一起。

在笔记中，陈炎顺曾写道："与其说物联网时代是一场机遇，不如说是一次转型的赛道。那么，如何于物联网蓝海中完成精准的战略调优，基于转型实现业务跃升？"这是包括陈炎顺在内的所有京东方人不断思考的问题。

早在显示产业如日中天的2013年，京东方就开始超前向物联网转型。当时物联网只是一个概念，10年过去，一个个物联网细分应用场景，如智慧车联、智慧零售、智慧医疗……不仅近在眼前，而且触手可及。历经数年探索，京东方从"半导体显示企业"转型为"为信息交互和人类健康提供智慧端口产品和专业服务的物联网公司"，这不仅是一个清晰的战略定位，还颇具执行效应。

京东方于2021年提出的"屏之物联"战略，是进一步顺应时代做出的科学决策。这一战略明确了京东方的品牌定位为物联网领域全球创新型企业，同时强调了京东方围绕"屏"与伙伴们持续深化创新合作，构建协同生态，赋能千行百业数字化转型。

理查德·鲁梅尔特在《好战略，坏战略》一书中指出，好战略具备一个由三大要素构成的基本逻辑结构：调查分析、指导方针和连贯性活动。好战略必须是可执行的。按照鲁梅尔特的定义，"屏之物联"战略正符合好战略的特征。

在陈炎顺看来，这一战略的提出并非天马行空，它经历了京东方多年的探索，基于公司自身的核心基因和能力，并在深入洞察产业发展趋势、客观分析内外部资源优势的基础上构思而成。

在以"屏之物联，融合共生"为主题的2023年京东方全球创新伙伴大会上，陈炎顺特别总结了京东方于物联时代的转型历程，它分为三个阶段，即探索期、实践期和融合期。

从中可见，"屏之物联"战略的诞生是一段有基础、有实践、有积累的渐进过程。更值得关注的是，读者可清晰地了解到京东方于物联网时代的转型思考与实践。

2016—2017年，京东方梳理了物联网价值创造系统，明确了物联网的触发科技，在"开放两端，芯屏气/器和"的发展理念指导下进行物联网转型探索，这是京东方首次提出物联网转型发展战略。

2018—2020年，结合产业发展趋势，京东方提出应用场景是打开物联网价值之门的钥匙。京东方要发挥自身优势，协同伙伴，实现应用场景的价值创造。它将与伙伴一道，在智慧车联、智慧文博、智慧金融、视觉艺术等多个细分场景进行创新实践，提供的产品和解决方案超预期地满足了客户需求，为客户不断创造价值，也进一步拓宽了自己转型的视野和实践方向。

2021年，京东方洞察产业趋势，思考发展本质，结合自身核心能力，提出"屏之物联"的发展战略，未来京东方会以更大力度、更多资源、更强技术和更优产品助力客户实现数智化升级。

京东方希望抓住物联网大发展的机遇，十年内成为一家全球物联网领导企业。如今的京东方，已经牢牢占据了全球显示器件的头把交椅，在手机、计算机、平板等五大细分领域出货量均位列全球第一。数字化大潮下智能终端爆炸性的发展，为京东方提供了施展"智能显示+物联网应用场景"能力的无限空间。

陈炎顺指出，战略设计要扬长避短，充分发挥自身核心资源优势。京东方以"屏"起家，坐拥全球知名的市场客户资源和雄厚的面板产能资源。显而易见，在显示无处不在的物联网时代，京东方的核心优势正是"屏"以及围绕屏的周边能力。

定义清楚自己的核心竞争力，"屏之物联"战略便应运而生。

这一战略的核心要义是抓住数字化时代数据处理云端化、数据显示本地化、数据应用分布化的发展趋势，把握"屏"无处不在的增长机遇，让屏集成更多功能、衍生更多形态、植入更多场景，使"屏"

融入各个细分市场和应用场景，从而为用户提供服务、创造价值，实现数字化时代"屏即终端"的用户感知革命。

本章小结

  战略是企业的"航海图"，只有适合企业自身的可执行战略才能带领企业找到"新大陆"。

  毫无疑问，"屏之物联"战略无论对于京东方还是对于整个产业，都有着深远的启发意义。当一家像京东方这样规模巨大的企业需要构建新的成长曲线再次出发时，新征程的"航海图"便有着极其重要的价值。

  首先，它可以构筑信心墙。信心是企业在困境中的定海神针，但它并非无源之水、无本之木。对企业多年发展的核心竞争力、价值观的坚守是信心的来源，同时这种信心不能只停在企业内部或在一些高层管理者心里，它必须得到传递，需要通过各种方式"发射"给员工、合作伙伴、客户、市场，甚至是政府。信心具有连锁效应，"屏之物联"四个字简单直接，易于理解，易于传播。正如一位中国科学院院士提到的，京东方始终以科技创新驱动高质量发展，更以蓬勃的生命力赋能更多的应用场景，为我国数字经济发展注入活力。

  其次，它可以提升企业的内功修为。对一家成长型企业来说，每次挑战来临都会让企业面临不同程度的"停滞"甚至下行的状态。这其实是企业可以慢下来认真复盘和思索下一步的时候，也是企业战略、组织、管理和模式的最佳优化时期，更是各部门对人员专业性配比和职位匹配情况的最佳调整期。这些都是为了快速跳出行业周期，为下一个发展期占得先机、积蓄力量。只有这样，当新机会来临时才可能抓得住。

再次，它是对改变型创新的思考。企业遇到挑战，往往意味着外部或者内部遇到阻碍或瓶颈，这时候的改变更应该基于原有优势领域。经常会有人提到跳出舒适圈，事实上，和人的发展一样，舒适圈不应该离得太远，即使跳离，也需要基于一个新的舒适圈完成跨步。对一家企业而言，舒适圈是进可攻、退可守的地带，以此为基础的创新才更利于企业在逆境中释放优势，快速调整。这位院士还指出，"屏之物联"的思考逻辑正是依托京东方核心资源的优势，结合产业链和生态链的资本，通过软硬融合的技术和商业创新模式、管理机制的创新模式，来赋能千千万万细分市场和场景业务的发展，实现企业高速度、高质量的增长。与合作伙伴共同构筑物联网创新生态，最终实现价值共创。

最后，它让企业始终保持"进攻者"姿态。要想稳固企业新开创的增长曲线，避免企业再次落入新的周期波动中，就需要企业尽快在产品技术的领先性、市场和商业模式以及用户依赖度等方面建立差异化优势。

事实上，很多企业在冲破周期的一刹那就放下了一切防备。所谓"攻城容易守城难"，躺在功劳簿睡觉的大将总避免不了被宰割的命运，而寻求增长的企业会在路上一直"进攻"。"屏之物联"战略就是京东方"进攻者"姿态的宣言。

如果将"屏之物联"战略看成一粒种子，那么围绕其周围的战略内涵、指导方针和落地原则仅仅是将这粒种子根植于十几万京东方人的思想意识之中。这粒种子的开花结果要依赖全体京东方人的勤奋耕耘。在这粒种子孕育和成长的过程中，京东方的管理体系正在适应新的战略方式而迅速迭代，内部创业的热情被持续激发，技术创新正不断焕发出新的生命力。

本书的第二部分，将重点研究"屏之物联"战略思想下，新的业务如何生长出来；底层驱动力是什么；作为一个巨型企业，创新业务如何被快速成长；如何实现与主业协同并反哺主业；企业文化和组织管理是如何被优化的……我们可以看到一家成功企业再进化的逻辑，以及一家成功企业如何把自己变成颠覆者的过程。

第二部分
成长跃迁

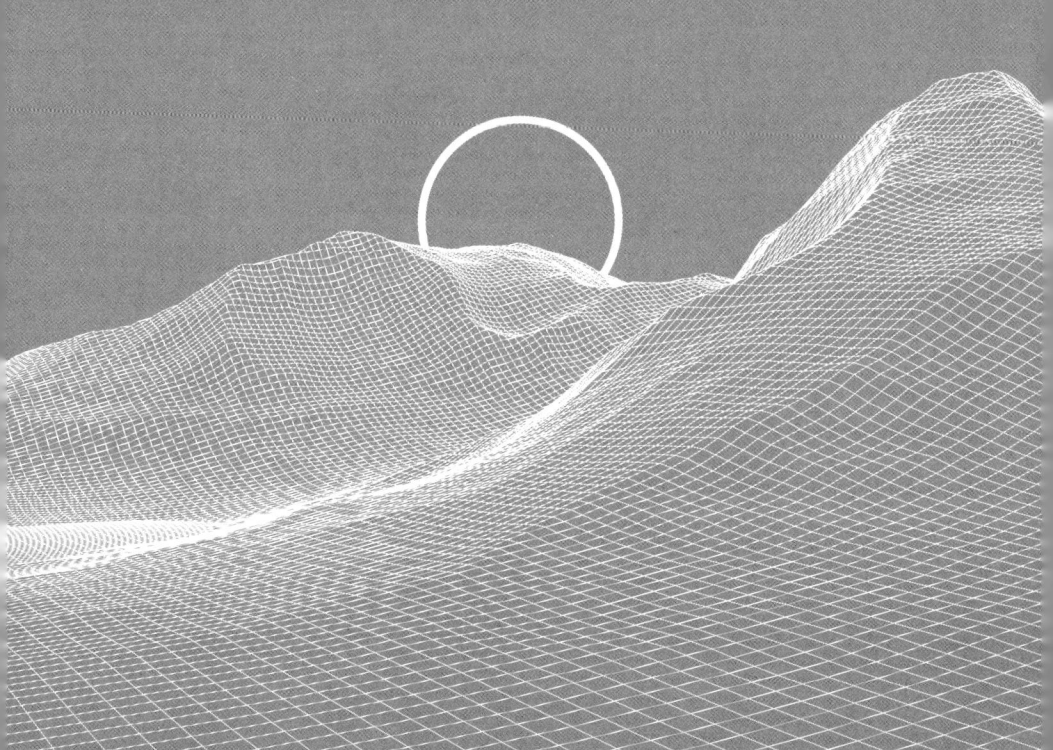

第五章
物联网技术创新路线图

"对技术的尊重和对创新的坚持",是京东方人的企业信条。纵观京东方的发展史,技术创新为京东方的每一次战略升级都提供了无限的可能性。

为世界带来无限可能的物联网技术,通过赋予万物智慧,让我们只需轻轻触摸屏幕,世界即在指尖互联。京东方把这一刻视为战略转折点,并提出"屏之物联"战略。

京东方笃信,"屏之物联"将带动自身业务版图提升到一个全新的高度,也将带领京东方穿越一段充满挑战与机遇的转型之旅。

在"屏之物联"的背景下,京东方的技术路线呈现的是"双轨"生态:一条是显示技术路线,一条是物联网技术路线。在这两条技术路线的交互与融合下,市场想象空间被无限放大。如何理解这里的机遇与挑战并存?机遇是,屏幕不再是孤立的存在,而是与智能设备、传感器等紧密关联,构成万物互联的生态系统;挑战是,京东方如何依托现有的技术和产业优势,由近及远地发展物联网技术,并有效赋能千行百业。

用技术和市场作为横竖轴画出一个坐标系，技术和市场基本属于正相关的关系，市场上的竞争对手也很容易在这个坐标系中找到自己的位置。

而物联网技术的"坐标系"就比较复杂：物联网是一个系统，它包含了如传感、硬件、软件、通信、数据、智能等技术在内的诸多要素，并且在物联网系统中，技术和技术之间又是相互关联的，每种技术只有依托于整个系统才能发挥出最大的效能。

在物联网转型时，京东方面临的环境与当年进军半导体显示产业已完全不同。首先，京东方在技术上很难对标一个竞争对手，放在物联网转型的课题下，在单一技术维度去做对标意义不大；其次，物联网不像传统互联网那样会形成统一入口、统一平台，物联网市场呈现出定制化、碎片化和动态化的特点。

当然，与当年进入半导体显示产业时相比，京东方向物联网转型的市场环境也有了明显优势，那就是人才供给。进军半导体显示产业时，京东方在技术上是完全"拓荒"的状态，人才要自己培养，技术要靠自己突破。而物联网转型至少在技术领域上不需要从头开始，市场上人才资源相当充沛。京东方结合自身的产品优势和市场优势，吸纳人才，组建了一支技术队伍，为物联网技术攻关打下了基础，也更加见效。

最重要的是，京东方进军物联网也有其独有的优势，那就是"屏"。屏几乎是所有物联网场景的"第一触点"，京东方依托"屏"这一核心端口去构建整个物联网技术体系，既有开山立业的底气，也有驾轻就熟的实力。

相较于传统互联网公司，京东方最大的优势是以显示器件为核心的深厚产业积淀，它一方面将成为物联网技术的策源地，另一方面也为新技术生长提供了一个练兵场。

在物联网技术体系构建的过程中，京东方在系统软件、云计算、大数据、AI等领域都属于后进入者。但从市场维度来看，与半导体显示产业不同，物联网场景垂直化、分散化的特点使这个领域的竞争在短期内不会走向寡头竞争。这就使得京东方在物联网场景构建的过程中，可以在细分市场的具体产品或者具体场景中结合自身原有的"屏"优势，去逐步建立自己软硬融合的技术优势。

"六维"物联技术体系"扬长补短"

2016年，京东方正式宣布物联网转型。在此之前，京东方对于物联网的技术图谱已经做了深入的分析研究，对于自身将要面对的技术挑战也做到了心中有数。

简单来讲，物联网所包含的核心要素包括互联互通的智能设备、海量传输的大数据和云端的人工智能。如果将一个物联网系统拆解为基本物理单元，那么物联网就是由功能硬件、传感单元、计算单元、人机交互单元、通信单元、软件单元、数据单元、智能单元等要素组成的。

由半导体显示企业转型到物联网企业，京东方需要解决三大技术挑战。第一，京东方需要丰富的物联网端口——基于显示屏，且具备传感能力的硬件设备，以及基于端口的数据采集能力。第二，京东方需要云计算能力。物联网端口需要与云能力连接，实现端云一体。当今的数据处理与智能技术，只有通过端云的连接，才能赋予物联网端口更加丰富和强大的功能。第三，京东方需要强大的数据处理能力和智能算法。通过物联网端口汇集起来的海量数据，可以沉淀和提炼出高质量的行业信息与专业知识。同时，人工智能与大数据算法可以从中挖掘复杂的因果关系，并反馈至物联网端口，形成丰富的智能应用。

面对这三大技术挑战，重塑和迭代产品与技术体系成为京东方的第一要务，因为原有技术体系无法应对新业务、新产品、新场景的需求。京东方必须充分发挥显示技术的优势，结合物联网转型业务的需求，设计符合物联网业务发展的新技术体系。

在这一体系中，以人工智能、大数据、云计算、边缘计算为代表的 AIoT 技术都在京东方的规划之中，而技术布局是个渐进的、有章法的过程。京东方物联网技术体系的构建，贯穿于转型战略的探索、提出和实践的整个过程。这一过程不是完全推倒重来，也不是在原来的技术体系之外再建一个新的技术体系，而是京东方一边在业务中去沉淀自身的技术能力，培养技术人才，一边吸纳新的技术力量以补上自身技术领域的缺口。

可以说，"屏之物联"实际上就是以屏为原点，逐渐生长出来的物联网技术体系。

早在物联网转型之前，京东方在产品端就开始从器件向整机和系统方向转变。从显示面板到整机再到"屏+系统"的解决方案，这一过程也随之延伸出一个新的业务——智慧系统，即京东方"1+4+N+ 生态链"发展架构中"4"的一个重要的业务板块。

智慧系统为客户提供的是一系列解决方案，比如，为银行提供网点智慧改造升级服务，客户需要的不仅仅是单一的显示屏，而是一整套从底层平台到软件系统再到智能硬件的整体解决方案。其涉及的平台、系统、软件层层相扣，皆需要由京东方自己的技术团队主导开发。

2019 年，京东方结合自身业务特点，将物联网技术进行了梳理，确定以"软硬融合、智能物联"为核心关键词的"端、边、网、云、数、智"的"六维"技术体系。该体系全面支撑京东方在物联网转型过程中器件、整机、系统、平台等多模式、多形态的业务需求。

"端"即终端技术，指的是各类与显示相关的终端硬件以及与周边设备相关的软硬件技术；"边"指的是边缘智能技术，是靠近终端的边缘侧智能计算节点；"网"指的是通信和网络技术，主要解决连接问题;"云"和"端"对应,主要指云计算技术;"数"指的是大数据技术;"智"则是人工智能技术。

京东方的物联网技术,以"软硬融合"为基础,在传统"端、网、云"物联网技术之上,强化了数据与智能技术,是智能技术与物联技术的有机融合,即英文缩写 AI 与 IoT 的字面结合——简称 AIoT。

"六维"技术体系相当于京东方在物联网技术架构方面的顶层设计。确定了这一技术框架,就明确了自身的优势和短板,也就明确了技术体系中需要"扬长"以及"补短"的部分。

"六维"技术体系中,京东方最大的优势在"端"维。如果说显示终端是信息时代的重要端口和第一触点,那么京东方则具备了提供万千场景中物联网显示端口的无限潜力。"端"维技术不只是"屏"技术的简单叠加。在物联网"六维"技术体系中,"端"维技术是对系统硬件层面而言,除了显示屏作为关键模组,还包含传感器、芯片与电路、操作系统和驱动软件等。

在物联网转型的征程中,京东方并未因为有"屏"的基础优势而止步不前,而是通过"软硬融合"的技术策略,充分发挥物联网的"端"维价值,不断增加前沿技术,充分发挥所长。

物联网的"网"连接万物,所有的设备并非孤立存在,接入网络的设备需要有数据通信、传输的能力,相互链接。可京东方并不是一个通信公司,因此,在"网"所涉及的技术领域,京东方的策略是有所为、有所不为。有所为是指需要将主流的连接技术,如 Wi-Fi(无线局域网)、蓝牙、5G 等的应用掌握起来;有所不为,是指这些连接技术并非要从头研发和原创,而是将这些技术与自身原先的硬件优势结合,强调生态共建和应用创新能力,在应用中找到基于京东方自身业务场景的创新点。

"云"是物联网技术体系中的重要能力。无论是互联网还是科技公司,近几年都在不遗余力地布局云计算。对京东方来说,云计算技术也同样不可或缺。未来的物联网业务、产品、场景等会越来越多地需要"云"的能力来赋能。大数据、人工智能这些能力也都需要"云"的能力来加持。

不过，京东方在云计算领域的布局与互联网公司有所区别。互联网公司的业务大多是平台型业务，它们的云计算既可以为平台提供支持，又可以成为独立的业务单元，因此它们愿意投入大量资源去构建公有云或者基础资源云平台。

京东方将云计算技术定位为平台型技术，主要希望借助其平台上的云资源用于一部分物联网产品，以及私有化部署的行业解决方案。技术层面更多的是注重中等规模的 PaaS（平台即服务）层中间能力的构建，以及 SaaS（软件即服务）应用的快速开发与交付能力。

人工智能在近年来已经成为火热的创业和投资赛道。"数"与"智"相辅相成，京东方也让屏"植入更多场景"。由于场景的信息交互会产生大量数据，而数据能力又支撑人工智能得以迅速发展，因此，2017 年，京东方成立人工智能与大数据研究院，加速推动人工智能技术在京东方物联网转型过程中的应用。

在整个"六维"技术体系构建的过程中，京东方将人工智能作为重点投入的技术方向，也是 AIoT "六维"技术体系的灵魂所在。未来的物联网端口，将注定被人工智能技术深度渗透与变革，物联网的端口实体将被赋予人工智能的灵魂。

随着物联网的发展，数据量会呈现爆炸式增长，对算力、时效提出了更高要求。对此，在物联网转型之初，京东方就一直注重强化"云"端的计算、响应和数据分析能力，并伴随物联网技术架构的同步完善，满足了日益升级的细分行业的场景需要。

另外，随着近两年靠近数据源头位置提供算力服务的边缘计算快速兴起，京东方在边缘计算技术上不断加大投入，持续强化边缘智能的能力，收获显著。

京东方物联网技术体系从"端、网、云"开始，逐渐完善为"端、边、网、云、数、智"的"六维"技术体系，技术体系的完善不是独立于产品和业务之外，而是基于产品的创新和场景服务，让物联网"六维"技术体系更具生命力。

京东方人工智能技术"上天落地"

2023年年初，ChatGPT[①]火爆全球，人工智能再一次成为万众瞩目的焦点。

人工智能技术与物联网之间互为助力。人工智能使物联网的网络感知和控制更加智能化，即时数据和历史数据可实现自动分析，并成为物联网终端做出判断的依据，从而使网络上的智能应用更加灵活、高效和准确。

2017年，京东方围绕人工智能就已提出"上天落地"的目标。所谓"上天"，是指在技术上要勇于挑战行业最高水平，掌握领先世界的人工智能技术。截至2023年6月，在人工智能算法领域，京东方已有13项技术获得全球冠军，40余项技术位列全球前十，其中90%已完成技术产品化，为京东方物联网转型打下了坚实基础。所谓"落地"，是指京东方的人工智能技术的发展要走产业化路线，与京东方的实际业务紧密结合，强调在业务中解决实际问题，为客户创造价值。

感知智能：在自身强势领域领先同行

从技术发展进程看，目前人工智能可以粗略地分为三个阶段：感知智能、认知智能和决策智能。全球人工智能领域的共识是，新一代

---

① ChatGPT是OpenAI（美国开放人工智能研究中心）开发的聊天机器人模型。

人工智能技术正处于感知智能向认知智能和决策智能进化的阶段。

所谓感知智能是机器具备了视觉、听觉、触觉等感知能力，能够将多元数据结构化，并用人类熟悉的方式去沟通和互动，例如计算机视觉、图像智能、人机交互就属于感知智能的范畴。认知智能则是机器拥有了类似人类的思维逻辑和认知能力，特别是理解、归纳和应用知识的能力，比如基于大模型的自然语言处理技术就属于认知智能范畴。决策智能则是基于既定目标，对相关数据进行建模、分析并得到决策的过程，根据复杂的环境，可自动实现最优决策。

京东方正式开始布局人工智能技术时，对于该行业的发展以及自身特点进行了全面评估。

京东方的技术策略是，先突破一批与京东方业务强相关、能够较快应用于业务中的人工智能技术。因此，京东方将感知智能聚焦在计算机视觉技术、图像智能处理技术和人机交互技术三个方向。

1. 计算机视觉技术

计算机视觉，是利用代替人眼的图像传感器获取物体的图像，再将图像转换成数字图像，并利用计算机模拟人的判别准则去理解和识别图像，达到分析图像和给出结论的目的。形象地说，就是为计算机安装上眼睛（照相机）和大脑（算法），让计算机能够感知环境。与其他互联网大公司和人工智能行业上市公司相比，2017年，京东方还是人工智能领域里的新手，要冲刺行业最高水平，是一项极具挑战性的任务。

基于计算机视觉的身份识别技术，是人工智能头部企业商业化应用的必争之地。随着京东方近几年在AIoT技术的快速发展，在身份识别技术方面已逼近行业领先水平，并拿出了体现自身实力的拳头产品。

案例：36天敏捷开发身份识别及温度检测系统

京东方的技术团队仅用了36天的时间，便完成了身份识别关键算法的自主研发，及相应的检测应用系统开发。这套系统除了能够快速识别身份，还能对如未佩戴口罩等行为进行快速响应警报，检测准确率≥98%，具备毫秒级识别速度，并能够在30毫秒内完成16个目标温度检测筛查，人脸温度检测精准度≤0.3℃。

2021年，在计算机视觉领域国际顶级学会组织的赛事——计算机视觉国际大会中，京东方戴口罩身份识别的综合性能指标在众多科技企业的角逐中脱颖而出，位居全球第二。

2022年，京东方身份识别技术通过GB/T 31488国家标准的最高级别百万数据库性能评测，全国只有少数人工智能与互联网企业持有该认证。作为一家以制造业为背景的企业，京东方在计算机视觉的核心应用——身份识别领域，已快速跻身国内第一梯队。

除了完成对身份识别技术的跃进，京东方的目标检测也在计算机视觉创新上搞出了名堂。目标检测的主要目的是识别和定位图像或者视频中的特定目标，是应用最为广泛的人工智能技术之一。京东方技术团队在目标检测的技术研发中稳步前进，并将技术积极应用在安防监控、工业检测、智慧车载和医疗诊断等场景。

早在2019年，京东方技术团队就参与了国际Pascal VOC[①]测评。京东方技术团队通过自主优化的数据增强策略，在由阿里巴巴、微软、谷歌、脸书、腾讯、搜狗、百度、英特尔等组成的队伍中脱颖而出，刷新榜单历史最好成绩。

在学术界和工业界具有极高认可度和知名度的COCO挑战赛上，

---

① Pascal VOC 是计算机视觉领域的重要榜单和数据集，是快速检验算法有效性的首选，可应用于图像识别中目标分类、目标检测、目标分割、人体布局等方面。

京东方技术团队通过对行人、车辆、动物、日常用品等场景进行检测，在 12 个维度的检测结果中均排名第一，刷新了这一国际人工智能领域最具影响力的图像/物体识别竞赛的历史最好纪录。

针对运动中多个目标场景，京东方目标检测算法在 2022 年国际顶级学会 ECCV（欧洲计算机视觉国际会议）组织的 Sports MOT[①]竞赛，以及国际多目标跟踪领域知名评测机构 MOT Challenge 的 MOT20 赛道中脱颖而出，针对运动迅速、快速镜头、背景复杂等情况，精准估计目标边界框和身份，分别获得了运动场景多目标与追赛道技术测评第一名。

在医疗诊断方面，京东方技术团队通过图像分割技术从 CT（计算机断层扫描术）图像中精准分割和量化识别肺部病变（即毛玻璃影），刷新了"肺部 CT 新冠肺炎分割 2020"国际挑战赛（COVID-19 Lung CT Lesion Seg Challenge-2020）赛道历史最好成绩，这也是京东方智能算法在医疗场景中的突破性见证。该挑战赛是由英伟达、国际医学图像计算和计算机辅助干预协会（MICCA）等机构组织的国际竞赛，旨在探究基于深度学习技术，用于新冠病毒的 CT 影像分析的病灶方案，为医生的诊断提供帮助。

在工业检测方面，京东方技术团队凭借丰富的智能制造经验，在 2023 年百度飞桨钢铁缺陷检测竞赛中与近百名选手竞技，刷新历史最好水平，京东方工业目标检测技术能够更精准地识别出钢铁表面出现缺陷的位置，同时对不同的缺陷进行分类，具有行业领先性。

在文档识别能力上，京东方的 OCR（光学字符阅读器）技术，在 2020 年文档分析与识别国际会议（ICDAR）组织的技术测评中，以平均准确率 98.84% 位列第一。该会议是全球 OCR 领域公认的最权

---

① Sports MOT，旨在促进多目标跟踪（MOT）关注运动场景，以及为多目标跟踪和体育分析领域提供一个大规模精细度高的数据集。——编者注

威的会议之一，有OCR领域的"奥斯卡"之称。

　　OCR能够通过检测暗、亮的模式来确定打印字符的形状，再用字符识别方法快速翻译成计算机文字，是计算机视觉领域重要的分支技术。截至目前，京东方OCR技术创新性地与RPA（机器人流程自动化）、NLP（自然语言处理）、软硬融合技术融合应用，并在合同智能录入、海关报关单录入、智慧能源结算等10余个场景为业务赋能，逐渐成为行业数字化转型、软硬融合创新的重要力量。

　　京东方计算机视觉相关技术已经在智慧园区、智慧出行、智慧金融等细分领域中全面落地，赋能实际场景的运营、管理等环节，帮助客户实现智慧化业务闭环。

案例：京东方计算机视觉技术打造智慧园区"全场景智能"

　　在智慧园区解决方案中，陶溪川成为人工智能技术在智慧园区场景应用的"先锋"。京东方开发并落地了包括便捷通行、设施管理等55个场景模块，并完成了访客识别、车辆通行、事件监控、OCR识别、物体识别、数据分析、智能客服等20余项围绕景区游客分析的人工智能技术落地。技术不仅覆盖了用户从入园、游园、消费到离园的完整轨迹，也助力园区运营智能化升级，为整个园区提供了"全场景智能"。值得一提的是，在这20余项技术中，人体属性、人脸属性等算法精度已达到行业头部水平，定制开发的门店驻留、客群留向、老客户识别等智能技术极具行业竞争力。这些技术的落地能够对园区中的人员、车辆和各类异常情况进行实时检测与智能预警，提升了客户的有序管理，降低了各类险情发生的概率。

　　以车辆通行为例，陶公寓停车场上线了"车场托管"智慧化通行服务，嵌入式的人工智能识别技术让监控设备拥有了识别车辆状态的能力，一旦识别园区车辆违停就会自动触发工单报警，并及时通知管理人员处理。同时，结合GPS（全球定位系统）与蓝牙定位技术，实时接收园区车辆数据，并进行结构化分析，为游客提供车场停车位状态的可视化展示，实现室内室外泊位与寻车实时导航无感切换，提升了用户出行体验。

凭借行业领先的智慧化改造，由京东方智慧园区解决方案赋能的景德镇陶溪川文创街区作为江西省唯一获评案例成功入选"2022年国家旅游科技示范园区"。

案例：京东方计算机视觉技术助力智慧金融网点精准营销

通过充分运用客群分析、行为感知、语言识别等人工智能技术，京东方智慧金融解决方案提高了网点客户精准营销、智能分流和数据可视化能力，助力自主办理转化率提升了85%，客户等待时长缩短了28%。当客户迈入网点，虚拟机器人能够感应到客户靠近，并对客户进行客群识别，通过语音对客户进行问候、回答银行业务咨询问题。智慧网点地图导览，能快速进行业务办理指引、楼层区域指引，智能化引导客户，有利于高峰时段快速分流，大大提升了客户满意度。客群识别、OCR识别等感知技术，能提前判定客户需求，通过精准营销系统平台发布匹配商品，实现"想客户所想、知客户所需、先客户所动"的精准营销。在智慧网点内，客户轨迹追踪系统能实时追踪到店客户人数、繁忙情况，并分析客户行为轨迹动线，生成热力图，能更好地为智慧网点功能区的布局提供依据。

2. 图像智能技术

除了在计算机视觉细分领域的优异表现，京东方更强的领域是通过图像智能处理进行画质提升。图像智能处理是指利用人工智能算法对图像进行处理和分析的过程。因此，图像智能处理与京东方显示业务在基因上深度关联。京东方深知,人类对极致显示体验的追求不会停止,为了让用户体验到更清晰的画质、更鲜艳的色彩和更流畅的画面,京东方对此投入了大量研发资源。

在行业普遍的认知中,超高清视频技术主要基于6项基本要素,即分辨率负责图像的清晰度、帧率负责图像的流畅度、色域负责颜色种类的丰富度、色深负责色彩渐变的平滑度、动态范围负责图像明暗的对比度、三维声负责声音的立体感。

在这6项基本要素中,除了色域和三维声,其余4项在人工智能算法上,京东方均位列世界权威机构测评前三位,在这些领域具有绝对领先性。

在画面清晰度方面,2019年,由计算机视觉国际大会发起的年度AIM(图像处理前沿竞赛)成绩揭晓,京东方的16倍超分算法技术从52家实力强劲的参赛选手中脱颖而出,斩获全球第一。

京东方自主研发的16倍超分算法技术是一种基于深度学习的图像处理算法,可以对低分辨率图像进行16倍数级提升,并可以将其转化为高分辨率图像,同时通过添加噪声来生成新的细节。针对视频清晰度的提升,2020年,AIM和NTIRE[1]联合主办了计算机图像修复领域最具影响力的赛事,华为、亚马逊等全球多家公司和机构参赛。京东方在16倍视频超分技术的赛道位列第二。

在图像流畅度方面,在2020年AIM和NTIRE联合主办的赛事中,京东方技术团队与商汤科技、中国科学院、韩国科学技术研究院、丰田汽车研发中心等多家机构同台竞技。得益于在4倍视频插帧技术(该技术背后的算法旨在提高视频帧率,获得更好的观看流畅度)应用上的突破,京东方位列比赛第三。

在色彩对比度方面,京东方深度学习技术可以在单帧图像输入的

---

[1] NTIRE,图像恢复与增强的新趋势比赛,是图像复原领域最具影响力的一项全球性赛事。

前提下，同时处理降噪和 HDR[①] 任务。京东方技术团队在参加 2021 NTIRE 图像 HDR 增强单元竞赛中获得第三名的成绩。

在图像去噪方面，京东方技术团队与国内外人工智能技术团队在 2020 年 SIDD（智能手机图像去噪训练数据集）排行榜展开了激烈的竞争。SIDD 是图像降噪领域最权威经典的排行榜之一，京东方图像去噪算法在 SIDD RAW（原始文件）图像去噪测评中排名第一。

案例："AI 修复大师"完美还原历史影像

与计算机视觉方面的人工智能技术不断加持京东方各种业务场景不同，图像处理方面的超分算法技术则为京东方开辟出全新的市场。

这一次，中国传统文化与京东方的科技魅力交融在一起。2021 年年底，由故宫博物院与北京广播电视台联合打造的大型历史纪录片《紫禁城》开播，该纪录片在 B 站、腾讯视频、咪咕视频等各大视频网站收视率位列同时段专题类节目第一，累计播放量超过 1 亿人次，赢得了海内外观众的一致好评。《紫禁城》火爆的一个重要原因是"高清还原"。该片中有慈禧、溥仪、李鸿章等晚清民国时期的历史人物以及故宫旧照、旧时街景等 200 张珍贵史料照片，其清晰的画质、鲜艳的色彩在高清大屏上被还原，让观众享受了一次沉浸式视觉体验。这种体验背后的技术支持就是京东方人工智能中"超分算法＋降噪技术"的应用，其被京东方命名为"AI 修复大师"。

事实上，老照片、老视频的修复在电视台、博物馆、美术

[①] HDR（high dynamic range imaging），高动态范围图像。在计算机图形学与电影摄影术中，用来实现比普通数位图像技术更大曝光动态范围（即更大的明暗差别）的一组技术。高动态范围图像的目的就是要正确地表示真实世界中从太阳光直射到最暗的阴影这样大的范围亮度。

馆等领域有着广泛的需求。然而，传统的技术修复一张照片需要2～3个小时。即使是一般博物馆的馆藏量，修复工作也会产生巨大的工作量和人工成本。另外，在修复效果上，专业机构的要求非常高，比如对照片的清晰化处理方面，纪录片导演需要的是照片生动而非"假真"，这对于技术的要求是极高的。京东方的"AI修复大师"可以使标清的影像资料提升到高清甚至4K水平，该技术还具有自定义图像分辨率并智能提升的能力，智能化解决每张照片修复时面临的不同问题。此外，京东方还设计了HDR智能调色算法模型，通过有效学习调色师的HDR调色经验，形成可适配不同场景的调色模型池，其可对黑白照片进行上色，使老旧照片焕发出生机和活力。同时，对超高清视频也可以实现自动化调色，尤其是对必须符合HDR标准的4K视频而言，这极大免去了人工调色的烦琐和成本。据测算，在现有设备情况下，京东方AI修复的自动化流程可以提升影像修复效率2～3倍，降低人工成本50%以上。

目前，京东方已经为北京电视台、广东电视台等专业客户提供了符合超高清标准的AI修复服务，深度赋能超高清显示领域。这是一个细分市场，也是京东方迅速将其人工智能技术落地应用、创造产业价值的一个典型例子。

基于深厚的实业基础和丰富的应用场景，京东方人工智能算法从一开始就深度和业务场景结合，以产品与方案为载体，最大限度地发挥了京东方的"软硬融合、智能物联"的优势，同时也践行着数字经济与实体经济深度融合的国家产业路线。

3. 人机交互技术

人机交互，顾名思义就是人和机器互动，而人机交互技术是一门研究用户与计算机之间互动关系的技术。终端与用户之间是否能流畅互动，直接决定着用户的体验是否良好，对此，京东方技术团队也进行了大量的技术投入。2019年，京东方手势识别技术在德国20BN-jester数据集手势识别竞赛中展示了不俗的成绩。该竞赛拥有全球最大规模动态手势识别数据集，以在线实时滚动排名的竞赛方式吸引了麻省理工学院、斯坦福大学、华为等机构和企业的参与。

在识别准确率指标中，京东方长时间占据榜首位置。京东方手势识别技术可对静态手势进行定义及识别，也可以对动态手势进行识别和轨迹追踪，同时可以模拟鼠标功能完成翻页、移动、点击等操作，识别准确率高，操作轻松流畅，让人机交互更加自然、灵活。该手势识别技术为教学授课、车载控制、电子游戏等场景带来更为丰富的交互体验。

2020年，德国20BN-something something V2又发布了一个更大的动作识别数据集，参赛队伍包括牛津大学、麻省理工学院、香港大学、腾讯人工智能实验室（腾讯AI Lab）等知名院校和企业，京东方团队在准确率方面最终获得比赛第一。

案例：打造行业领先的智慧物联网终端产品——智慧一体机

2021年，京东方发布了智慧一体机U1系列，这款商用产品融合了Mini LED背光显示和诸多自主知识产权AI技术，打造了顺畅、便捷的商务办公体验。U1可以充当会议中的白板，用户可以在这块屏上任意书写。通过笔迹预测、笔锋算法、平滑算法、立体字算法等AI算法加持，AI自然书写技术可以使书写延迟低至27毫秒，让用户有行云流水般的书写体验。另外，在会议场景中，U1嵌入AI智能计算，实现了边写边算的功能，可自动识别三角函数、指数、根式等5种复杂公式，识别准确率高达97.99%；嵌入的AI智慧图表功能，可以自动生成饼图、柱状图、雷达图、折线图等多种表格；AI 图形识别功能可联想 SWOT[①]、金字塔、雷达图等 5 种商业模型，让会议更省心。

由于强大的功能和优秀的人机交互体验，U1 产品在 C-IDEA 国际工业设计大赛上，一举击败了 51 个国家的 2072 件参赛产品，拿下 C-IDEA 设计金奖。

计算机视觉、智能图像处理、人机交互在人工智能领域还属于感知智能技术阶段。虽然京东方在感知智能方面技术成果丰硕，但技术团队并未止步，仍在加速向认知和决策智能领域探索。

认知智能与决策智能：持续攀登人工智能更高技术阶梯

如果说感知智能让机器具备了视觉、听觉、触觉等感知能力，认知智能则让机器学会了理解与思考——结合跨领域的知识图谱、因果推理、持续学习等能力，赋予机器类似人类的思维逻辑和认知能力，尤其是理解、归纳和应用知识的能力。

近几年来，京东方技术团队积极投身认知智能的探索中。2020 年，为了推动语言理解与交互技术发展，中国中文信息学会、中国计算机学会、百度公司联合举办了"2020 语言与智能技术竞赛"，竞赛提供了面向真实应用场景的大规模数据集，京东方获得了事件抽取赛道的冠军。

案例：认知智能带来用户体验升级

在应用层面，通过实体识别和信息抽取技术，京东方生产线

[①] 在战略选择时，企业对内部条件的优势与劣势以及外部环境的机会与威胁进行综合分析，据以对备选战略方案做出系统评价，最终选出一种适宜的战略的分析方法。其中 S 代表 strength（优势），W 代表 weakness（弱势），O 代表 opportunity（机会），T 代表 threat（威胁），其中，S、W 是内部因素，O、T 是外部因素。——编者注

优化人工成本近98%。除此之外，京东方语音助手功能也完全适应认知智能的演进趋势，从语音识别的98%精准感知用户内容，到97.14%的语音理解精度，再到200毫秒低延时，实现了清晰自然语音质量，形成了"语音唤醒—语音识别—语义理解—语音合成"的全链路语音认知系统，让用户在金融营销、公共服务等应用场景中感受智能的便捷。

2018年，"画屏"第二代产品发布，成为京东方人工智能产品的一个代表。面向数字艺术领域，基于四阵列麦克风阵列远场拾音和语音识别技术，京东方人工智能技术团队自主开发了画屏系统的智能问答系统。通过自然语言的问答形式和语音助手"小艺小艺"，用户可以与画屏进行互动，不仅可以了解海量画作相关的基本信息，也可以知晓音乐、影讯、故事、天气和百科等信息，旨在让艺术欣赏成为一件更多互动、更有趣味的事情。

2022年9月，全球知名调查公司Gartner发布了"2022年人工智能技术成熟度曲线"并指出，"决策智能"等人工智能技术将在未来2~5年为企业机构带来明显的竞争优势，并有效推动业务价值转化。作为一种实用的人工智能技术，决策智能技术在面临复杂情境时，能够快速、准确、有效地做出决策，并根据反馈进行评估、管理和结果改进，达到最优结果。决策智能技术不仅需要丰富的知识和技能，还需要具备分析问题、理性思考、决策制定、风险评估和执行等综合能力。

案例：京东方决策智能赋能生产线物料统筹优化

京东方技术团队已涉足决策智能领域，将其运用在工厂物料统筹优化管理上，并收获了出色的效果。在制造企业的生产计划中，短期内不流动的物料即呆滞物料，加大了仓储管理的难度和成本。京东方技术团队开发的呆滞物料智能分析技术，能够有效分析物料呆滞类型和呆滞数量，解决了生产制造中替代料运算的逻辑难点，并自动输出更为科学的物料统筹计划，预测准确率近100%，人工效率提升了50%以上。目前，该技术已落地京东方全国10余条生产线中，大大提升了资材利用率。

大模型兴起，前瞻性研究奠定未来技术基石

2023年，由OpenAI研发、基于大模型的人工智能产品ChatGPT被认为是人工智能技术的新突破，推出仅两个月后，月活跃用户就已超1亿，成为历史上用户群增长最快的消费应用，并引发了国内外大模型热潮。

京东方对于前沿的、高精尖技术的探索已经烙印在每个团队成员的基因里。随着京东方"屏之物联"战略的进一步落地和持续执行，京东方AIoT技术也在迅速迭代和进化，结合信息技术、人工智能领域建设做出全新部署，积极探索产品、技术、生态的发展趋势。

1. 大模型推动智能物联产品和服务升级

AI大模型技术的发展会带来下一代智能终端的智慧体验，京东方也在探索大模型技术如何为用户带来创新体验和服务升级。

通过语言大模型技术，智慧终端可实时进行会议语音转写，精准捕捉重要信息并自动生成会议纪要。通过视觉大模型技术，用户只需提供基础文本和元素，智慧终端就可自动生成商业海报，提升显示终端信息发布效率。通过自然语言处理和数据可视化技术，用户可以轻松与看板互动，快速获得合理答案和有效数据分析，为业务决策和项目管理带来更高效的服务。大模型与终端的融合正在重新定义终端创新，形成新供给，创造新需求，走向新的智能时代。

2. 大模型推动工业智能化与企业数字化

为了更好地推动"屏之物联"战略落地，京东方制造工厂体系注定会经历数字化、智能化变革的过程，京东方正在积极探索和推动拥抱大模型技术，打通模型、数据、场景的通道，采用更先进的数字智能技术，提高运营管理的质量和效率，降低成本，推动企业对外可以提供卓越的物联网产品和服务，对内可以打造自身运营体系的物联网化、高效化和智能化。

3. 大模型作为撬动新技术的支点

在基础研发领域，京东方也在尽力延伸人工智能大模型的触角，例如，通过 AI+Coding（编码），提升研发、开发的效率；通过 AI+Modeling（建模），构建虚拟与仿真的世界，有效提升器件、工艺、材料的研发进程；通过 AI+Science（科学），寻找新方法解决基础材料研究的问题；等等。

大模型的出现给人工智能带来了一个真正了不起的新潮流，让通用人工智能发展得到新动力，也开拓了无限的产业应用前景。对 AIoT 技术来说，京东方也正积极抓住技术迭代的机遇，在市场方面，强化品牌终端产品大模型的结合，提升用户体验；在制造方面，着力用大模型去解决工业智能化和企业数字化的问题；在基础技术方面，积极探索大模型与基础材料、器件、工艺能力的培养。

过去 30 年，京东方企业的发展史可以被看作中国工业发展的一个缩影，京东方用 30 年的时间铸就了在半导体显示领域的辉煌；下一个 30 年，京东方在 AIoT 技术的加持下，要用自己的努力、自己的智慧和已取得的成果，助力京东方在物联网转型过程中再一次创造辉煌。

物联网"大脑"崭露锋芒

《麻省理工科技评论》杂志每年都会依据"高精尖科技创新"和"成功的商业模式"两个核心指标遴选出"50 家聪明公司"（50

Smartest Companies，TR50），以此洞见未来科技大势。2022 年 7 月，京东方第二次入选这一榜单。"聪明"虽然不是一个量化指标，但足以说明京东方在技术上已经走向了全面智能化。

京东方从全球半导体显示领域的领导者到跻身于"聪明"公司之列的一大标志，就是这家显示巨头已经建立起 AIoT 技术体系，而这一技术体系就像京东方整个商业生态的"大脑"，让所有的屏和相关产品及解决方案更加智能，并成为京东方创新业务拓展的全新技术底座。

经过 5 年多的高速发展，京东方物联网"大脑"拥有了强大的分析能力，而且还在不断进化中，这是京东方技术创新、开发思维和平台化运营共同作用的结果。

平台化支撑巨量创新

2016 年，在首届京东方全球创新伙伴大会上，京东方提出"开放两端，芯屏气／器和"物联网转型发展战略。开放"两端"，一是指应用端，二是指技术端，两者在当时引发业界高度关注。作为一种态度，开放也为京东方的平台化技术路线奠定了基础。

如果将京东方 30 年历史摊开来看，其最重要的战略转型有三次：第一次是京东方创立时股份制改造，第二次是进军半导体显示产业，第三次就是物联网转型。每一次重大战略转型，京东方在执行上都果敢而坚定，在投入上也毫不含糊。

在物联网转型过程中，京东方非常清楚自己需要提升什么，那就是软件能力和数据能力。为此，京东方广纳人才，软件相关技术团队从最初的几十人扩张到上千人，AIoT 技术体系架构迅速得到完善。如今，京东方业已形成的八大技术平台和完善的 AIoT 技术体系，相互耦合，相互支撑，既有顶层设计，又有标准规范。

京东方 AIoT 技术体系的最大特点是平台化，京东方八大技术平台相互关联，层次鲜明。这八大技术平台是：硬件平台、软件平台、工业设计平台、边缘计算平台、物联网平台、行业云平台、大数据平台和人工智能平台。从业务结构上看，硬件平台、软件平台、工业设计平台支撑着诸多业务场景，这些业务场景会根据自身业务的不同形成平台型产品和解决方案。物联网平台通过设备认证、管理、运维、监控等链接海量的硬件设备端口，同时为边缘计算平台提供数据源。应用场景的底层是行业云平台，而大数据平台和人工智能平台与行业云平台之间又是相互支撑的关系。大数据平台和人工智能平台作为整个AIoT技术体系的核心，形成强大的决策支持、数据交互的关系。

正如人类大脑，京东方的AIoT技术体系也是一个非常复杂的有机整体，各个平台之间交织、牵引，相互协作。平台化的好处还体现在技术沉淀和复用能力上，每一个技术平台如同京东方AIoT大脑的一个模块，但这些模块又可从其他模块汲取营养而强大自身，从而使这个"大脑"整体最优。

在这个复杂的体系中，要想达到最优的协同性效果，就需要打通平台之间的沟通机制和沟通"语言"，基于此，在技术上设定标准和规范就不可或缺。京东方将八大技术平台之间的层级关系、关联关系做了系统的梳理和优化，从而保障整个技术体系结构的有机性与关联性。

同时，京东方在技术方面进行了一系列规范建设，让整个技术体系的疏通管理做到"书同文、车同轨"，这就相当于在技术方面统一了"度量衡"。比如，《物联网架构标准设计规范1.0》《AIoT业务数据标准1.0》就是京东方内部的技术规范手册。

在梳理清楚技术结构、建立标准的同时，京东方AIoT技术体系还搭建了共通性建构基础（CBB）模块库。京东方组件式/低代码平台将业务需求中的底层基础技术的共通性模块抽离，构建出共通性建构基础模块代码，再封装成最小执行单元。

研发者可基于平台快速构建企业级应用，将产品开发流程与业务功能关联，在极大程度上减少了研发资源的重复性投入。截至 2022 年年底，共通性建构基础模块库中的技术组件超过 600 个，并且所有组件都实现了线上管理，在平台上进行沉淀和复用。同时，组件有明确的规格，可维护，可测试，支持二次开发，这大大提升了 AIoT 技术体系支撑具体业务的效率，为客户创造了更多价值。

在各种物联网应用场景的开拓中，京东方的服务团队总免不了针对具体场景和客户需求进行软件和系统的开发。京东方为客户提供了软硬一体的场景解决方案，就好比一栋房子，每位客户需要的房子大小、构造都不一样，但是建这些房子需要的砖头、水泥、钢筋是一样的。共通性建构基础模块库就是为前端开发人员提供了标准化的"材料"，前端开发人员只需要按客户的需求设计不同样式即可，这大大提升了前台团队给客户的交付效率和交付质量。以系统方案比较成熟的金融业务为例，单个金融项目的共通性建构基础模块组件平均复用度达到 80%，节省项目开发工时超过 85%。

京东方 AIoT 技术体系的顶层设计、结构和管理思路使得整个技术体系呈现出巨大的活力。这种技术体系打通了技术的前、中、后台，避免了信息孤岛，让每一项细分技术研发都能获得整个体系的滋养，这给技术创新创造了最好的土壤和环境，既激发了技术团队的活跃性，也催生了大量的创新。

比如京东方人工智能团队，这是一个从 0 到 1 构建起来的技术平台，经过快速的技术积累，迸发出巨大的技术力量，多次在国际赛事中拔得头筹，并在物联网产品、智慧金融、智慧园区、智能工业等细分场景创造出技术价值。

再比如京东方工业设计团队，这个团队只有几十个人，但在一年间密集赋能京东方物联网终端，目前产品已集齐德国红点设计奖、德国 IF 产品设计奖、美国 IDEA 工业设计奖全球三大工业设计奖，彰显了京东方在智慧终端领域的高端创新实力。

同样，新型的创新技术也如雨后春笋般成长出来，仅一年时间，京东方 AIoT 技术体系便孵化出了多项行业首发技术。其中，京东方行业首发的自然书写技术在全行业都处于领先地位，该技术应用于合作伙伴的智能终端产品中，为后者创造了增值价值。

丰富的场景让物联网"大脑"更聪明

前沿技术探索让京东方 AIoT 技术体系不断优化，而让这一体系快速进化的另一个方式则是赋能场景。时至今日，京东方 AIoT 技术创新体系已经构建起了"软硬融合—智能物联—场景赋能"三级矩阵式结构，形成了从技术创新到产品创新再到物联网解决方案的全价值链技术创新的核心能力体系。

场景赋能是以真实场景需求为导向，赋予京东方通过场景解决问题的专业能力，以此为技术创新提供持续动力。每一个垂直的物联网场景就是一个丰富的数据库，在这个场景中，人、设备和环境的交互形成一个物联网闭环。京东方 AIoT 技术体系帮助每一个客户进行物联网平台的运营过程，就是不断采集数据、优化系统的过程，而这些优化的过程沉淀下来的能力、产品、数据更加丰富了 AIoT 的"大脑"。不同的场景就是这个"大脑"不同的突触，不同的解决方案也形成了不同的体验和经验，这都促使京东方 AIoT 的大脑不断进化，变得更加"聪明"。

在京东方物联网应用的诸多场景中，有的是内部自有场景，比如工业制造；有的涉及复杂要素和丰富业务形态的外部场景，比如大健康生态体系；有的是垂直的行业场景，比如金融、园区、政务、交通等。京东方的 AIoT 技术体系赋能的场景越多，AIoT 的技术就会在更多的业务场景赋能中加速进化，京东方未来的市场增长空间也就存在于这些生长出来的场景中。这将使京东方最终摆脱半导体显示制造企业单一的盈利模式，而转变为一个多元化盈利的企业集团。

本章小结

如果将一家企业比喻为一个武学门派，那么这家企业的产品可以看作其出招利器，而技术可能就是这个门派的内功心法。

京东方在显示这条赛道上已经耕耘多年，无论是"出招利器"还是"内功心法"，京东方在智能化擂台上都已跻身巅峰，可谓宗师级别。

聚合武道是少侠成为宗师的必经之路。京东方向物联网转型，需要超越自身的"功夫体系"，吸纳科技江湖中的前沿"内功心法"。京东方在物联网、人工智能方面的"武功研习"，正如一位武学少侠修行其他门派的武学精髓，进而成为宗师的辛路历程，既充满挑战又极具卓越感！

在修炼新的"内功心法"的过程中，京东方在全新技术路线上的突破做对了三点：第一，新技术路线从"屏"这一核心业务原点进行延伸；第二，在自己最擅长的领域做到世界领先，甚至建立标准；第三，建立技术平台，注重技术沉淀与技术复用。

建立基本的技术框架和技术方向之后，京东方落地应用的执行力也很强，它通过不断地丰富和完善自身的"屏+AIoT"的技术体系，将自身强大的产品与方案能力应用于实际场景中。

正如一位武学大师不能脱离实战而成功一样，京东方的"屏+AIoT"技术体系将应用场景作为擂台，作为实战场，通过出招、接招，让实战经验对京东方的整个技术体系形成正反馈。最为重要的是，这一个个新的物联网场景成为京东方新的业务增长点，构建出全新的商业模式。

"屏之物联"战略的目的,就是在各种各样的行业场景中,让京东方的产品从原来单纯的屏变成赋能这些场景的解决方案。接下来,本书将带读者走进这些具体的场景中,看看京东方如何将"屏+AIoT"带入各种行业场景,从而打开诸多千亿级市场。

第六章

数字化浪潮中的"智造"创新"灯塔"

在物联网转型战略落地过程中，京东方物联网的相关技术渐次生长出来。不过，正如屏的显示技术需要在新品研发和生产中不断优化，物联网技术同样也需要在具体业务场景中不断探索、完善和创新升级。

对京东方来说，一个大型实战场——覆盖了十几条生产线的半导体显示制造场景——近在咫尺。

在"屏之物联"战略下，京东方所追求的智能化，绝不仅仅是生产线设备的智能化或者一两座工厂的智能化，而是从总部到生产线，贯穿所有业务单元，覆盖全业务流程、全业务场景和全生产要素连接的智能化运营和管理系统。

以京东方的企业规模而言，这一系统的建立和完善并非一朝一夕，它是京东方构建全局智能化运营核心能力，从而实现物联网转型的需要和必然选择。

京东方在多条生产线扩张之初就意识到，只有在生产制造、企业运营方面深度培养自有数字化和智能化的能力，才能快速感知市场变化，敏捷响应客户需求，从而在日益激烈的市场竞争中保持优势。

这种自有数字化能力的不断精进就形成了自有知识产权的系统

解决方案——京东方工业互联网平台。

在"屏之物联"战略的思想体系下,京东方对于"工业互联网"的理解更加深刻。"工业互联网"并不是互联网在工业领域里的简单应用,而是物联网、人工智能、大数据等技术在制造领域里相互协同、互为支撑的系统。它通过对人、机、物、系统等的全面链接,构建起覆盖全产业链、全价值链的全新制造和服务体系。从中可见,"工业互联网"的基础仍然是物联网。

在国家推动"智造"的政策风口下,京东方工业互联网平台通过自身独有的解决方案对外赋能越来越多的制造企业,而这并不是终点,在赋能企业,帮助企业走向数字化、智能化的过程中,京东方已经在探索智能化技术突破的下一站。

"智造"实践孕育出"灯塔工厂"

2022年3月30日,世界经济论坛对外公布了最新一批"灯塔工厂"名单,京东方福州8.5代TFT-LCD生产线脱颖而出,获得了这项全球智能制造领域里的最高荣誉。

世界经济论坛是全球经济领域最有影响力的论坛之一,创办50多年以来,始终以非官方的中立性组织形式研究和探讨世界经济领域存在的问题。从2016年开始,第四次工业革命便成为世界经济论坛的热门话题。2018年,世界经济论坛携手麦肯锡公司共同倡议并正式启动了全球"灯塔工厂网络项目",共同遴选率先应用工业革命4.0技术,实现企业盈利和持续发展的创新者与示范者。被选出的工厂要像灯塔一样引领全球的制造业企业,实现数字化和智能化,入围考量的重点有三个方面:效率的提升、成本的下降以及对环境的友好性。

截至2023年,"灯塔工厂"评选已经历了5年时间,全球入选的工厂仅有100多家。每次公布的十几座工厂都是从几千家申报工厂中通过严格审核脱颖而出的。

京东方福州 8.5 代 TFT-LCD 生产线在 2022 年入选"灯塔工厂"时，是中国大陆首家也是唯一一家显示制造"灯塔工厂"，对行业具有极强的示范意义。这说明在半导体显示制造领域，京东方的人工智能、物联网、大数据等技术应用已经领先全球。这一殊荣不是一蹴而就的，而是长期积累实践的结果。

"灯塔工厂"的行业示范价值

成为"灯塔工厂"的前提是要积极采用第四次工业革命的关键技术，但仅仅是数字化、智能化的技术在工厂中应用是不够的。新技术的应用还应能够推动商业模式、产品研发模式、生产模式、质量管理模式和消费者服务模式的全方位变革，并且要有切实的数据化的成果做支撑。

有人说，智能制造如同一艘创新游轮，需要企业从设计、制造、管理、服务等各个环节协同发力，才能使这艘巨轮行稳致远。这就如同京东方的一块屏幕，需要通过自动化生产、视觉系统检测、质量追溯等多项环节，经过流程繁多、要求严格的生产锻造才会传递至下游，实现产业链的生产递进。

从数据上看，京东方福州 8.5 代线有三大亮点成果：生产效率提升，人员及运营成本持续下降，绿色可持续发展。而且这些成果均有数据支撑：京东方福州 8.5 代线通过构建全自动生产系统和采用人工智能分析技术，使得福州生产线单位成本降低了 34%，整体产量增长了 33%；通过人工智能驱动的能源管理系统，生产线单位电耗下降了 39%，单位水耗下降了 27%，极大提升了绿色可持续发展能力。

京东方福州 8.5 代线于 2015 年开始建设，于 2017 年建成投产，彼时"灯塔工厂"项目并未启动。经过十几年半导体显示产业激烈竞争的洗礼，京东方早已形成了独有的企业经营法则。为了增强企业竞争力，京东方一方面持续投入研发力量，另一方面持续采取新技术在生产环节"降本增效"，这一过程本身与"灯塔工厂"的评选标准殊途同归。

在通过多种技术手段提升效率、降低成本的同时，京东方内部也形成了丰富的大型物联网应用场景——以制造生产线为核心的整个制造体系和管理体系。伴随该体系的不断进化，"灯塔工厂"的成功也就成为一件顺理成章的事。

福州 8.5 代线开建时，京东方已经具备多条生产线的建设经验，并且对智能化生产线的建设有深刻的认知。因此，福州 8.5 代线从设备定制到系统应用都融入了智能化策略和布局。

产线实现智能化，带来的"收益"直接在产能、人效、能耗、环境四个维度体现出来。

众所周知，在半导体显示制造生产线的投资中，设备投资占据了主要成本，而实现更高产能的关键在于规模更大的厂房、先进设备和出色的工艺。福州 8.5 代线最初按照 12 万片产能进行设计，设备也是按照设计产能来采购的。福州 8.5 代线建成投产后，在几乎没有增加设备和投资的情况下，通过数字化的运营不断提升效能，到 2022 年 5 月，产能已经提升到了 17.8 万片，相当于将产能提升了 50%。

除了设备自动化，8.5 代线的智能化工厂更是做到了生产流程中运行智能排产、现场管理、质量管控、仓储管理等多个子系统。可以说，京东方在每一个制造环节都运用智能化的手段对流程进行了优化。

过去，液晶显示屏产品的制造工艺流程很长，原材料到成品需要 100 多道工艺制程、800 多台设备，生产过程中包含了 300 多条相互关联的逻辑。生产过程如果没有智能排产系统，产能和效率就会大打折扣。排产工作一般包括需求预测、客户交期、物料和成品库存情况等。人工排产只能做到每周迭代服务，而迭代过程中会产生意想不到

第六章 数字化浪潮中的"智造"创新"灯塔"

的设备问题，影响良率。

京东方福州 8.5 代线专门打造的智能化排产系统，充分应用人工智能技术，实现每 15 分钟自动迭代，并能够排出一版最优的产品制造方案。凭借这套系统，该生产线排产效率得到了显著提升，生产周期显著缩短。另外，原来需要 35 个人的工作，现在只需要 1 个人就能完成，大大节省了人工成本。

另一个典型应用是智能 OEE（设备综合效率）。每一台生产设备都有自己的理论产能，要实现这一理论产能必须保证没有任何干扰和质量损耗。OEE 就是用来表现实际生产能力相对于理论产能比率的一种测量方法。

众所周知，半导体显示屏制造设备采购成本极其高昂，这就意味着其需要通过高度科学的运营管理方式来实现更高的产能，以此实现生产价值转化。但传统的 OEE 测量方式是通过人工借助秒表计算产品的产出数据，这就会错过当下改善调优生产流程的机会。

在京东方的"灯塔工厂"中，智能化系统可以根据生产计划为工程师提供智能参考：哪台设备需要调优，工程师就可以直接对那台设备进行改善，这就在很大程度上提升了设备的 OEE。

智能化系统还可以用知识图谱的方式，将解决问题的经验通过系统沉淀下来并不断升级，帮助工厂管理者去不断地解决问题，从而让生产线的生产状态达到最佳。这就是京东方福州 8.5 代线产能提升 50% 的关键原因。

产能提升、人效提升、良率提升的同时，能耗同样需要持续下降。京东方福州 8.5 代线通过监测每台设备实现了能耗的精细化管理，从而降低了能耗。

传统工厂里只有水、电、气三块表，整个工厂每个月用多少能源，只能按月汇总，汇总的结果指导意义并不大，因为事后统计无法回答以下问题：生产过程中能源有没有浪费？哪台设备能源消耗比较大？不同时间的能源消耗有波动，波动原因是什么？这些问题的答案往往无法获知，想改善也就没有依据，无从下手。

京东方福州 8.5 代线在建线之初就与设备厂商联合开发，在所有设备上设置了 6 万多个传感器，可适时采集每个设备单元的水、电、气相关能耗数据。这些能耗数据可以做到精准定位并绑定每个生产单元或产品，确保相同产品在不同设备上生产中的能耗差异在第一时间被发现。比如，某台设备发生了漏气，用传统监控方式难以发现，但是通过能耗传感器对单台设备进行精准监控，就可以直接排查这台设备是否存在异常，并随时将问题解决。

几百台设备就像人体组织内的器官，几万个传感器则是这些器官的神经末梢。对每个器官的健康情况进行适时检测和精益管理，这是"灯塔工厂"在水、电、气能耗上大幅下降的秘密。

水、电、气能耗的下降是灯塔工厂"对环境的友好性"这一指标的直接体现。事实上，京东方在生产线建设和运营过程中的环保理念不仅体现在已经获评的"灯塔工厂"案例中，它的每一座工厂都在践行绿色、低碳、节能的环保理念。除了福州工厂，截至 2022 年年底，京东方另外 15 家工厂全部获评国家级的"绿色工厂"。它们通过构建全自动生产系统及搭建人工智能驱动的能源管理系统，极大地提升了绿色可持续发展的能力。

"灯塔工厂"背后的智慧工厂矩阵

"灯塔工厂"的评选强调使用智能化的技术手段提升效率，降低成本。事实上，对京东方来说，"灯塔工厂"只是一个结果，背后隐含的是企业的发展价值观，即企业各个层级的员工需要通过数字化理念与工具，创造更为智能化的企业价值，提升行业竞争力。

正是基于这种智能化的底层共识，京东方的"灯塔工厂"背后早已形成了一个智慧工厂的矩阵。智慧工厂是一个贯穿全局的数字化智能网络体系。以"灯塔工厂"建设运营思路为蓝本,可以看到整个京东方制造体系的智慧化全貌。

一个智慧工厂的建设过程要以精益管理作为基础。在精益管理的目标导向下,软件系统、硬件设备可以自己研发,也可以对外采购,重点是使用这些软硬件系统能够适时采集数据,让数据发挥作用。在产能、良率、产品品质各个维度上把业务模型转变为智慧化的数据模型,通过这些模型不断地去发现问题、解决问题,形成自循环的产品"智造"体系。

这一切在新工厂建设之初就需要有一个清晰的数字化蓝图,搞清楚智能化工厂需要哪些关键技术,与此同时,还要有组织文化、人才体系作为配套支撑。

智慧工厂的打造是一个持续精进发展的过程:第一个阶段,通过自动化和信息化基础建设转变人的工作内容,让更多的人从生产线走进办公室,让制造环节中更多的自动化流程去代替人工;第二个阶段,通过生产线管理的基础技术架构提炼数字模型,通过数字模型去不断地改善各项业务;第三个阶段,在生产过程中,影响良率、质量等问题发生之前,系统就形成了一个智能化体系,将事后解决问题变成事前预防问题。

这一智能化体系一旦形成,生产制造过程就可以完全实现自动化运营,在各项数据指标上达到最优化的效果。

举个例子,在原先的管理和协作中,业务问题就是业务问题,而在数字化管理体系中,管理者要把一个业务问题变成一个数据问题,通过数字模型去改善运营效率。这一过程需要把业务问题"翻译"成系统能识别的数据问题,这样的要求也推动着组织协作模式和运营流程的深刻变革,这种变革在京东方内部早已开始,并且在持续推动。

事实证明,当业务流程上的不同部门人员都能使用数字化运营管理工具，并且通过数字化手段来优化运营流程时，部门协作效率就可以大幅提升。

以新产品开发为例，原先业务部门提出产品开发要求，工厂可能2~3个月才能把一个要求搞清楚并落实到生产中，等产品生产出来之后，市场需求可能已经发生了变化。而数字化智能化管理可以使不同部门充分协作，敏捷迭代。新产品开发时间从3~6个月可以降到2~4周，这样就可以及时满足市场需求以及更快地进行产品迭代。

通过智能化的系统管理工具推动效率的提升，京东方的各条生产线每天都在发生。这也使遍布于全国10多个城市的十几座京东方工厂，走在了智能制造之路的前列。

笔者在京东方多家工厂调研时发现，各个工厂基本实现了"关灯生产"，也就是不需要人在现场作业，完全由机器自动化完成整个生产过程。在工厂智慧能源管理的总控室大屏上可以看到，能源管理已经精确到了每台机器、每个时段。

对京东方这一庞大体系来说，每个工厂的数字化和智能化只是一个局部，重点是整个京东方形成了一个智能化网络。不仅局部效率最优化，整体也要实现最优化。当很多企业还在努力实现工厂智能化的管理时，京东方已经实现了集团管理网络智能化。

信息化—数字化—智能化，京东方"智造"进阶之路

液晶显示面板制造在自动化生产方面有着较高的起点。自诞生之始，这一产业的产品生产工艺复杂、生产过程精密度高、生产环境洁净度高等属性，就决定了其在自动化生产上的高要求。因此，数字化的意识和行动是半导体显示面板制造产业自带的属性。

对京东方这样的企业而言，从信息化到数字化再到智能化的进阶

几乎伴随着京东方进入半导体显示产业的整个发展历程，而且每个关键的进阶节点京东方都做了提前布局。

纵观京东方的整个发展历程，无论是"灯塔工厂"的成就还是京东方"工业互联网"对外赋能的能力，皆为持续积累，并且在技术上不断创新突破。

从信息化到数字化，实现核心系统智慧进阶

京东方于 2003 年通过收购韩国 HYDIS 进入液晶显示面板制造产业，紧接着在中国大陆建设了第一条液晶面板 5 代线。与此同时，京东方也开始了内部的信息化和数字化建设。

信息化建设的第一个阶段，即导入阶段，京东方基本上参照韩国 HYDIS 的一些信息系统的架构、功能设计乃至系统选型，形成了最初的京东方信息化管理的三大系统平台：一是以 ERP（企业资源计划）系统为主的运营管理平台，这套系统来自全球排名靠前的企业管理软件；二是协同办公系统，用于企业内部沟通、审批等；三是京东方最核心的系统——制造管理系统，这套系统整合了业内知名系统厂商的软件产品，搭建了一套支撑京东方生产线运营管理的 CIM[①] 系统，其中以 MES[②] 为核心，还包括其他一些功能系统，支撑着京东方整个生产线的运行。

当时，京东方在自动化生产方面的布局已经非常超前。在 CIM 系统的支撑下，整个生产运行的自动化程度、稳定程度和可扩展程度都非常高，制造前端人很少，基本上实现了"无人工厂"的水平。

---

① CIM（computer integrated manufacturing），计算机集成制造。该系统利用计算机、网络和通信等科技，是实现企业生产和经营全过程计算机化、信息化、智能化和集成优化的高效益、高柔性的智能生产系统。
② MES（manufacturing execution system），制造执行系统，是一套全面的实时软件系统，用于监控、追踪、记录和控制从原材料到成品的产品制造流程。

最初信息化的三大系统平台有效地支撑了京东方液晶显示产业在国内的落地和发展，也支撑了京东方的快速扩张。成都4.5代线、合肥6代线的建设和运营，在原有三大系统平台基础上都实现了部分的定制化改造并快速复制。

在京东方加快了半导体显示生产线扩张步伐的过程中，由于每条生产线的定位和生产的产品各不相同，京东方信息化管理系统复制到各个生产线时，会有针对性地进行一些更加复杂的定制化开发。这就是京东方信息化发展的第二个阶段：扩张阶段。在这个阶段，京东方不断提升软件自主开发能力，颇具转化效果。

2012年开始，以独立生产线管理为主的信息化到整个集团的信息化，就是京东方信息化的第三个阶段：整合阶段。第三个阶段由SOPIC变革推动，当时SOPIC变革要解决的一个核心问题就是，随着京东方的生产线越来越多，如何发挥整体的规模化、集约化优势，防止各个工厂各自为战。

正如本书第三章所述，SOPIC变革是一场组织管理的创新，依托的是信息化手段，在SOPIC的五个字母中，"I"意指"IT"，也就是信息化。

当时的京东方生产线变多了，产能上去了，但是系统是割裂的，运营也是割裂的。每个工厂作为一个独立的法人机构，形成一个独立的信息化管理系统，各个工厂之间没有打通，工厂与总部之间也没有打通。京东方第三个阶段信息化工作的核心，就是建立集团统一数据中心，将原来分立的系统进行整合，最终实现集团对于各个生产线的统一运营管理。

那么从生产管理角度考虑，这样的系统整合符合逻辑吗？它的必要性在哪儿？京东方用自身的实践做出了最为正确的判断：不仅符合逻辑，而且极其必要！

建立统一数据中心的过程即是运营管理过程的重塑。整个集团范围内，将客户数据、产品数据、供应商数据、运营数据、生产管理数据等全部标准化、统一化，这相当于在一个庞大的线上生态系统中统一"语言"和"度量衡"，进而提升信息流动效率，降低沟通成本。数据一旦统一，便能在全集团内建立一套上下贯通、横向打通的数字化管理体系。

　　复杂而海量的数据可以实现统一管理，软件自主开发同样也获得了丰硕的成果。京东方在信息化系统的建设过程中，软件和系统的自主开发也成为第三个阶段信息化工作的重点。2012年，京东方将整个信息系统中与生产制造过程密切相关的MES、SPC（统计过程控制系统）和RTD（实时派工系统）进行了自主开发，而以这套系统为核心的整个CIM系统，形成了京东方独有知识产权的产品。

　　这套自主知识产权的CIM系统不仅支撑了京东方的高速扩张，也使其拥有了对外赋能的基础，它也是后续建设京东方工业互联网平台的重要组成部分。

　　2017年，京东方开启第四个阶段，即平台化阶段，这也是数字化发展的开端。随着京东方业务的快速发展和物联网转型战略的持续落地，加之云计算、人工智能、大数据等新技术的应用，京东方将信息技术应用架构从传统架构转向云架构，并构建起人工智能平台、大数据平台、数据中台、应用中台，这相当于为CIM系统插上了数字化的翅膀，并以CIM系统为核心搭建起了京东方工业互联网平台，实现了智能制造场景的快速构建。

　　为了满足设备精细化管控，京东方自主研发了PMS（预防性维护系统），并通过数据驱动运营的管理理念，研发了DVP（生产数据透明化平台），从数据抓取、数据分析到数据呈现，支撑了工厂的数字化高效运营。

　　2020年，京东方启动了SOPIC第二阶段创新变革。经过多年的创新发展，京东方已构建起千亿级的"1+4+N+生态链"发展架构，半导体显示生产线遍布全国主要区域,员工分布全球五大洲、多个国家和地区。

如何管理好如此庞大的产业系统,如何利用好如此巨量的业务流、资金流、信息流进而生成高质量的数据流,并创造更大价值,这些都成为京东方于数字化时代亟须解决的关键问题。

第四个阶段的创新变革,旨在建立与物联网转型相适配的管理理念、管理模式和流程机制,并通过数字化技术进一步提升京东方适配数字时代的管理能力和经营效益,真正建立起"敏捷响应、高效协同、全域贯通"的数字化管理体系。

与此同时,京东方开始对外开展工业互联网业务,而"工业互联网"项目正式开启了京东方的市场化之路。

统一数据接口标准的建立

近几年,"工业互联网"成了热门话题,但大多数人对工业互联网的理解还不够深入,甚至将其简单对标"消费互联网"。《经济日报》2019年3月19日在《工业互联网究竟是怎样的一张"网"》一文中指出:"工业互联网的本质和核心是通过工业互联网平台把设备、生产线、工厂、供应商、产品和客户紧密地连接融合起来。工业互联网可以帮助制造业拉长产业链,形成跨设备、跨系统、跨厂区、跨地区的互联互通,从而提高效率,推动整个制造服务体系智能化。工业互联网还有利于推动制造业融通发展,实现制造业和服务业之间的跨越发展,使工业经济各种要素资源能够高效共享。"[①]

"工业互联网"的核心要点是互联互通。这里的互联互通是将工业生产全流程中的各种要素资源数字化。

---

① 工业互联网究竟是怎样一张"网".[N/OL].[2019-03-19]. http://paper.ce.cn/jjrb/html/2019-03/19/content_386603.htm.

数字化之后的要素之间相互交互，彼此协同，这本身就是工厂物联网化的过程。在物联网转型过程中，实现生产要素互联互通，管理体系数据标准化，是京东方持续解决的问题。

工厂物联网化，首先要解决的是设备之间的数据统一和交互，这就需要设备的数据开放。但对半导体显示领域上游设备供应商而言，由于自身垄断地位和话语权的原因，其数据不可能完全开放。

不论是设备供应商还是系统供应商，数据接口都要遵循统一的行业标准。不过，在行业长期发展的过程中，半导体显示行业自动化和标准化的基础相对较好，有行业统一的数据接口和数据通信标准。

随着京东方的高速发展，作为半导体显示制造领域的领导者，京东方对上游供应商也有了一定的话语权。在行业标准的基础上，京东方基于自身的生产、运营和管控的需求，制定了京东方自己的数据接口标准，在购买相应的硬件设备时，除了对硬件规格的要求，还有基于京东方自身的数据接口标准的要求。

在京东方新厂建成进行设备验收时，除了设备工程师去验收硬件部分，软件工程师也需要对设备接口数据、接口的规范进行验证和测试，这样就从一开始解决了设备基本数据之间的互联互通问题。

不过，随着工厂智能化管理的要求不断升级，对于生产过程中更多的数据需要适时监测。以能耗数据为例，10年前建设生产线采购设备时，没有对每台设备能源消耗适时管理的需求。近几年，在"双碳"趋势下，每一座工厂都需要对能源的使用和消耗做智能化管理，这就需要在原有设备上加装传感器，适时采集每台设备的能源消耗情况。

在京东方的物联网技术路线中，传感技术正是其重要的拓展板块，这为京东方的工业互联网提供了很强的软硬件支撑力。

除了针对半导体显示行业建立标准的数据接口，京东方也搭建了支持多种通信协议和通信方式的数据采集平台，以适应不同的场景，这为京东方工业互联网平台的对外赋能奠定了基础。

从数字化到智能化，全面打造智慧工厂

京东方通过信息化建设积累的大量生产数据，通过中台建设打破数据孤岛，有机地整合到一个统一的数据平台。然而工业生产数据量大，数据产生频率高（指数级增长），造成数据分析难度较大：一方面，传统人工分析方式效率低，并且非常依赖个人经验；另一方面，对数据的应用多为简单的数据收集、统计、对比，对数据进行深挖与洞察方面仍存在大量不足，未能将数据分析方法与实际业务场景决策、流程相结合，缺乏数据应用实践案例。

随着大数据、云计算、互联网、物联网等信息技术的发展，泛在感知数据和图形处理器等计算平台，推动了以深度神经网络为代表的人工智能技术的飞速发展，大幅跨越了科学与应用之间的技术鸿沟，诸如图像分类、知识问答、数据挖掘等技术实现了重大的技术突破，迎来爆炸式增长。

如何将最新的人工智能技术应用到工厂，实现工厂的智能化升级？京东方自2017年开始使用人工智能技术进行相应的应用场景探索，实现了图像自动分类检测、不良根因分析、智能问答、设备预测性维护等场景落地，替代了85%检测人工，并实现了不良缺陷分析周期缩短至分钟级，不良分析效率提升数倍。

图像自动分类检测的传统模式是由工业相机对产品进行微观检测，基于颜色、纹理等特征，通过传统图像算法，识别产品不良点位，再由人工进行进一步判定分级。这一方式可细化数百个不良种类，并进行后续工艺处理。但由于产品种类繁多，每类不良种类与产品具有强相关性，传统图像算法无法主动学习，必须通过人工进行处理。人工处理涉及较多的判定标准且松紧不一致，造成产品不良率高发。

经过多年的摸索，京东方自研了适合工业检测使用的人工智能模型，该模型掌握了数百个不良种类的判定方式，并具备自主学习能力，可随着新产品的增加，数小时内学习到新的不良种类判定标准。人工智能检测模型的应用，使得不良检测效率提升了60倍，检测准确率提升了10%，人员节省了85%，每年为工厂创造数千万元的经济效益。

传统模式面对产品不良情况出现时，由人工收集多个系统的数据进行分析，寻找引起产品不良的设备参数，进而调整设备，避免产品不良现象的再次发生。整个不良根因分析过程，需要持续数小时，甚至数天时间，对产品良率造成较大影响。为加快不良分析效率，京东方从2017年开始构建大数据平台，将所有数据集中在一起，并通过大数据分析算法，自动分析数据，寻找数据相关性，进而自动发现不良产生原因。通过大数据的应用，目前不良根因分析周期可缩短至秒级，每年为工厂减少数十万种不良品。

"屏+AIoT"构建工业互联网风口

经过多年的实践，京东方在智能制造领域积累了深厚的智力资本。与此同时，中国制造企业转型升级成为国家命题。

2017年，国务院发布《关于深化"互联网+先进制造业"发展工业互联网的指导意见》，此后，支持工业互联网发展的相关政策文件密集出台。连续5年，"工业互联网"被写入政府工作报告，2020年又被纳入"新基建"。

京东方早在2011年就将公司数字化业务独立出来，成立了一家全资子公司。京东方一边在内部探索和实施数字化、智能化，一边将数字化、智能化的成果沉淀下来形成制造企业通用的软件产品和管理系统。从2017年开始，国家政策带动了工业互联网领域的投资热潮，京东方前瞻性的业务布局使其顺势抓住了这一产业风口。

"工业互联网"概念大热，但与消费互联网领域不同的是，像京东方这样脱胎于行业头部企业的工业互联网平台更受关注。因为这些企业在内部解决实际问题的过程中，所积累的"know-how"经验更容易被行业认可。在10多年的时间内，京东方从一条生产线扩张到十几条生产线，分公司遍布10多个城市，从企业微观流程到宏观管理，面临的场景又多又复杂。由此，京东方的智能化实践之路，能够涵盖绝大多数企业在智能化转型升级过程中所遇到的问题。

用物联网思维解决"智造"问题

工业互联网的大热不仅热在政策和投资层面，更热在企业需求层面。对具体的制造企业个体而言，不论规模大小，引入第三方工业互联网平台的产品和服务，其目的是通过数字化、智能化手段，来提升效率，降低成本，提升企业竞争力。

中国是个制造业大国，国家统计局数据显示，截至2022年1—9月，全国制造业规模以上企业单位数达到了38.21万家，这给工业互联网这项业务展现出万亿级的市场空间。

不过，制造业有各种行业门类，每个行业信息化程度参差不齐。有的企业已经实现了"无人工厂"，而有的企业生产流程可能还大量依靠人的参与和经验。

在这样的背景下，工业互联网领域出现阿里巴巴、京东这样规模的统一平台并不是一件容易的事。因此，京东方工业互联网对外赋能的版图扩张策略是由近及远，即从一些自身更有优势的行业入手。

京东方工业互联网平台对外赋能合作初期聚焦领域为泛半导体行业，这些行业在生产过程和智能化改造过程中的需求与半导体显示行业类似。泛半导体行业包括集成电路、显示制造、电池制造、太阳能、PCB①等企业。未来，京东方计划从泛半导体行业逐渐向整个电子行业进行扩展，然后再向一些轻工业领域进行扩张。

京东方工业互联网平台对外赋能的核心思路是让制造企业各要素之间互联互通，将每个生产环节的数据采集到，并流动起来，用数据指导生产，做出决策，并不断优化，切实地在效率提升、成本降低、能耗降低方面获得显著成果。

虽然京东方工业互联网平台初期服务的是泛半导体行业，但这些企业的规模和实际情况各不相同。大多数制造企业，从业务架构和管理层级来划分，一般分为四个层级，每个层级对应不同的管理软件。第一层是生产流水线，它是工厂最小业务单元，对应的是生产计划和调度软件；第二层是工厂层，工厂通常管理着若干条流水线，涉及各种工厂管理软件系统，对管理软件使用也各不相同；第三层是企业层，它通常指的是集团总部下辖若干工厂，除了工厂，还包含了集中于总部或者分布于子公司中的市场、品牌、采购、财务、人事等部门，常用的软件系统包括产品、客户关系、供应链管理等专业软件；第四层是企业协同层，它主要涉及跨企业资源共享、信息共享，以及上下游原材料供应商、设备供应商、企业服务外包商等，其依赖协同软件。

综上所述，无论是只有几条生产线的工厂，还是有若干工厂的企业集团，都会涉及不同管理软件的使用，这些管理软件在企业信息化管理方面都发挥着积极的作用。但在物联网视角下，由于每个软件供应商都有一套自己的方案，这就造成了企业的 ERP 系统、CRM（客户关系管理）系统与 MES 系统间的互动需要人工干预，无法实现自动化，各层级间仍存在很多信息连通阻碍。

---

① PCB（printed circuit board），印制电路板，是电子元器件的支撑体，其中有金属导体作为连接电子元器件的线路。

另外，绝大多数工厂内部的生产线设备不能互联互通。制造企业建一座工厂，需要的设备大多来自不同的供应商，设备供应商往往受技术壁垒的限制，每台设备之间的数据是无法连通的。京东方"工业互联网"解决方案就是要打破所有的软硬件壁垒，让数据快速流动，决策更加智能，从而增强制造企业对客户需求和市场变化的灵敏度，这是一场体系化的变革。

试想一下，无论在生产线、工厂，还是企业层面的客户系统，它们每时每刻产生的原材料数据、生产数据、设备数据、商品数据、能耗数据，都可以被适时采集和传输，那么流动起来的数据就会打破原先的信息孤岛，生产过程从过去的事后迭代变成适时迭代，管理者决策从过去根据周、月度报表决策变成了随时决策甚至是智能决策……这样的改变对效率的提升是显而易见的。

正如前文所述，京东方在工业互联网领域已经积累了丰富的软硬件技术和解决方案。不过工业互联网发展与消费互联网大不相同。由于工业领域涵盖的门类多，行业差异和行业壁垒很高，每个门类的生产制造流程和工艺千差万别，每家企业制造流程数字化程度也各不相同，因此，每家企业在智能化升级改造过程中，对系统功能的需求也不一样。

虽然京东方将服务的对象聚焦为泛半导体行业，但每家企业的需求差异仍然很大。如何让京东方工业互联网的产品适配更多的企业？这就需要京东方工业互联网平台既有通用解决方案，又能实现个性化定制。

由此，在京东方工业互联网平台上，大型企业可以定制全系统的智能化升级解决方案，而中小企业也可以使用标准化云 SaaS 服务，用成熟的标准化软硬件产品实现智能化升级改造。

京东方工业互联网平台是一个开放的云平台，底层依托的是京东方多年累积的软硬件优势和技术平台优势，硬件包括了屏和传感器件等。五大技术平台包括应用中台、统一开发平台、人工智能平台、大数据平台和云计算平台，它们共同形成了强大的技术支撑力。

在这一基础上，京东方自主知识产权的核心工业软件和系统解决方案便有了强大的软硬件底座，而工业互联网解决方案便可广泛覆盖三个主流场景：智能生产、双碳厂区和产业链协同场景。

京东方工业互联网智能生产解决方案是依托多年制造业系统建设和运营经验积累，打磨出的覆盖全方位、全流程的智能工厂解决方案产品组合，系统功能涵盖计划排产、过程管理、物料管控、仓库管理、设备运维等所有工厂的生产环节。

双碳厂区解决方案，是在自动化控制、基础设施一体化建设的基础上，通过建设 EMS（能量管理系统）、EHS（环境健康安全体系）、GPM（绿色产品管理系统）、OMS（设备智能运维平台）等前台应用，联动人员、车辆、能效、设备、资产、环境各要素，对厂区进行全面感知、整合分析、综合管控，并在此数据基础上构建双碳管理平台。最大亮点在于，它可通过数据融合、业务协同和联合创新构建核心指标体系，助力企业实现提质增效、降本减存、节能减碳的最终目标。

产业链协同场景主要针对产业集群和地方政府，重点服务于政府与企业、企业与企业之间的协作需求，尤其是中小企业的升级改造。

通过采集各类设备、传感器和应用系统数据，京东方工业互联网平台对数据进行提炼和分析，并结合 GIS（地理信息系统）和 BIM（建筑信息模型）技术，以 3D 可视化的形式集中呈现图表，从而提高政府主管部门对产业经济运行数据监测的准确性、及时性，满足其对区域产业的智能化监测、预测和决策的需求。

站在京东方肩膀上的"智造"新锐

无论规模大小，在工业革命 4.0 的时代大背景下，中国制造业不得不跟上这场技术变革的浪潮。

这是一个信息透明化的时代，制造企业的挑战显而易见：产品生命周期越来越短，产品定制要求越发多样，客户对品质的要求越来越高，人力和制造成本与日俱增……

不是所有企业都能像京东方那样从信息化到智能化进行长达数十年的积累，从量变到质变，开发出自有知识产权的智能化系统，打造出一座座智慧工厂，赢得"灯塔工厂"的称号。站在成功者的肩膀上，借助成功者的经验和使用成功者的服务是大多数企业的选项。

北京燕东微电子股份有限公司（以下简称"燕东微"）是国内知名的集成电路及分立器件制造和系统方案提供商。为了借助数字化手段进一步提升管理效率，提高产品质量与客户满意度，燕东微基于京东方工业互联网平台的数据仓库/报表系统（ziMDW/Report）打造了智慧数据运营平台。

集成电路产业历史悠久，传统半导体设计制造较为原始和粗放。然而，随着产业的发展和产品复杂度的提升，生产过程中的数据量持续激增，数据的"烦恼"也随之而来。

举个例子，生产线上在制品的水平是工厂管理者非常关注的核心指标之一，因为其能够直观反映出生产线和设备的运营稳定性。假如某个站点的在制品数量突然增长或者减少，背后的原因可能是多种多样的，或许是站点出现了断料，或许是站点的设备宕机，抑或是物流出现了问题……如果企业没有数字化的可视平台，就不能直观地看清问题所在，出现意外时就需要花费大量人力和时间去排查相关原因。除了在制品数据，良率、产量、节拍等关键数据也都会影响产品的生产效率。

另一个关键问题是，数据散落在各个信息化子系统里，想要单独查询某一批次产品的原始数据，就需要从各个独立系统里去查找，过程十分不方便。同时，由于数据运维不是实时性的，各个端口的统计口径往往也不同，统计时还需要花费大量精力去核对数据的准确性，这样即使数据汇总出来也是滞后的，对当下经营生产的改善没有指导意义。

为了借助数字化手段提升管理效率，提高产品质量与客户满意度，燕东微基于京东方工业互联网平台的数据仓库/报表系统打造了智慧数据运营平台。

该平台将散落在各系统的数据进行统一的采集、清洗、整合和汇总，形成各个维度的数据集市。同时，该平台搭建了完整的数据仓库，利用各类图表进行前端展示，让不同层级的管理者和决策者能够从多个维度，实时直观地了解工厂生产情况。

日常业务报表和管理驾驶舱是智慧数据运营平台的两大主要功能。日常业务报表主要服务于部门主管和工程师，使其快速、准确地对生产线生产过程进行管控和改善。管理驾驶舱则主要服务于高层管理者，使其能够根据公司的实时生产经营情况和市场情况，快速做出合理的企业经营决策。

智慧数据运营平台投入运营之后，企业无须再依靠人工统计生产线每天的关键数据，管理者通过屏幕上的报表便可一目了然地知晓生产的具体情况。在出现设备作业量明显低于平均水平、工人作业水平明显低于平均值、在制品数量突然增长或减少等异常情况时，该平台也能及时预警并解决，从而提升生产线的整体产品质量与生产效率。

数据的充分透明和共享使得燕东微各个业务部门之间的沟通效率得到了质的提升。一方面，得益于统一的数据标准，不同部门对各自运维的数据负责，管理变得更加便捷；另一方面，数据统一口径的一致性也有利于领导层更好地进行生产管理、客户管理、成本管理和战略分析等，从而更加精准地进行决策。京东方工业互联网平台的赋能使燕东微在企业经营过程中的分析时间缩短了80%，设备故障频率降低了30%，人工成本降低了20%。

京东方通过工业互联网平台赋能燕东微的智能化转型升级，智慧数据运营平台为其提供了良好的数据治理和数据分析工具，让整个公司能够做到生产的实时监控、业务的精细管理、部门的高效沟通，以及对未来战略的精准决策。

借助京东方工业互联网平台完成智能化升级的另一个典型案例是芜湖长信科技股份有限公司（以下简称"长信科技"）。

长信科技成立于 2000 年，专注触控显示行业 20 余年，目前是全球最大的 ITO（透明电报）导电玻璃制造商。长信科技在企业管理信息化管理方面具有较扎实的基础。如今，它面临市场和客户的双重挑战，这就要求其在数字化、智能化管理方面进一步提升自身的运营能力。

长信科技与京东方工业互联网平台合作，目标是将其子公司芜湖长信新型显示器件有限公司（简称"长信新显"）的工厂，打造成"安全、智能、高效、绿色"的智慧工业园区。

京东方首先解决的是长信新显工厂设备之间的信息交互问题。长信新显要实现在产品生产过程中判断设备是否存在故障或隐患，就必须在其实现工业互联的基础上进行数据分析。在实际建设过程中，长信新显工厂部署的自动化设备，涉及多个厂家、多种 PLC[①] 型号。对此，京东方采用自有 EAS（设备自动控制系统）产品，通过 Ethernet/IP[②]，解决了数据采集及适配问题，使得工厂管理者能够基于可视化的数据适时了解设备的运行状况。在长信新显看来，EAS 系统不仅解决了数据采集问题，更重要的是实现了设备受系统自动控制的自动化生产模式。

---

① PLC（programmable logic controller），可编程逻辑控制器，一种具有微处理器的用于自动化控制的数字运算控制器，可以将控制指令随时载入内存进行储存与执行。
② EtherNet/IP 是由罗克韦尔自动化公司开发的工业以太网通信协定，可应用在程序控制及其他自动化的应用中，是通用工业协定中的一部分。

在此基础上，京东方还助力长信新显的工厂实现了 ERP、MES、PLM 等系统的互联互通。这能够进一步消除冗余，实现业务流程的自动化管理，以"精益"的理念节省作业人员，提升管理效率。

随着长信新显和京东方交流的逐渐深入，京东方也将更多在实践中积累的智能工厂和智慧园区理念分享给了长信新显，这使得后者对未来工厂的蓝图有了更为清晰的认知。与此同时，双方的合作也从生产环节扩展到了整个工业园区的运营管理。

传统的工业园区存在数据分散无法关联、系统之间相互调用能力差、多平台界面不利于管理、多平台功能重复、无法实现多场景联动等痛点，而这些痛点归根结底源于数据。

为了助力长信新显打造智能化工业园区，京东方帮助其建设了标准化、可扩展的数据中心，并以此作为所有业务的承载，从而为整个集团化的数据管理奠定了基础。而后，基于京东方工业互联网平台的 ziPark 园区管理系统，长信新显的工厂通过整合人员车辆管理、视频监控、安防、生产制造等众多业务，打通信息孤岛，并打造了工业互联网园区平台，以三维方式将园区的环境、能耗、人员、车辆、设备等数据进行可视化呈现，从而有效、及时地做到事前预警、事中监控、事后分析，大大提高了园区的管理效率。

具体而言，ziPark 园区管理系统分为以下几个模块。

在人员和车辆管理方面，平台通过对接门禁系统、人脸识别系统、停车管理系统，精益化管理企业的人员车辆状态，包括区域人员信息统计、人员分布情况、园区车辆状态、出入记录、停车场数量等信息，实现对企业人员和车辆状态的实时监控，进而更好地调度人员和车辆的工作。

在安全管理方面，统一的可视化平台可对园区的关键卡口、厂区周界、建筑物的关键区域进行全方位管控，通过 5G 专网实时回传监测数据，发现异常状况并实时报警，帮助园区将安防人员投入成本降低了 50%。

在生产线管理方面，智能化看板能够清晰呈现整条生产线的投入/产出数量、良品率、总投入和总产出，管理人员通过点击设备就可以实时查看设备名称、设备状态、设备运行时长、宕机原因等关键信息，并在出现问题时及时预警，提高设备的整体运维效率。

在能源管理方面，平台可以全面展示园区、楼宇、楼层的能耗数据，统计各区域中各类能源的用量，通过对园区各类设备的能耗监控，对能源数据进行趋势预测，推进园区内能源的统一管理和节能优化，帮助园区能源消耗降低了 40%。

无论是燕东微还是长信科技，都是基于京东方工业互联网平台收获了智能化技术所带来的数字化裨益。截至 2022 年年底，已经有 200 多家企业依靠京东方工业互联网软硬件服务对制造管理流程进行了升级改造，成为使用工业革命 4.0 技术的新锐企业。

工业"元宇宙"的技术想象空间

"对技术的尊重和对创新的坚持"渗透到京东方的每一项业务中，工业互联网平台的创建和发展也遵循了这样的价值观。

正如前文所述，京东方在自身数字化和智能化道路上不断探索，并形成了自有知识产权的 CIM 系统。在这一系统之下，涉及工厂智能化管理的多个子系统经过升级优化，形成了自己独有的工业互联网平台和企业服务产品。

在帮助更多企业进行管理升级和工业智能化的不断探索过程中，京东方对于先导型技术的探索从未停止。其中，工业仿真便是一种具有超前代表性的技术，一旦取得技术突破，就有望大幅度降低新产品的开发成本。

在半导体产业中，新产品开发往往耗费大量成本。以半导体显示面板制造为例，在产品设计阶段，需要对该产品的可生产性和生产工艺进行验证。传统的方式是将产品设计出来后在生产线上进行试生产，然后调整工艺，再试生产……往往一个新产品从设计、试产到量产，需要投入生产大量的试验品，以解决所有的技术和工艺问题，最后再量产交付客户。这部分试生产投入的成本被称为"试车费"，一个新产品的开发，试车费的投入可达到10多亿元人民币。

工业仿真是通过数字化手段，将整个工艺验证的过程进行虚拟化仿真，这相当于工艺验证的过程在线上虚拟空间完成，以解决新品量产前的所有问题，最终直接实现量产。

工业仿真不仅能够免去制造样机、工艺重复验证的烦琐流程，强大的仿真系统甚至可以直接给出优化结果，为新产品面市节省了大量人力、物力和时间成本。仿真技术所带来的沉浸性、交互性、逼真性的特点，会加速制造业的生产研发效率。

工业仿真类似于工业领域的"元宇宙"。只不过，这个"元宇宙"要完全复刻真实生产流程中的所有工序、工艺和可能出现的问题。工业仿真技术一旦真实应用于半导体行业，哪怕能节省一半的"试车费"，都具有巨大的行业意义，这会极大地降低企业的研发成本，提升企业竞争力。

工业仿真技术要想真正做到还原实际生产制造的所有过程和技术问题，还有很长的路要走。京东方目前正在与部分高校进行合作，将半导体显示制造过程中的所有关键工艺形成一个基础系统框架，并进行持续技术攻关。

工业仿真技术是当下最热的数字孪生技术在制造领域里的应用，而数字孪生是智能制造下一站的技术高峰。

数字孪生并不是一个物理世界的线上模拟，而是一个物理世界在虚拟世界的适时镜像。它能结合物联网的数据采集、大数据处理和人工智能建模分析，创建一个与实际物理实体或过程相对应的虚拟实体。它可实现对过去发生问题的诊断、当前状态的评估和未来趋势的预测，并适时分析模拟各种可能性，提供更全面的决策支持。

数字孪生技术是真实世界的一面镜子，具有高保真的特性。更为重要的是，数字孪生的交互性，使其能够通过物理世界的映射真实地感知、验证以及预测物理世界系统运行状态，不断优化，直到系统达到最优。

如果说智能制造是对传统制造的技术升级，那么数字孪生技术就是智能制造技术升级的加速器。从生产线布局设计优化、生产效率提升、缩短施工周期到降低投资成本，可以预见，数字孪生技术将为工业智能化生产打开新的想象空间。

更值得期待的是，"工业互联网+数字孪生"不仅可以创造工业"元宇宙"，它的应用场景势必会突破智能制造领域，在航空航天、智慧医疗、智慧城市、智慧出行、智慧园区等领域被广泛应用。

—— 本章小结 ——

京东方的制造体系或许是全中国最"昂贵"的制造体系之一。据公开财报显示，截至目前，京东方在半导体显示生产线上的总投资已经超过4000亿元人民币，17条半导体显示生产线分布于全国10多个城市。

在物联网转型提出之前，京东方搭建的全国统一的制造管理体系就已初具规模。作为"屏之物联"实践中最重要的应用场景，京东方的制造体系可被视为京东方物联网实践最早，也是最佳的内部场景。

京东方如果想将"屏+AIoT"这套体系赋能其他制造企业，并形成新的商业模式，最重要的前提是要在内部的制造体系中拿出令人信服的成果。

显然，京东方具备这样的实力：其用一家"灯塔工厂"、多家"绿色工厂"展示了自己的成绩单，这也成为京东方在工业互联网这条赛道上逐鹿的资本。

京东方工业互联网平台要想在未来赋能服务更多的企业，只有一套基于自身业务的智能制造体系是不够的，独到的技术与市场策略都不可或缺。在技术上，京东方在既有核心技术优势的基础上，需要沉淀出能够适配更多企业的运营底层技术体系，并持续在数字孪生等前沿技术领域探索；在市场拓展方面，京东方的策略是由近及远，即先从与自身产业定位类似的客户入手，再扩展到其他行业，循序渐进可以避免跨度太大而使服务成本过高。

京东方基于自身制造体系而生长出的工业互联网平台，相对于行业内其他工业互联网平台显得比较低调。或许正是这种低调，使得京东方能够专注于产品和技术，专注于服务客户，也使它在半导体领域里的影响力与日俱增。

如果说京东方在工业互联网领域里的排兵布阵不显山不露水，那么在大健康领域里的投资却格外引人关注。大健康领域是一条充满机遇的赛道，也是一条充满行业责任感的赛道！

第七章

**聚焦民生，
跨界布局
健康赛道**

在"屏之物联"战略下，京东方一方面在围绕屏的相关技术领域不断深入，另一方面则在物联网技术路线上充分布局。应用场景既能帮助这两方面的技术找到市场空间，也能使两者在实际应用中不断精进，进而衍生出新的技术和市场。

新华社 2017 年 8 月 14 日报道中援引国家卫生健康委员会的数据显示，到 2030 年，中国健康服务业总规模将达 16 万亿元。[①] 大健康也是物联网应用的超大应用场景之一，在这一场景中，除了海量的用户，更有海量的传统或新兴的机构。这一场景所要解决的痛点，从微观角度看是用户看病难的问题，从宏观角度看则是国家最为重视的民生问题。

京东方在布局健康产业时，一方面是基于健康产业未来的空间，但更重要的是，作为社会经济发展中的企业角色，京东方布局健康产业是希望促进社会发展，并对人们的健康产生积极影响。

京东方发现，大健康产业是物联网转型的最佳实践场景。在"屏

---

① 国家卫计委：2030 年我国健康服务业总规模将达 16 万亿元 .[OL].[2017-08-14]. https://www.gov.cn/xinwen/2017-08/14/content_5217723.htm.

之物联"战略布局下,其发展路径清晰,不仅能反哺京东方物联网技术,亦能打开整个生态链的创新空间和合作空间。

开创健康产业物联网创新大场景

2013年,京东方成立20周年。在半导体显示领域,京东方已经在全球形成了鲜明的竞争优势,公司管理层开始规划新的战略方向——"软硬融合、应用整合、服务化转型"。第一,要摆脱单纯的显示面板制造者的角色,提出"软硬融合",即将显示器件与解决方案结合起来;第二,将"屏"视为一个端口,深挖显示器件的应用场景,提升附加价值;第三,业务模式向服务化转型。

经过深度调研,京东方选择进入了符合以上战略调整方向的健康产业。2016年,京东方总结以往转型的实践和经验,正式确立了物联网转型发展方向,而健康产业恰恰是最需要物联网技术赋能创新的一个产业。

健康产业里的颠覆性创新

物联网与传统互联网最大的不同之处在于,物联网的每一个应用场景或者细分领域所要解决的问题和产生的商业模式都完全不同,不能用一套系统或者一个平台解决所有问题。但京东方在前20多年创业中所累积下来的底层能力和方法论,在物联网转型中却是可以复用的。

在进入一个创业领域时,创业者需要透彻地发掘该领域的"痛点"。健康产业的痛点是什么?读者只要去大医院看过一次病,就会有自己的判断。健康产业最核心的场景是医疗,患者就医"三长一短"(挂号、就诊、缴费取药排队长,医生看诊时间短)是社会常态。为了解决这一问题,国家一直在大力推行分级诊疗体系。然而,时至今日,大医院依然人满为患,社区医院门可罗雀的现状并未得到根本性改变。

时间往前推 10 年，互联网技术如日中天。彼时，京东方在进行健康产业调研时认为，以用户为中心，一个账号就能实现平台间数据互联互通的应用场景完全可以复制到医疗健康领域。但当时医疗体系内的状况是：每个医院信息技术系统都是独立且封闭的，数据的互联互通并没有实现。举个例子，一个患者在 A 医院就医的数据在 B 医院是不通用的，哪怕是同一个系统内的兄弟医院，数据也没有实现共享。

按照颠覆性创新的理论，医疗卫生体系基本很难在体系内出现大的变革，其变革必须依靠外部力量引入全新的理念和运营方式，从而产生颠覆性创新的效果。

京东方布局大健康领域，具备在半导体显示领域积累的技术优势和产业优势，将这些优势向行业用户赋能，对于调优健康服务、提升健康水平有着积极意义。更重要的是，这也是京东方涉足物联网的极佳细分场景。

物联网与传统互联网不同，传统互联网往往是先搭建在线平台，在运营过程中不断累积用户，优化功能，提升用户体验，吸引更多用户，并不断循环这一过程。而物联网所要吸收和链接的不仅是单一画像的用户，而是设备、机构、场景、用户等各种角色，这是一个立体的复杂网络。

可以说，健康产业是一个典型而复杂的物联网场景。在这个场景中，有需要健康管理和医疗服务的普通 C 端用户，也有医院、社区、康养机构、政府主管部门等主体，这些主体即是健康产业中的关键局部场景。此外，还有分布于这些场景中的硬件设备等。

如此复杂的物联网场景，对运营者的能力要求是极高的：首先要有强大的数据收集、传送、计算、存储能力；其次需要科学、高效，并不断优化的算法支持；最后要有高质量的大数据，后者需要通过不同的端口和硬件采集精准和有效的数据。

京东方有屏作为数据和信息采集以及用户交互的端口，但只有这个"入口"是远远不够的，还需要结合物联网应用场景"扬长补短"。所谓"扬长"，就是将京东方在半导体显示领域积累下来的屏、传感器等硬件优势发挥出来；所谓"补短"，则是在具体的场景运营过程中提升自身的软件、算法算力、数据优化等能力。

大健康作为一个物联网场景对京东方来说既是业务单元，也是"实践场"。在这个场景中，大健康最终的服务对象是人，也就是C端用户。这对京东方以2B（面向企业）业务为主的企业来说，既是挑战，也是机会。

京东方选择健康产业并不是一时的决策，而是像当年收购韩国HYDIS时那样做了很多深入的行业研判。比如，为了解世界上最先进的健康产业模式，2012年京东方专门组织高管团队去美国考察智慧医工行业，调研美国的健康服务集团是如何运作的。

深度调研后，京东方和IBM的团队一起进行了两天头脑风暴会，梳理了中国健康产业的发展趋势，以及今后在物联网领域和互联网领域的健康产业创新模式，确定了京东方在健康产业里的投资方向和运营模式。

2013年10月，京东方正式确立了健康板块。但直到2015年，收购北京明德医院后，京东方在大健康领域的布局才被公众所知。彼时，京东方在大健康领域已经积累了多年经验。这一次，京东方又走在了国家产业政策的前面。2016年10月，国务院颁布《"健康中国2030"规划纲要》，深化体制机制改革，鼓励社会力量兴办医养结合机构。之后，地产公司、科技公司、互联网公司才纷纷涌入这个领域。

京东方涉足健康产业的三大优势

当众多的跨行业企业都在积极开拓大健康赛道时，如何才能在未来胜出,而不是只争一朝一夕的成败?一个企业的底座能力就显得极为重要。

正如前文所述,京东方在研判一个技术发展方向或者市场领域时有一个方法论——"站在月球看地球"。进入健康产业,京东方也是站在更高的视角来研判该产业的,并把健康产业放在人类第四次工业革命的浪潮中,去思考其未来的方向和京东方在其中的定位。

人类历史共经历了三次工业革命,每次工业革命都是以某个划时代技术为标志的:第一次工业革命的标志是蒸汽机的诞生;第二次工业革命是电的发明和使用;第三次工业革命的主角则是计算机与互联网。目前,人类正在经历第四次工业革命,这一阶段,伴随人工智能的不断升级,物联网和大数据产业得到长足发展。第四次工业革命还有一个关键科技就是基因技术,人工智能和基因技术的融合促进了生命科技快速进步,新的诊疗方法、信息医学、再生医学、精准医学日渐深入健康场景,为人们带来福祉。

作为一家科技企业,长期以来形成的"对技术的尊重和对创新的坚持"已经成为京东方的基因。因此,进入健康领域的京东方不做表面文章,而是在这一过程中不断探索硬件设备和更前沿的生物技术等尖端技术,并积极投入研发。

京东方依托自身的显示技术,以及物联网技术应用于生物芯片、医疗级检测设备、民用日常健康监测设备,收获颇丰。同时,在药品研发层面,京东方的人工智能技术帮助细胞药等尖端生物医药在研发上取得了巨大进展。

京东方在智慧医工领域里的布局不仅是商业上的布局,还有大量的技术投入。京东方在半导体显示领域的实践已经证明,这种技术投入可能在短期内难以看到收益,但是从长期来看却是弯道超车的关键。因此,与其说这是京东方的技术优势,不如说是其技术意识的优势。

另外，京东方在物联网转型的初始，即提出打造一个数字化的可视京东方。

要做到数字化和可视，前端需要屏这一端口，后端则是数据、算法和流程再造。京东方在十几条半导体显示生产线的建设、运营过程中，不断优化流程，提升效率，这也是科技制造企业的核心能力。如果把这个效率优化的能力复用到健康产业中，便大有可为。比如，医院作为一个实体，如何优化服务流程，提升患者体验，提高医务人员的工作效率？京东方的答案是：依靠硬件和软件能力，围绕质量、安全效率和效益，对医院的整个体系进行流程再造，使得京东方的医院运营管理效率远高于传统医院。

总结来看，京东方在半导体显示领域长期耕耘所积累的"站在月球看地球"的产业研判方法论以及在半导体显示产业形成的追求技术创新的意识和能力，是京东方进军智慧医工的两个内在优势。

除了以上两个内在优势，京东方进军健康产业还有一个比较强的外部优势——地方政府积极推动医疗卫生体系改革的政策利好。

京东方经过十几年半导体显示生产线的投资，对于地方产业聚集、就业等方面做出了巨大的贡献。另外，京东方通过十几条生产线的建设运营和医院健康项目的打造，也让地方政府看到了京东方团队的能力，并在各个城市积累了良好的信用资产。医疗卫生体制改革是地方政府所要面对的重要民生问题，比如，解决老龄化背景下医疗资源匮乏，提升现有医疗资源效率，等等，这些问题也是地方政府希望解决的难题。京东方的健康产业逻辑和运营模式恰恰与地方政府非常适配。

伴随物联网转型的技术积累和实践，京东方在健康产业各个具体场景的运营过程中，将物联网的软硬件应用集中，并将用户数据全链条打通，打造出了以用户为中心的全生命周期的健康管理模式。相对于传统的医疗健康体系，这是巨大的创新，但也充满着挑战。

"四句话"打通健康全产业链

随着老龄化社会的来临,健康产业成为朝阳产业。要进入这一市场,选择什么样的切入点、用什么样的商业模式进入显得极其重要。

京东方站在人们的健康需求角度去思考智慧医工的业务布局,并在初期进入健康产业时就说出了四句话:尽量让人不生病、晚生病、少生病;万一生病了,在家即可享受良好的医疗服务;如必须去医院,在医院可以享受到优质便捷的服务;出院后如有需要,可居家享受专业的康复护理或转入专业康复机构。

这"四句话"从人的本质需求出发,自然而然衍生出健康产业的四大业务领域,即健康管理、远程医疗、数字医院和康复护理。

这是一个庞大的体系,如果把这个庞大的体系看成一个智能计算机和其他设备组成的局域网,那么医院便是这个智能网络的"主机",社区健康中心、智慧康养社区甚至家庭可穿戴设备等则属于这个局域网的各个网络节点。这就意味着京东方既需要搭建场景,又需要开发硬件和系统,还需要进行数据管理。

由此延伸,京东方想要打造的是一条围绕人们健康服务需求的全产业链,其好处是,每一个用户的健康数据都可以在这个体系中实现共享,而数据的共享使得用户可以获得全生命周期的健康服务。

数据的不断累积可以推动整个体系的持续优化,而整个体系在不断优化的过程中,又能让每一个患者无论是在健康管理还是在医院诊疗过程中,都能得到更优质、更高效的服务,形成正向循环。

国内许多跨界进入大健康产业的企业大都是从自身的优势出发,做一块延伸业务,比如电商企业会在医药零售方面发力,而一些硬件公司可能会从可穿戴设备的研发制造方面进行切入。相较于这些企业,京东方进入健康产业所选择的是一条比较难的路。难是因为京东方在传统医疗卫生体系之外搭建了一个全新的健康生态,所涉及的产业链长、场景多,变现周期也长。

京东方最擅长从产业发展脉络和技术进阶的底层规律，去思考和选择发展路径。作为一种底层能力，这种思考方式让京东方在战略定位和运营方式上的选择更具长期价值，从其内部业务板块的命名便可见一斑。

在京东方的"屏之物联"战略版图中，健康板块的业务被命名为"智慧医工"，这充分体现了京东方的技术和工程优势。"智慧医工"实际上是"医""工"融合的逻辑。大众眼中可能认为这一逻辑的核心是"医"，但对京东方来说，"医"的定位不仅仅是医院，而是智慧型健康医疗服务生态体系；"工"的定义不是制造或者工程，而是健康科技的产品技术与手段。"医""工"相辅相成、相互促进，共同形成一个正向循环。"医"的作用是通过智慧健康医疗服务生态的发展，来推动健康科技产品产业化的发展；"工"则通过健康科技产品技术与手段来给健康医疗服务生态体系赋能，从而提升它们的医疗品质和能力建设。换句话说，支撑"医"的是以"显示+AIoT"等创新技术为代表的"工"，因此"工"才真正是京东方涉足大健康的最大差异化优势。

在整个健康管理、远程医疗、数字医院和康复护理的全产业链的布局中，京东方并非全线出击、所有场景同时启动，而是先从核心出发，建立样板，打造平台，优化运营，然后，新的场景和业务便自然形成。

医疗革新：数字化领航未来

众所周知，医疗事业是一片充满关爱与治愈的沃土，医者的奉献与科技的智慧在这里交相辉映。

京东方以病患群体的需求为引领，搭建了一整套全新的医疗健康服务体系。这套服务体系分为医院内和医院外两类场景。医院内包括就诊的诊疗服务，而医院外则包含疾病预防、慢性病管理、康复理疗等服务。

在业界看来，医院场景的数字化赋能是一项颇具难度的任务，也是一场革命性的尝试。京东方凭借其强大的技术和资源优势，用科技的"医工"能力铺设了医院服务的新路径。例如，从收购到自建医院的过程中，京东方重构了医院的服务流程，使其真正变成了以患者为中心的智慧医院。在这里，数据的智能分析技术成为医生的得力助手；床头的屏幕上，患者的健康状态尽在掌握；药房里，无人传送带让药品及时送达……每一位患者都能感受到科技所带来的无微不至的关怀。

数字化运营的京东方医院

早晨 7 点，当多数企业办公楼还显得冷冷清清时，医院就已经熙熙攘攘了。造成这一情况的原因之一正是贯穿于就诊治疗过程中各环节的排队等待，而医生也要面对超额的就诊量和大量被迫压缩的诊断时间。长此以往，不论是患者还是医生都会疲惫不堪。如何缩短就诊时间、提升诊断效率便成为现代医疗亟待解决的"痛点"。

医院中，患者的体验不佳在于时间成本高，而提升患者体验的本质是提升效率，这与制造业效率的提升思路颇为类似：一是要重构流程，并让其不断优化；二是需要用数据化、信息化的管理手段将更多的人工解放出来。

与进入半导体显示产业的方式类似，京东方涉足医疗服务也是通过收购方式实现的。如前文所提，北京明德医院这家高端综合私立医院的收购是京东方迈出健康医疗产业实践的第一步。

通过收购北京明德医院，京东方获得了医疗服务产业基础的人才、技术团队，并且获得了对医院运营管理的"know-how"。在这一实践的基础上，京东方又在合肥、成都等地自建医院，这些新建的医院也充分应用物联网技术重构了诊疗流程。

在解决诊疗流程重构的不断探索和实践中，京东方始终围绕着为患者提供更加便捷、安全、高效的医疗体验为宗旨，以构建"一个、数字化、可视①的京东方"为管理创新理念，以数字化、信息化为支撑，综合打造了一体化的数字平台。这一数字平台所展现的数字化、信息化能力，在赋能患者服务、临床诊疗和医院管理上效果颇佳。第一，多数患者可通过京东方医院的线上平台提前完成挂号，并直接去相关诊室看病，极大减少了患者在现场排队等候的时间。第二，在看诊过程中，患者不需要跑动，即可在同一个诊区直接采血，血样会通过一套院内智慧传输系统直接送至检验中心检验，待结果上传系统后，患者在线上查看的同时，还支持专科医生实时调阅参考使用。第三，京东方医院高效的诊疗流程不仅体现在抽血环节，在患者的整个就诊过程中，除非患者需要增加CT、磁共振成像等大型检查项目，几乎所有看病流程在一个诊区就可完成。就诊所产生的相关费用也支持线上及诊室所配备的一体机实时缴费结算。第四，医生诊断完成并开具处方后，药品及其用量等数据通过系统推送到取药窗口，患者仅需在取药处一体机上刷卡即可取走所有药品。京东方医院的取药窗口被命名为"药事服务中心"，并设有专职的临床药师，为有需要咨询用药的患者进行服务指导。

京东方医院通过信息化、数字化手段重构了医院的服务流程，其核心就是患者不动或者尽量少动，而背后依靠的就是数据流动、分析与提炼技术。

在数字化、信息化赋能临床诊疗上，凭借数据的流动和共享，医生诊断效率也得到了极大提升。首先，完整的健康档案体系助力，即患

---

① "一个"是指归一化管理，建立专业化、集约化的业务管理体系，使各业务协同运作，发挥规模优势；"数字化"是指推动业务流程化、流程数据化、数据资产化；"可视"是指按照公司运营体系要求挖掘数据资产的价值。——编者注

者在京东方医院首次就医时，医院会自动为其建立一套就诊数据，数据信息包括治疗、检查、用药、住院、手术在内的所有就诊史。该名患者在京东方医院再就诊时，将无须携带任何病历或相关检查资料，医生在问诊前，就可掌握患者所有历史信息，即使患者离开医院后，医生也可通过线上方式适时跟踪患者的治疗情况。在这样的信息化、数字化体系下，医患间的就医问诊突破了空间和时间的限制，不仅提升了医生的工作效率，还减缓了医生面诊的压力，同时，还有效改善了挂号难、问诊难、等待久、重复查、病历建档数据不连通等多项难题。

其次，完整的知识库体系做支撑，即系统将患者在就诊路径上产生的各种数据统一存储于信息系统中，形成数据资产的积累，再通过信息系统的不断清洗、治理、提取，赋能在医生诊疗的各项环节中。比如，诊区测量生命体征的各项数据会实时传入门诊医生工作站中供医生鉴别诊断；门诊处方数据实时传入合理用药系统中，供药师进行审方；审方的结果也会实时传输到门诊医生和收费处，审方通过的数据，患者能够及时缴费，审方不通过的数据，医生能够实时看到并及时修改处方；住院医护同样能够看到医护的病历、医嘱等数据信息并引用相关结果。在医疗行为的整个过程中，形成的所有数据最终都能够进行归纳存储，为京东方医疗建立了庞大的知识数据，从而为临床科研提供了有效支撑。

在数字化、信息化赋能医院管理上，京东方医院不仅依托信息化能力重构了院内诊疗服务流程，同时通过一系列集团化管理系统的实施落地，实现了医院业务运营的数字孪生，建立了统一客户管理、统一财务管理，并将海量数据通过清洗、提取，形成统一的数据平台，为医院管理者决策提供了数字化支撑。

例如，通过集团化医工系统的建立，京东方旗下（合肥、成都、苏州）多家医院人、财、物的体系管理实现了完全统一，进而形成了四大优势：一是更有利于集团统一的管理模式落地执行，降低了业务部门之间的沟通成本;二是统一了业务数据的分类及相关"字典"标准化;三是高效获取各院区业务数据,通过横向对比各院区的业务数据,发现业务短板,促进业务改善提升;四是从分散管理模式到集中共享模式可以提升效率,降低成本。

通过集团化医工系统的建立,京东方拉通并统一了数字医院、健康科技、互联网医院客户管理、市场营销、销售管理等业务流程,提高了中心及数字医院各部门流程的协作效率,充分拉通了各组织间的数据,减少了市场营销人力成本。

通过集团医疗主数据平台的建立,京东方还打通了智慧医工各业务领域的数据链条,依托数据共享机制,为各数字医院、智慧康养、物联网医院等业务提供一致、完整、标准的主数据共享平台,有效降低了数据交互成本,最大化消除了数据冗余,提升了数据质量,为智慧医工事业数据应用与管理奠定了基础。

物联网助力医院智慧升级

如果说数据共享和流动提升了患者就诊体验和医生工作效率,那么物联网就是连接和承载这些数据的基础设施。京东方医院内的物联网不仅实现了数据信息与人的交互,也实现了智能硬件的互联互通。智能设备的创新和使用,使得数据流动畅通无阻,甚至物品的流动也实现了自动化和精准化。

在京东方医院里,与医生和患者直接交互的窗口是屏,从挂号缴费一体机,到排队叫号大屏,再到医生的计算机屏幕、护士站的数据大屏随处可见。屏的智能化是京东方最为擅长的优势能力,但屏的智能化只是一个方面,要让屏这一智能交互端口效果最大化,就要让与患者有关的医疗硬件都智能化、在线化,并将采集到的数据适时传送到屏。

笔者走访了成都京东方医院住院部,发现病房内重要的硬件设备都已安装了传感装置。比如病床不仅能感应和记录患者的体重、体温等基础的身体指征，还能记录其翻身次数，如果患者发生坠床，病床能立即自动报警，提醒医护人员。需要输液的患者无须家属或者护士紧盯输液进度，通过安装在输液瓶上的输液感应装置，输液进度信息不仅会传输到护士站大屏上，也会传送到护士的工作终端——手机、平板电脑，甚至工牌上，即使护士暂时离开护士站也能适时管控病人情况。

在成都京东方医院，医护人员随身佩戴的工牌已经变成电子工牌，成为新的信息展示和集成工具。通过工牌，医护人员可以随时接收院内的各类通知信息，实时掌握院内动态；借助覆盖全院的物联网定位系统，实时查看医护人员的工作动态，方便资源调配；在临床场景上，工牌可满足计时、医患沟通录音等医护人员常见需求，提高临床诊疗效率；如遇住院患者发生紧急情况，或者患者按下病房呼叫铃，医护人员的工牌、护士站大屏、医生和护士的工作终端都会第一时间获得信息，病房门牌、护士站大屏也会亮起黄色或者红色警示灯以提醒医护人员。

在京东方医院内，无论是门诊还是住院，都随处可见以患者为中心的信息闭环。在患者就医的每一个节点，背后都有信息和数据的流动，使得患者能够得到及时、高效、精准的医疗服务。

可以说，所有医疗设备都实现了智能化、在线化，而实现数据信息的高速流动是京东方智慧医院运营的精髓。

京东方物联网在更大空间范围上的应用便是医院急救联动体系。在这一体系中，人们可以通过手机应用程序、微信小程序拨打120，相关急救信息指令将同步发送给医院和救护车，同时借助设备端摄像头，医护人员通过线上可实时看到现场情况并给予病患前置急救指导。救护车上的各类生命体征监测设备的实时数据，通过5G等物联网通信技术实时传输到院内，为院内急救指挥中心诊疗决策提供支持。

京东方的救护车就像一个信息共享的移动急诊室,患者被送上救护车就相当于提前入院。

除了移动救护车,在成都京东方医院顶楼天台还设有直升机降落区,遇到危重患者,借助京东方医院的物联网联动系统,就可调动医院的所有内部力量以最快的速度将患者从天台乘电梯直达急诊手术室。这种物联网软硬件实时联动数据共享,最大限度地缩短了医患救治前置等候时间,抢救了更多生命。

在急诊三大中心的建设中,物联网技术同样发挥着重要作用。患者佩戴的腕带和遍布全院的物联网定位系统,可以实时自动采集患者的各项动态,配以时间点预警、质控、信息展示、数据上报等功能,有效提升了临床工作效率,同时减少了工作差错发生概率,促进了急诊科室管理的精细化和规范化。

物联网不仅能提升效率,还能够帮助医院实现流程重构。前文所述患者来医院看病所花费的时间变短了,就是流程重构的结果。

从医护人员视角看,传统医院各科室的药品领取、管理和使用往往占用了医护人员大量时间,而在京东方医院,每一个诊区、病区都设置了智能药柜,药剂科会根据系统中每位患者的用药种类和剂量将药品配置好并放入药箱,药箱可通过院内智慧传输系统精准配送到每个诊区、病区的智能药柜。这个传输系统将医护人员从繁杂的事务中解放出来,使他们全力专注于患者就诊,工作效率也获得极大提升。

在耗材管理上,京东方医院采用了SPD[①]模式,借助RFID[②]、条码识别、物联网定位等技术,真正实现了高值耗材"一物一码"、低值耗材"一包一码",将耗材从采购、到货、打包、配送、出入

[①] SPD(supply-processing-distribution),即供给—分拆加工—配送,是一种医用耗材供应链管理模式。

[②] RFID(radio frequency identification),射频识别,俗称"电子标签",是一种非接触式自动识别技术。它通过射频信号自动识别目标物体并获取相关数据,识别工作无须人工干预。

库、患者使用、供应商结算等全流程信息化打通，实现了耗材的精细化管理，将医护人员从之前耗材管理、耗材盘点等工作中解放出来，提高了工作效率。

值得一提的是，无论是智能药箱、智能药柜还是智能耗材柜，都是通过生物识别技术开启，并记录下每次取药、存药的数量和种类。这样，每位患者的药品拿取、使用和消耗情况都可以追溯到具体的人和时间，避免出错。

在各类医疗设备、医疗器械、信息技术资产、行政物资等固定资产的管理上，京东方医院通过自研的物资管理系统，将各类资产集中到一个平台上统一管理，对资产的入库、使用、转移、盘点、维修、报废等进行全生命周期的监控，对于大型医疗设备的使用率和设备效率进行监控分析，实现了资产的精细化管理和医疗设备资源的最大化利用。

院内智慧传输系统是一条隐藏于医院内部建筑中的物流传送通道，通达每一个科室甚至是后勤保障部门。如前文所述，门诊患者在科室抽血的血样也是通过这个传输系统送到检验科的。除了患者的检验样本、药品，医院 80% 的物资都可以通过这个物流系统来传输，包括医护人员的衣物、后勤补给品等。

医院场景是京东方整个健康产业最重要的场景，但京东方物联网应用并不限于医院，它已从医院延伸出去，并不断扩展范围。

医院的"智慧神经网络"延伸到基层和社区

在京东方整个智慧医工体系中，医院是核心，类似于计算机网络的主机，医院外的健康管理场景、智慧康养场景则更像是主机之外的"智慧神经网络"。这些网络触角更易于触达用户，而京东方"工"的优势，在院外这些与用户零距离互动的场景中表现得更为明显。

京东方办医院的理念是"让患者尽量别来医院"，也就是要"治未病"，即在疾病还未出现或发展到临床阶段之前，通过积极的预防措施和健康管理，预防疾病的发生，提高整体健康水平。

"治未病"需要满足两个条件。一是需要建立一套智慧分诊体系。不同的需求通过不同的平台和场景解决，使患者方便在家或社区获取健康医疗服务，非必要无须到医院获取服务，这样还能保证三级医院的服务品质和体验。二是需要居民有主动健康管理的意识和行动。

京东方借助自有三级医院的专家和资源优势，联合周边二级医院、社区卫生服务中心等，以医联体模式为区域内居民提供分级诊疗服务。

举例来说，当患者前往社区卫生服务中心寻找全科医生就诊时，全科医生可以通过远程诊断和会诊，方便地寻求到三级医院的医疗资源支持。如判断为较严重疾病，则转诊至上级医院就诊，而经上级医院治疗后情况好转的患者，可以转诊至下级医院或社区卫生服务中心进行后续的康复治疗，真正实现了医疗资源的合理化利用。

京东方医院作为牵头单位，充分发挥在专家、资源上的优势，凭借物联网技术优势，全方位提高了区域内的医疗水平，使患者在上下级医疗机构间便捷转诊，得到最合理的治疗。

在社区卫生服务中心，京东方还配备了"移动医院"巡诊车、5G巡诊包等，对于不方便前往医院就诊的患者，家庭医生可以直接提供上门服务。通过物联网体征监测设备和远程诊断、远程会诊系统的支持，数据会实时共享传输，可以实现小病"足不出户"的便捷就医体验。

在疾病预防方面，目前市场上提供的服务，要么是医院的医疗服务，要么就是专业体检机构的体检服务。普通人一般通过一年一次的体检来监测自己的健康情况，很多人由于工作忙、距离远等原因疏于对自己的健康监测。居民健康管理不到位，生了病才去医院，这也客观上造成医院人满为患的现状，成为地方政府主管部门想要解决的问题。只有让居民将"治未病"重视起来,才能提升健康水平,减轻医疗体系的压力。既然疾病预防因为时间和距离等痛点,没有成为居民的刚需,那就解决这个痛点。

京东方的解决方案是将健康管理的场景搭建在离居民最近的社区里,"健康小屋"就是这样的典型场景,其定位是一个为社区居民提供零距离健康检测的场所。目前,健康小屋已经在浙江省绍兴市上虞区一些居民社区落地,每个健康小屋可覆盖周边 10 多万居民。

健康小屋中分布着京东方提供的多种智能健康体检设备,包括隧道式血压计、心电图机、骨密度仪、人体成分分析仪等。社区周边居民可以利用闲暇时间进入健康小屋,花 10 分钟便可使用这些设备完成血压、血氧、身高、体重、骨密度、人体成分等检测项目。

健康小屋中的 3D 智能健康交互终端一体机可集成用户生活数据、医疗数据和行为数据,生成 3D 可视化健康档案,实时反映用户健康水平,还可通过体态评估、疾病风险评估、心理评估等综合评估用户健康状况,生成个性化生活方式指导,并提供人工智能自诊、智能问答等健康服务。

健康小屋相当于一个集合了各种医疗检测设备的简易智能体检中心,将健康服务延伸到了社区居民身边。不过,健康小屋的意义并不仅仅是为居民提供便利的健康检测服务,而是与医院联动,构建一整套以用户为中心的健康管理系统。

传统的医疗卫生体系中,医院内就诊和医院外医疗或者健康检测是两套服务体系,体系间数据并未打通,这就造成了同一患者就诊数据重复检测及不连续等问题。

为了解决上述难题,由智能设备组成的健康小屋体检场景同步支持线上问诊,这一需求通过注册成为京东方健康管理的用户即可实现,如体检后发现异常,还支持直接预约到医院做进一步诊疗。这样一来,京东方物联网便打通了院内和院外两套体系,将专业的健康服务延伸到社区。健康小屋虽然从场景上看属于院外体系，但其优点是能够覆盖更多的用户，实现数据与医院打通。

健康小屋只是一个近距离服务社区居民的场景创新，而这个场景与医院数据打通并建立体系后，便可与社区卫生机构、物业管理机构合作。将医院这个"智慧神经网络"广泛地铺设出去，赋能这些社区机构，名称可能未必叫"健康小屋"，但是服务功能和底层体系都是一样的。

医院的"智慧神经网络"可以再进一步延伸至家庭，借助可穿戴设备或者家用健康监测设备将有需要的用户链接起来，如居家老人或者慢性病患者等。以冠心病管理为例，患者在居家时可以佩戴京东方自研的移动健康可穿戴设备进行健康管理。这个设备通过手机应用程序把患者的体征数据自动传输到医院的心电监护平台，监护平台能够对一些异常情况及时预警。专科医师可以在第一时间对心电图做出专业化的判断，如果只是轻度异常，健康管理师就会通过电话或者网络把专业的意见及时反馈给患者；如果数据反映有疾病恶化的早期征兆，就可以启动应急救治流程，甚至可以与120联动起来，在患者发病前或者发病时提供及时救治。

这样一来，居民便可实现小病、慢病不出户、不出小区，使得医院、社区和家庭之间形成一个多层次、相互协调补充的健康管理体系。这既能够有效缓解医疗资源紧张的矛盾，又能让居民更好地管理自己的身体健康。

2013年确立健康产业板块，京东方用了10年时间进入医院、社区、家庭等健康产业主要场景，搭建了围绕用户需求的一整套健康服务体系。这个体系的前端是智能化、可交互的健康检测设备，中端是社区健康管理中心、社区医院、三级医院等医疗健康服务机构，底层是物联网、云计算大数据系统，这个系统的核心能力就是设备的互联互通和数据的高效交互。

当京东方健康产业形成基本的生态系统时，新的业务场景和技术创新便开始次第生长。

京东方智慧医工勾画健康产业链未来新图景

物联网软硬件技术重构了医院的运营流程，使传统医院的效率大幅提升，而院内院外数据的打通，又将医院的服务范围突破了物理空间的限制，从而覆盖更广泛的用户，这是京东方健康产业的基本盘。

在这个基本盘上，"医"与"工"的相互融合、相互促进，线上与线下的互为依托，支撑着更多业务不断衍生出来。围绕着健康产业"四句话"的使命，京东方智慧医工的未来产业图景正徐徐展开。

线上线下融合催生新的业务板块

京东方要打造围绕用户的管理型医疗，以及贯穿预防、诊断、康复的健康管理体系，必须具备线上服务能力，互联网医院就成为必不可少的业务单元。

2018年，国务院办公厅出台《关于促进"互联网+医疗健康"发展的意见》，促使互联网医疗蓬勃发展起来，互联网医院也成为医疗领域增长迅速的一个板块。2021年，京东方健康管理平台获得了"京东方智慧互联网医院"牌照，并依托线下医院和专家团队打破了物理空间的限制，将线上诊疗业务开展起来。

随着互联网医院的发展，人们可以足不出户，在线实现医生问诊、开具处方、线上配药等。不过，目前大量互联网医院的线上问诊还是一种轻问诊的方式，无法代替真正的线下医生面诊。

从长远来看，互联网医院有着广阔的发展前景。不过，最终的竞争力并不取决于前端流量入口，而在于平台和系统的能力。只有高质量平台才能吸引更多的优秀医生和专家入驻，而优秀的医生则会吸引更多用户。

什么样的平台才是高质量平台？简而言之，就是平台能够用各种软硬件技术手段辅助医生更好地进行在线诊疗，提升医疗质量。比如，软件操作简便，能够提供医生与患者更丰富的交流手段，如数字化影像功能、患者随访功能等，而这些恰恰是京东方的核心能力。

京东方医院数字化解决方案包括远程医疗技术系统架构，这一技术架构充分运用了京东方以屏为核心的高清影像能力和系统能力。可以预见的是，这种能力不仅应用于远程会诊，随着用户端网络和设备的优化，很快就能服务于普通用户线上诊疗。

未来，当线上诊疗与线下面诊效果相当，线上互联网医院的业务将会爆炸式增长。而京东方"屏+物联网"的技术能力、"线下场景+智能硬件数据采集"的能力，以及大数据能力都为线上诊疗创造了优越的条件，这些都将为线上业务板块创造巨大的成长空间。

京东方互联网医院虽然是一个线上平台，但与线下医院数据打通后，能够实现统一的客户服务和管理。这种线上线下相结合的方式，使得京东方可以针对细分用户设计服务和产品。比如，手术后出院的骨科患者、肿瘤患者等，线上服务可以针对他们做术后康复指导、营养调理指导等；一些慢性病患者，医生可以结合社区医院、家庭智能检测设备适时采集数据，对患者进行随访、线上指导用药等。

对京东方整个智慧医工体系来说，互联网医院可能并不需要独立形成一个商业闭环，它更像是贯穿于整个智慧医工体系的基础设施，能为用户提供全病程管理服务，可以渗透于院前健康管理和院后智慧康养的整个服务体系中。与此同时，它又能成为京东方智慧医工的一个开放平台，吸引一些专家和医疗机构入驻，使用京东方的健康物联网软硬件体系线上坐诊，甚至开展研究等工作。

由此，京东方健康产业线上和线下形成了一个不断完善的生态系统，新的线下业务场景只需要接入这一系统，便能共享京东方智慧医工现有的基础设施和用户资源。

智慧康养业务是整个京东方健康产业链条中的最后一个线下场景，对京东方来说也是一个新业务，但从全球市场看，康养产业已被证明是一个已经跑通了的商业模式。为了做好这个业务，京东方进入康养产业初期，初创团队曾赴美深度考察 CCRC（持续照料退休社区）。CCRC 是一种综合性的老年服务模式，旨在为居住其中的老年人提供多层次的医疗、保健、社交和居住服务。在这样的社区中，老年人可以从独立生活到部分独立生活、辅助生活，甚至到全天候的护理服务的不同阶段逐步过渡。随着中国老龄化时代的到来，康养社区已成为新兴产业赛道。

为了跑通智慧康养模式，在成都京东方医院的同一个园区，京东方打造了一个全新智慧康养社区。这个社区属于中大型的 CCRC，分为自理区和护理区，退休的老年人都可入住。

智慧康养社区是京东方在 CCRC 领域里的首次探索，也是京东方智慧医工产业链的自然延伸。京东方的 CCRC 借鉴了国际上最先进的运营模式，采用会员制为客户提供康养服务。

在借鉴国际经验的同时，京东方智慧康养也做出了自己的特色。它第一个特点便是医养融合。医院的数据和社区数据实现完全打通，康复人员在入住时将由医疗和康养团队共同评估制订照护方案，建立专属健康档案，并利用智能化硬件持续监测其健康状态。康复人员需要到医院看病时可在社区内挂号预约，同时，社区内持续监测的健康数据将同步至医院指定接诊医生端，便于医生进行全面精准的诊疗。在康复人员出院回归社区后，社区照护团队将基于医嘱，从运动、饮食和照护等方面为长者提供个性化的延续性康复服务，从而保证诊疗效果最大化。第二个特点是，物联网的软硬件信息化系统应用于社区管理的各个方面。以餐饮为例，社区根据每个会员的健康报告配置不同的用餐。会员使用一卡通就餐的详细数据会形成报告，可对会员的健康状况进行综合分析对比，将健康数据、医疗数据、基因数据进行综合参考，以帮助其制订更科学的生活计划。第三个特点是，社区通过鼓励家庭成员陪住、宠物友好社区、设施设备共享、健康会员共享等措施构建了一个充满温馨家庭氛围的"活力"全龄社区，让探望长者从负担变成快乐的生活日常。

社区的护理区配有专职护士和医生，他们可根据会员的身体状态进行分级管理，同时还设有全科门诊、物理康复门诊等。对于有医疗需求的会员可以做到及时专业救治以及出院后的专业康复理疗服务。有应急医疗和常见慢性病诊疗需求的会员可以做到及时救治，并提供个性化的非急性期康复理疗服务。

未来，以京东方医养融合的能力平台为核心，以物联网手段为主的康养服务将延伸到居家养老场景里。随着老龄化社会的到来，这样的服务产品有着巨大的市场空间。

智慧康养社区只是京东方打造智慧医工全产业链中的一个场景，这个场景虽然是以持续护理退休社区 CCRC 的形式出现，但并不意味着京东方未来要大规模投资 CCRC，京东方是通过这个场景将数据打通，规范服务流程，并在此基础上打磨服务和产品。未来，这套服务体系可以对外输出。输出的方式就是轻资产服务，包括规划设计、筹建筹开、管理咨询、托管运营等融合了"医"的资源能力和"工"的产品与系统能力的康养解决方案。它可以成为京东方智慧医工对外赋能的抓手，并形成独立的新兴业务。

"医"的未来：再生医学

医院的核心竞争力取决于特色科室和诊疗技术的实力。事实上，对于前沿技术的追求和探索始终贯穿于京东方的发展历程中。再生医学，便是京东方在"医"这个领域的前沿布局。

再生医学被列入生物科技的范畴，属于前沿交叉学科领域。京东方在半导体显示领域的合作伙伴也都在涉足再生医学尤其是细胞研究领域，比如日本的日产化学、尼康，韩国的 LG 都成立了细胞技术研究的相关机构。通过与合作伙伴的交流合作，京东方在再生医学这一领域有了更快的发展。特别是在细胞类药物研发上，京东方再生医学就充分学习了日本的技术经验，并按照国内的法律法规要求进行技术升级与创新。

再生医学一方面应用于药物，另一方面应用于研究领域。细胞类产品和技术已成为京东方技术攻关的重点方向，并且取得了重大突破。2022 年，京东方再生医学"人脐带间充质干细胞膜片"新药临床试验获得了国家药品监督管理局的药物临床试验批件。这是一款针对低射血分数冠心病的细胞类药物。在生物医药领域，目前以膜片这种剂型获得临床批件的全国只有京东方一家，而且这个细胞药物属于创新药，有独立的知识产权，其技术在全球都是领先的。

该批件的获取既是一个阶段性的里程碑，也是一个新的开始。细胞膜片技术为平台化技术，可通过改变细胞来源制备不同的细胞膜片，用于多个不同临床适应证的治疗。一个研发管线①取得突破，其他研发管线可以依据该工艺拓展不同的适应证，从而开启不同药品的研发管线。

据了解，京东方再生医学研究院会针对肝衰竭、卵巢功能早衰等疾病开启第二、第三个研发管线，同时，也在免疫细胞领域进行了相关布局，开展了自体和异体来源的人外周血 CAR-NK 细胞对泌尿系肿瘤治疗的关键技术的开发。新药的研发和上市通常需要 10 年以上甚至更长时间，但是，京东方第一个细胞膜片产品已经进入临床试验阶段，相当于已迈出了坚实的一步。生物医药有望为京东方健康

---

① 研发管线：医药专业术语，即一种药物从研发到上市的产品生产过程，一般包括临床前发现（概念）、临床试验（Ⅰ、Ⅱ、Ⅲ期）和上市等阶段。

10年后的市场影响力奠定基础。

从商业角度看，细胞治疗药物是再生医学技术领域的远期变现产品，而再生医学技术在短期内对医院可以实现技术赋能，既能救治患者，也会为医院打造出特色医疗产品。比如，皮肤再生就属于再生医学技术范畴，将该技术应用于临床，可以为有皮肤病或皮肤严重损伤的患者解除痛苦。

在再生医学领域扩张，看似与京东方原先的半导体显示产业和技术没有关联，实际上京东方的"屏之物联"战略为再生医学技术发展提供了非常强大的底层支撑。

人工智能技术在生物技术领域所提供的助力更为有力。比如，京东方技术团队就自动化识别细胞这一需求建立了算法模型，从而可以通过机器人工智能自动识别细胞的状态，提升效率、一致性与准确性。

另外，京东方半导体显示产品制造对于洁净厂房、自动化生产方面的积累与生物制药对于厂房的要求颇为近似。未来，京东方的细胞药物一旦投入生产，涉及的洁净厂房运营管理、生产质检、流程控制等体系就可直接沿用，而且在物联网技术的加持下，生产自动化方面甚至会更胜一筹。

健康类智能硬件创造新增长极

线上线下体系搭建完成，院前、院中、院后整个健康产业链的贯通，使得京东方形成了一个健康产业生态。在这个健康产业生态中，创新贯穿始终。这里的创新分为两方面，一方面是硬件的创新，另一方面是软件的创新。硬件创新可以开辟出全新业务单元，而软件创新则可以不断优化整个系统，形成解决方案，对外赋能。

硬件创新产品上又分为两类，一类是医疗级的产品，另一类是消费级的产品。在医疗级的产品方面，京东方已经取得了斐然成果。比如作为医院诊疗的重要手段之一——X射线检查，背后的辐射危害是人们担忧的主要问题。由京东方自主研发的 X 射线探测器背板，通过优化面板工艺，使所需 X 射线剂量降低了 80% 以上，同时兼具高分辨率、高转换效率、高信噪比、宽动态范围等优势，这意味着成像效果和清晰度比传统的 X 射线机有大幅提升。

目前该探测器背板已应用于欧美、日本、韩国等全球高端医疗器械公司的产品中，并得到全球客户的广泛认可。

现阶段 X 射线机等医学成像设备市场主要由国外企业垄断，但京东方在影像技术方面有着很强的技术储备，在医疗影像领域将持续精进。可以说，京东方未来成为医疗器械企业的上游供应商，并且成为头部企业指日可待。

京东方在自有医院的实践探索中形成了解决方案式的思维，这也决定了京东方不会单纯优化某一个硬件设备，而是提供一整套解决方案，以打开未来市场的想象空间。

以 X 射线机为例，拍片时降低辐射、提升清晰度本身不是终极目的，辅助医生对患者的情况做出快速准确的判断才是根本。在京东方的解决方案中，患者拍片后不用打印取片，医生在自己终端屏上即可调阅片子，通过高清、高分辨率的屏幕，医生也更能做出精准的判断。这种全数字化的流程，未来结合 5G 技术使得远程诊疗、AI 医疗畅行无阻。

此外，京东方医疗级创新应用的另一个成果是病毒检测一体机。

传统的特定病毒检测方式是由专人采样后送到实验室里进行检测，最快 4 个小时才能出结果。然而，在有些情况下，比如老人突发疾病要进医院检查、临时紧急事件要赶飞机等需快速拿到相关指定检测报告，这样的检测效率就无法满足用户的需求。

事实上，病毒检测是一个极其专业的过程。以核酸检测为例，首先，要建一个至少 100 平方米的生物实验室，而实验室有着严格的设计标准；其次，要配备一整套设备和系统，价格在百万元以上；

再次，进行检测操作的实验人员、采样人员要经过专业的培训；最后，还要获得国家审核的资质。一般而言，传统检测流程从采集样本到送检出具结果的极限时间就是 4 个小时。

由京东方研发并获得国家认证的病毒检测一体机则让核酸检测效率大幅提升。这台设备只有台式计算机般大小，可实现核酸采样后 30 分钟即出结果，相当于一台机器替代了一间专业级的实验室。

京东方病毒检测一体机的技术核心是生物芯片，这个芯片可实现全流程检测于一体。京东方的生物芯片技术具有完全独立自主知识产权，与传统的半导体芯片完全不同，其涉及机械、光学、热学、生物材料等技术，是一个跨学科的产物。

在病毒检测上，除了核酸检测，该一体机还可广泛应用于其他各类病毒检测。据了解，京东方与国家疾病预防控制中心病毒病预防控制所达成合作，将 360 多种已知的病毒引物和检测试剂标准化。一旦出现新的病毒，国家疾病预防控制中心病毒病预防控制所在完成新病毒的研究，并做出检测标准后，就可以同步于京东方的病毒检测设备，实现快速检测。当然，病毒检测只是生物芯片技术的一个应用领域，未来，生物芯片在基因检测、基因治疗、药物筛选、个性化医疗方面都有着广阔的应用空间。

无论是 X 射线探测器背板还是病毒检测一体机，都是医疗领域里的尖端技术。这些技术成果是由应用场景的需求所推动的，也就是"医"的场景推动了"工"的发展。可见尖端技术的研发，对于普通消费级硬件的创新应用有着巨大的赋能作用。

—— **本章小结** ——

对一些上市公司而言，一旦在一个赛道形成了一定的技术和市场优势，公司经营策略就会趋于稳健，鲜少有跳跃性的行业跨界投资，但京东方是个例外。

早在布局并涉足医疗健康行业时，京东方就在半导体显示行业的个别细分领域获得了出货量第一，但距离全球领军企业还有一段距离。基于这样的背景，京东方跨界到医疗健康这个与自身主业相关度不高的领域看上去有点"不务正业"。

经过多年的开拓与发展，时至今日，当初与主业相关性最弱的智慧医工业务在"屏之物联"战略的背景映射下，已经有了非常强的自洽性。

京东方认为，整个智慧医工体系是构建于京东方外部最大的物联网应用场景。与京东方"屏+AIoT"的解决方案赋能其他垂直行业场景不同，京东方是从实体业务到技术体系重新打造了一个大健康生态系统。在这个生态系统中，机构、系统、设备、用户形成了一个完整的业务和数据闭环，而"屏+AIoT"在这个业务闭环中起到了底层支撑作用。

如果将智慧医工视作物联网应用下的一个场景，那么它的复杂性更为突出。它涉及行业中无数机构、用户、设备的链接，这与京东方主营业务所面对的业务场景是迥然不同的，甚至与其他物联网赋能的垂直行业场景也大相径庭。最为重要的，智慧医工所服务的用户是纯粹的C端用户，这块业务填补了京东方此前没有C端用户经验的短板。正是由于需要大量链接和服务C端用户，京东方整个物联网业务版图也有了纯2C的场景。

事实证明，2C的商业模式相对于2B，基本没有所谓的行业周期，尤其是健康服务业。随着老龄化社会的到来，这只会是一个需求不断增长的市场，而京东方从一开始进入这个产业就将物联网技术注入其中，对于传统的医疗健康行业本身就是一种颠覆性创新。

第八章
"屏之物联"
重构行业场景

未来，物联网市场的"星辰大海"存在于各种各样的行业场景中，对京东方而言，这些垂直的行业场景是"屏之物联"战略真正意义上的增量市场。

如前文所述，京东方物联网赋能的业务场景，一个是内部的制造体系，另一个是大健康生态。前者更像是内部赋能，打磨出产品和解决方案之后才走出京东方，在这个体系下促进工业互联网成为新业务，从而创造市场增量。后者是在业务创建过程中借助物联网软硬件技术手段构建业务体系，市场增量来自健康业务本身，而物联网解决方案则让健康事业发展得更快更好，更符合未来趋势。

由此可见，只要做好对每个细分行业场景的赋能，京东方便能打开业绩增长的无限想象空间。在这些场景中，屏是交互入口，而综合了所有物联网技术的个性化解决方案则是赢得市场的关键。深入每一个细分市场，用更细的颗粒度去观察京东方在细分场景中的耕耘过程，我们会发现，京东方并不是单纯地卖产品和解决方案，而是真正帮助其他企业在其自身的行业场景中物联网化并获得增长，这是一个"授之以渔"，而非"授之以鱼"的过程。

京东方的物联网转型不仅让自身变成了一个物联网实践者，还勾勒了一个"万物互联"的宏大产业图景。深入其中，京东方用自身的"屏+AIoT"体系帮助更多的企业变成物联网实践者，从而更好地服务它们自己的客户，优化管理，提升效率，京东方也从行业场景赋能中打开了增长的天花板。

银行网点迎来智慧新生

在这个"手机在手，天下我有"的时代，很多人的日常支付、转账基本在线上就能完成。原先需要去银行办理的水、电、煤等公共服务缴费，也随着金融机构的业务上线成为用户的第二选择。除了少数金融业务，人们去银行的机会日渐减少。受益于数字化浪潮的裨益，银行线下网点，伴随用户线下流量的下降，正在慢慢减少了工作量。

线下流量的减少使一些银行开始收缩线下网点规模。根据国家金融管理总局网站数据，截至2023年2月10日，一年间，商业银行有超2600家线下银行网点终止营业。虽然这一数据对于全国20多万家银行网点并不算很大比例，但在未来金融业务线上化的趋势下，银行网点将在银行体系中扮演怎样的角色、如何优化网点服务、提升网点运营效率早已成为大多数商业银行思考的课题。

数字时代，银行网点需要价值重构

银行的线下网点是商业银行的重要渠道，承载了交易、营销、形象展示等功能，虽然近几年线上渠道——手机银行发展迅速，但正如网购如何发展都无法替代线下购物的体验感一样，银行线下网点仍有其不可替代的价值。

如今，虽然大量的金融业务已转到线上，但如面对高净值人群、企业金融对公、不擅使用网上银行的一些中老年人涉及的业务等，线下办理仍是刚性需求。因此，网点渠道成为商业银行竞争的重要筹码之一，这些客户也成为各大商业银行竞争的焦点。如何服务好这些客户，提升他们在银行网点的体验感是银行近几年改革的方向。几乎所有银行对于线下网点的改造升级都指向一个共同的方向——网点的智慧化升级。

事实上，银行网点的智慧化升级与京东方物联网转型处于同一节奏。在京东方智慧系统业务中，银行网点场景是京东方最早开始研究和开拓的场景之一，京东方团队对于银行线下网点的价值、智慧化需求和发展趋势也有着深刻的洞察。

那么，银行线下网点的价值何在？在京东方金融项目团队看来，虽然移动互联网浪潮的兴起导致客户对银行线下网点的功能需求产生了变化，但线下网点仍然在客户交流体验、客户关系管理、复杂产品推荐、线下支付结算等方面发挥着长期作用。虽然银行线下网点在人们生活中的存在感有所下降，但并不影响其所体现出的实力和品牌影响力。

大多数商业银行线下网点在商业区、工业区，占据着极其有利的地理位置，网点本身对于银行就有一定的品牌宣传作用。在竞争激烈的现状下，对银行来说，收缩网点对周边居民、企业的影响不仅仅是业务办理的不便，还对该银行品牌的认知和信任有负面影响——网点都撤了，还要把钱继续存在这家银行吗？

事实上，银行线下网点给客户提供了三大服务：一是专业面对面的咨询服务；二是客户社交场所服务；三是差异化贵宾服务。商业银行对高净值客户一般设置了VIP（贵宾）服务，这些针对高端客户的一对一特色服务，需要通过实体网点和专业人员来实现。因此，银行线下网点恰恰是银行与互联网金融企业相比最大的优势。

面对客户习惯的变迁和互联网金融的冲击，银行思考的是将自身于互联网金融时代的核心优势展现出来：如何利用客户到线下网点的机会，向其推荐更多金融产品；如何让客户体验到更便捷高效的线下业务办理服务，这就是当下银行线下网点智能化升级需求大爆发的原因。

那么，银行线下场景如何实现智能化？智能化的第一步就是"交互"，即实现客户与银行线下网点机具、设备之间流畅的互动。屏是交互最常见的界面，但是，仅有屏还远远不够。银行网点各有不同，服务的客户也有所侧重，每个银行甚至每个网点需要的是一整套满足银行自身需求，以及适合该网点特色的智慧化升级解决方案。

众所周知，京东方半导体显示业务服务的客户都是全球一流的企业，它们对产品和服务的要求极其严苛，站在客户的角度去开发产品，最大限度地实现客户价值始终是京东方服务客户的理念。物联网服务场景的开发所强调的同样也是与客户共创价值，这是京东方能够帮助银行打造出一个又一个智慧化标杆网点的原因。

智慧化银行网点标杆

金融行业作为一种传统行业，要想充分适应 Fintech（金融科技）大潮的影响，从旧有刚性优势中苏醒，就需要弄清楚哪些方面是自身擅长的，哪些前沿技术能为其所用，并成为强项服务，让用户受益，体验出色。显然，用技术赋予其智慧，实为妙方。

一个智慧化的银行网点应该是什么样子？2019 年，采用京东方智慧金融解决方案的中国工商银行北京分行金融街智能银行旗舰店升级完成，其目前已成为中国智慧银行的标杆项目。

工商银行北京金融街支行是工商银行在金融街的一家大型旗舰网点。金融街处于北京核心地段，是中国"一行两会"所在地，汇聚了多家国有和商业银行总部、世界知名投行、私募基金等金融机构，以及电信、电力等其他行业央企总部，是北京著名的高端商业区块之一，也是金融专业人士的聚集地。

工商银行北京金融街智慧银行旗舰店的智慧化场景本着"回归金融本源"的原则，按照"技术驱动+服务协同+场景链接+生态融合"的总体设计框架，充分展现了工商银行的科技能力、服务质量和产品价值。那么从一个普通用户的视角看，这个银行网点究竟有什么创新之处呢？

笔者专门到现场调研，确实颠覆了笔者对银行网点的传统认知。进入银行大堂，科技感扑面而来，整个网点遍布着各种大小屏幕——大厅的正中是一个 AI 迎宾台，客户可以与虚拟机器人"工小智"对话获得帮助。

除了 AI 迎宾台屏幕上的虚拟机器人，客户还可以通过与大厅里"走来走去"的机器人"小融"直接对话获得各种服务和问题解答。

客户可以向"小融"提出自己的业务需求，如查询账户信息、历史明细等简单业务的办理，也可以直接选择在轻业务机器人上刷卡办理。如果是复杂业务，轻业务机器人会引导客户前往智能柜员机前，并为客户远程唤起相关业务办理页面。有意思的是，客户的非业务需求也会享受到相应服务，例如，"小融"可以派另一台专门送水的机器人来到客户身边送上瓶装矿泉水。据了解，这些分工不同的机器人背后是机器人协同系统，后者指挥多台各类机器人相互合作，为客户提供完整的厅堂业务服务。

传统银行随处可见的自动柜员机也在智能化技术的加持下得到升级：传统自动柜员机必须插入银行卡并输入密码方可办理业务，而经过升级后的自动柜员机通过语音导航功能，就能快速响应客户说出的"查询余额""开通人脸"等指令，接着，系统便会自动唤起办理界面，通过刷脸、扫码认证身份信息，银行的绝大部分非现金业务都能在这里完成。如果客户在自动柜员机上无法完成业务办理，也可以随时呼叫远程座席获得一对一的业务咨询服务。

网点内，整面墙上的两块巨型屏幕格外引人注目：一块屏是企业生命周期墙；另一块是个人生命周期墙，两块屏被命名为"工商银行产品卷轴"。在企业生命周期墙上，客户可以通过浏览企业生命周期墙上的初创期、成长期和成熟期，选择相应的金融服务和产品。如果客户选择初创期，可通过该栏目下的"便捷开户"入口扫描二维码办理，也可以线上办理预约开户。在个人生命周期墙上，可以看到"青葱岁月""风华正茂""锦绣年华""金色时光"四个主题，其分别对应人生的四个阶段，客户可以根据自己所处的人生阶段查看不同的银行产品，并可以直接购买或扫描二维码进行详情查看，也可以在手机银行中购买。

在贵金属展示柜前，透明屏上的产品3D模拟展示让客户无须拿取实物，只需自己操作屏幕就可以360度旋转产品，产品角度与细节清晰可见。如果客户对某一款贵金属感兴趣，可以当场预约购买，也可以在线上购买。在线下领取贵金属时，也可以实现自助取货——客户可以通过智能实物管理站的人脸和虹膜识别功能实现身份验证，同时支持交付客户预约的贵金属、中外币现钞等实物订单自取。

工商银行北京金融街支行还将很多线上业务在网点中实现智能化展现，使得客户对金融产品的体验得到提升。以出国金融专区的沉浸式空间为例，客户可以使用3D巡游体验，欣赏境外名胜古迹、自然风光等，也可以体验旅游金融服务场景，如机票预订、酒店预订、境外租车、出境保险、信用卡临时调额和挂失等，从而为客户出国留学、出国旅游等需求提供一篮子服务。

工商银行北京金融街支行网点智慧升级后，让客户体验到了智慧金融服务所带来的惊喜，同时该网点也成为同行业单位参观学习的标杆。这是京东方"屏+AIoT"系统的整体解决方案给银行线下网点带来的增值价值。在京东方智慧金融的业务团队看来，用底层标准化的技术体系结合不同银行、不同网点的业务需求，可以提供不同的解决方案，只有这样才能真正赋能银行线下场景，重构银行线下价值。

智慧金融个性化解决方案重构线下价值

工商银行北京金融街支行智慧银行旗舰店改造亮相后，成为银行线下网点改造的样板。由此，京东方也成为中国工商银行北京分行线下网点升级改造的重要合作伙伴，进而打开了多家商业银行智慧化升级的市场。

根据国家金融监督管理总局的官方数据，截至 2022 年 12 月 31 日，全国共有银行网点数量 22.29 万个。线下网点的智慧化升级展现出巨大的市场空间，这也是京东方智慧物联业务瞄准的重要市场。然而，要在银行智慧化升级改造中持续扩大市场份额并不是件容易的事。

近几年，银行纷纷在科技创新方面加大投入，对于先进的物联网、人工智能、生物识别技术积极参与，积极行动，由此，银行也成为新技术和解决方案供应商的"兵家必争之地"，竞争极其激烈。

早在物联网转型之前，京东方就与银行有着密切的合作，从最初为银行提供显示屏整机，到帮助银行打造智慧网点，逐步将银行前端的管理平台、交互软件、内容数据整合在一起形成一系列解决方案。

在为银行提供物联网解决方案的过程中，京东方的竞争力主要体现在两端，即后端系统积累能力和前端洞察客户需求的能力。两者决定了京东方不仅能够提供标准化系统解决方案，还能满足客户的个性化需求，帮助银行打造"千店千面"的智慧化网点。

正如前文所述，京东方 AIoT 技术体系形成了八大技术平台，在这一基础上进一步形成了智慧金融平台，后者软硬件技术已经形成了标准化的底层技术体系。该体系保证了京东方在服务每一位客户时都能基于底层技术平台实现高效的交付，无须重复"造轮子"。

底层的标准化支撑了前端所呈现的多样化，具体到银行网点的前端看，各种类型的"屏"产品满足了不同客户场景的不同需求。事实上,京东方服务的本质就体现在如何用软硬件体系打造以客户为中心的个性化服务场景上。

再以工商银行北京金融街支行智慧银行网点为例,该网点对外亮相后,引领了中国智慧银行近两年的发展趋势。京东方在启动升级该项目时,工商银行从总行到分行各级领导都格外重视,而且态度坚定而有力:做一个中国第一号网点,科技引领的网点!

目标与愿景激励着京东方团队与工商银行团队激情共创:设计图多次修改,方案反复打磨,场景循环论证,工商银行的标杆网点就是在双方团队的匠心努力下建设成功的。

虽然京东方在工商银行金融街项目合作上获得了成功,但不意味着所有网点都可以直接复制这一方案。同样是工商银行的网点,北京分行经济技术开发区网点给出的需求则是要打造一家"产融结合"的智慧网点。北京经济技术开发区是北京高端制造业的基地,拥有上万家创新型企业,工商银行北京分行希望用现代金融科技为该区域企业赋能。

"产融结合"如何呈现?在京东方的解决方案中,企业生命周期墙作为亮点,结合企业初创期、成长期、成熟期的不同特质和需求,为企业特别是民营企业提供了针对性指导与菜单式服务。该网点还定期推出"企业主题日"活动,将银行网点变成企业品牌展示的空间和线下社交场所。比如,某企业作为工商银行北京分行的大客户,可以选择在该网点打造企业主题日活动,活动包括产品展示、邀请客户现场互动等。

在"产融结合"主题网点的解决方案中,京东方要考虑的是帮助网点实现与企业客户的紧密互动,充分体现银行网点对企业客户的增值价值。

在工商银行北京经济技术开发区这个案例中,"产融结合"的智慧网点帮助银行打造了自己的企业"朋友圈",增加了企业与银行网点间的互动。网点在营销自身金融产品的同时，也会展示客户企业的明星产品，将客户的业务融入银行服务的线上线下窗口。

京东方团队在为每一个银行网点提供解决方案时，都需要考虑该网点周边环境和网点自身定位。同样是工商银行，"产融结合"在北京经济技术开发区网点获得了成功，但是应用到王府井支行就不适合，因为王府井周边主要是流动客户，也是北京网红打卡地之一，京东方团队在这里考虑的是针对网红打卡地如何做一些创意，将银行网点的业务结合进去。北京新街口支行网点周边聚集着汽车销售服务4S店和几个大的房地产公司，这个网点的解决方案就需要围绕汽车、住房相关需求来进行创新。

银行网点的智能化改造从技术应用上看，主要包括人工智能、大数据、生物识别、轨迹跟踪、体感互动、智慧显示等，这些技术也在每个银行网点根据场景需求构成不同的解决方案。这也意味着京东方所打造的物联网行业解决方案聚焦的是定制化市场，而非标准化市场。深入行业后，京东方智慧金融解决方案体现的是后端技术的体系标准化以及前端服务和方案的个性化。

京东方通过智慧金融解决方案将银行网点打造成了一个个物联网场景，提升了银行网点的效率，优化了用户体验。在与银行合作过程中建立起的信任，也让银行成为京东方其他产品的客户。比如，在每家银行分行智能会议系统的升级过程中，京东方智能会议一体机就有机会进入采购目录，"让屏植入更多场景"的目标通过场景开拓也衍生出了更多的机会。

智慧园区解决方案的多场景适配

如果说智慧金融是由银行业智能化升级需求而造就的市场，那么园区智慧化则是受到国家政策的支持。2022年1月，国务院发布

《"十四五"数字经济发展规划》，明确提出推动产业园区和产业集群数字化转型，这标志着园区作为新型基础设施建设和数字经济建设的重要组成部分迎来了崭新的发展机遇。

根据赛迪顾问发布的《中国智慧园区发展研究报告（2022）》，预计到 2024 年，中国智慧园区市场规模有望突破 1900 亿元。

基于对自有工厂、办公园区、商业、医院等机构的支撑和智慧化建设以及运营的深刻理解，京东方一方面依托"屏之物联"的核心技术能力，聚焦文商旅、办公、学校、医院等场景，为它们提供智慧园区解决方案，让园区真正具备感知力、思考力、表达力、免疫力和生长力；另一方面，为帮助园区加快数字化转型升级，京东方精心构建了面向园区管理、运营、服务于一体的综合解决方案，实现了智慧园区降本增效、提质增收和可持续运营。由此，京东方智慧园区解决方案为智慧园区注入了智能高效、富有创新的物联网活力。

古老景德镇的智慧化新生

文商旅园区是文化、商业、旅游的园区综合体，也是数字赋能产业升级的重中之重。在京东方 AIoT 解决方案的赋能下，景德镇这一古老瓷都的文旅景区将传统工业与现代潮流融为一体，迎来了智慧化管理的新生。

2019 年 8 月，国家发展和改革委员会、文化和旅游部印发《景德镇国家陶瓷文化传承创新试验区实施方案》，提出打造陶瓷文化旅游核心产品，重点构建陶阳里、陶溪川、陶源谷等陶瓷文化景区，培育文化旅游新业态，全面提升旅游配套服务，构建方便快捷的旅游交通网、旅游服务设施网和"智慧智能"旅游互联网。

其中，陶阳里、陶溪川两大陶瓷文化街区的定位和风格各有不同。陶溪川文创街区是景德镇的城市新名片，也是首批国家级文化产业示范园区，其以原有的宇宙瓷厂为核心启动区，通过活力再造，集"传统、时尚、艺术、高科技"于一体，成为工业遗产成功转型、文创产业发展升级的样本。京东方从 2019 年与景德镇陶文旅控股集团合作，为陶溪川文创街区注入高科技的元素，助力陶溪川获得"2022 年国家科技旅游示范区"称号（全国仅有 12 家）。而陶阳里历史街区则是依"御窑厂"遗址老城而改造成的 4A 级景区，结合自身独有的民俗、遗址、明清窑作的特色，陶阳里重点打造吃、住、购、馆、玩、作六大业态，成为展示景德镇陶瓷文化底蕴的新地标。

两个园区智能化建设和改造都是为了优化园区管理，提升游客体验。首先，文旅园区的管理者一方面需要对景点运营、园区安全、建筑能耗等日常运营事项进行统一协调管控，传统的人工管理模式在面对包括客流统计、景区安防监控、景区能耗监管等诸多事项时，不但效率低下，而且极易存在管理盲区与漏洞。另一方面，随着消费结构的升级，人们越发重视消费体验，而功能丰富的智能化系统无疑是帮助景区提升游客体验的利器。尤其是在旅游行业竞争越发激烈之际，传统景区亟待通过数字化改造来带动园区的客流量与经营收益。

其次，对改造的文旅园区而言，运营方普遍会在设计初期进行智能化系统的统一规划，但同时也需要为日后系统升级预留网络配置或设备冗余。对于传统文旅园区的升级改造，运营方需要完整保留既有的建筑特征，同时还要充分考虑智能化系统与传统瓷文化在外观、表现形式方面的融合。

鉴于此，京东方依托"陶溪川文创街区"与"陶阳里历史街区"两项别具特色的建筑群，面向管理、服务、运营三个维度，精心打造出端到端的全场景、全要素、全周期的智慧园区解决方案，让千年瓷都焕发出了智慧之光。

在园区管理层面，京东方让园区智联从概念变成体验现实。京东方自主研发的人工智能技术在陶溪川文创街区智慧升级中，实现了规模化的落地应用，为园区内的综合安防、便捷通行、设备接入管理、能耗管理、物业管理等 20 余项应用高效赋能，让其成为一个全感知、会思考、善表达、强免疫、高增长的智慧园区。

在园区运营服务层面，在京东方物联网技术的加持下，园区各个子系统数据得以打通，高效的园区运营管理植入场景。例如，京东方提供的便捷通行解决方案可通过微信小程序帮助游客精准导航到车位，摆脱找车难、停车难的困扰；酒店客房智能控制方案帮助客房内实现灯光、窗帘、背景音乐、电视、空调等设备的智能控制，并对客房状况、客人需求、服务状况、设备状况等进行实时反馈，真正实现智能化、无人化酒店管理模式；导览解决方案则让园区服务介绍、餐厅美食介绍、活动介绍指南、景点导览等室外园区信息和直播基地、发布大厅等室内空间信息整合统一，方便游客查询。

在这些应用体验背后，最为核心的是京东方智慧园区运营管理平台。作为园区智慧化运行的中枢，通过数字平台线上线下空间整合，京东方基于园区综合安防、便捷通行、设施管理、能耗管理、环境管理和招商运营等模块，为园区内管理者提供了"一屏尽览园区态势，一网统管园区运作"的新服务，为运营方、商户和游客带来了安全、高效、便捷、舒适的园区新体验。

从园区到"泛园区"的市场空间

景德镇瓷都文旅园区的智慧化升级只是京东方多个园区项目之一。近几年，京东方智慧园区业务在北京、河北、江西、山东等地遍地开花，为园区管理者提供了全域管理和园区增效的一站式服务。2022 年，京东方智慧园区业务同比增长 80%，已在全国落地标杆项目 50 余个，覆盖政府、地产开发、城投集团、园区运营公司、科技企业等客户超过 700 家。

无论是工业园区还是商旅园区，园区管理智慧化升级实际上就是通过 AIoT 智能化系统实现园区内的互联互通。通过海量数据叠加高效计算，该系统协助园区管理者进行智能化决策，从而提升管理效率，让园区内的管理者拥有更加便捷的体验。由此延伸，智慧园区的业务已经突破传统的范畴，目前学校、医院等特色场景都可与智慧园区方案高度适配。

青岛市二十一世纪学校对智慧园区系统的应用，便是极为经典的案例。

青岛市二十一世纪学校是青岛市西海岸新区重点打造的高品质国际化教育项目。学校占地面积161.21亩，建筑面积14.4万平方米，是一家涵盖幼儿园、小学、初中、高中四个学部的一站式教育院校。

在数字化浪潮下，教育行业已经完成了网联化、智能化升级，实现了通信网络优化、教学终端智能化改革等基础功能的升级。然而，智能化系统建设只是完成了智慧园区赋能学校的第一步，如何让所有系统有序运转、相互协同，并切实解决学校管理者、教师、家长、学生的不同需求，才具有数字化的核心意义。

对学校管理者和日常运营人员而言，校园内涵盖智慧课堂、信息发布、直播录课等十余个智能化场景，如何挖掘学校每日海量数据背后的价值，并提升运营效率，如何保障四个学部信息发布的及时与准确，都是学校亟待解决的问题。对教师而言，随着教具的智能化升级，如何更加生动、高效地授课，将已有的教学经验与资源合理优化，沉淀出可复用的教学内容，让学生更加深入高效地汲取知识，也是值得关注的重点。

针对学校的智能化升级需求，京东方提供了软硬融合的智慧园区解决方案，为学校建设了包括计算机网络、综合布线、有线电视、信息发布、核心机房、视频会议、音视频扩声等系统在内的16个智慧园区子系统。

软硬融合的整体解决方案全面打通了校内数据，为校方提供了一个更易管理的系统平台，教师与学生于其中收获了更优的智能化学习环境，家长则与学校的沟通变得更加便捷。

以网络系统为例，青岛作为全国首批"双千兆"城市，其完善的通信网络基础设施为智慧园区落地提供了有力的保障。青岛市二十一世纪学校校内设有报告厅与录播教室，在万兆网络的保障下，报告厅内的活动画面或录播课程可以实时传输到每间教室内，实现全校师生同步观看。

基础网络高速传输只是基础，校内课程同步直播才是重点。借助融合平台，智慧园区方案将录播系统、报告厅的会议系统、音视频扩声系统以及大屏显示系统与教室内的显示系统、扩声系统完全打通，学校教职工与学生的教学试听全程体验极佳。

在数据安全层面，基于隐私与数据安全考虑，青岛市二十一世纪学校选择将数据存储、备份在本地服务器，并根据学校5年内的发展进行了整体规划，能够满足近5000名学生与500名教师4～5年的整体应用。更重要的是，它还设置了高可靠的容错机制，当一台服务器发生故障宕机时，系统可以将业务数据自动迁移至备份服务器上。京东方的智慧校园综合管理平台还为青岛市二十一世纪学校的服务器进行了系统化管理，将上传至服务器的校内资源汇聚到一个虚拟化的资源池内，在保障安全隐私的前提下融合校内资源，将数据价值最大化。

在京东方智慧园区解决方案的技术加持下，青岛市二十一世纪学校在运营管理、教学授课、家校联动等方面实现了网联化、数字化、智能化。基于平台的融合能力，家长未来能够全方位地了解学生在校内的生活与学习情况，而学校在校园和教学管理上将会更加事半功倍。

可以预见，无论是推动我国经济高质量发展的产业园区，还是校园、医院、文旅景区等泛园区，京东方在显示领域的核心技术优势，在"屏之物联"战略的指引下，将会与AIoT能力更加协同，并注入智慧园区的建设与管理中，形成具有京东方自主优势能力的端到端全场景、全要素、全周期的物联网创新解决方案。

未来，京东方将持续在智慧园区场景下帮助客户实现精细化管理与运营，2000亿元的市场空间等待着京东方去探索、去开发。

文化产业的科技新动能

"屏+AIoT"软硬一体的智能化系统在各种细分场景中展现出了强大的赋能作用。在数字化时代，京东方用自己的物联网解决方案给予各个行业管理者一个抓手，使其能够优化管理、提升效率、降低成本、增强用户体验。

如果把以上具体产业场景称为"硬场景"，那么文化场景就相当于"软场景"。

用科技赋能中国文化传播，用数字化的手段传播中国传统文化，不仅能增强国人的文化自信，而且可以让中国传统文化影响更多人。这是京东方"屏+AIoT"持续探索的领域，而跨入文化艺术圈的京东方也为行业带来了诸多惊喜和无限想象空间。

从冰雪盛会到视觉艺术大市场

随着技术的飞速进步，显示屏的尺寸和形状都突破了传统认知，超高清的显示水准也让人们体验到了逼真的影像和沉浸式视觉享受。于是，屏幕便在大型活动中担当起了艺术演绎的主角。

用屏表现出视觉艺术的极致是什么样子？北京2022年年初那场全球冰雪盛会开幕式给出了完美的答案。

正如本书第一章所述，全球冰雪盛会开幕式的"雪花屏"可以说是视觉艺术和技术的天花板。"雪花"既是一个火炬台，又是一块屏幕，当火炬点燃的那一刻，"雪花屏"闪耀出波浪般层层递进的璀璨光芒，惊艳了全球观众。这朵"雪花"既体现出了东方文化的浪漫和唯美，又彰显了中国的科技实力。

"雪花屏"不单纯是一块异形屏，而是一个集成了高精尖技术、由硬件和软件两部分组成的物联网，其技术复杂度远远超过人们的想象。因为这样一场全球瞩目的盛会，对于系统的稳定性、可靠性和安全性的容错率为零，极具技术挑战性。

除了"雪花屏"，京东方的超高清 8K 地屏显示系统也同步惊艳亮相。这一地屏系统能够实时捕捉演员行进轨迹，实现画面与演员的无缝互动，并且在开幕前长达 5 个月的高强度排演及冬季 −30℃的极端低温雨雪天气下，其依然能实现稳定运行，技术实力得以彰显。

冰雪盛会开闭幕式的地屏和"雪花"火炬台，是京东方根据导演组的要求量身定做的一套大型科技视觉系统，也是一套融合了屏和软件的物联网装置系统。这一系统被开幕式导演张艺谋称为鸟巢最大的"演员"，它的表演让开幕式充满了生命力。

京东方"屏+AIoT"物联网技术系统为世界献上了一场融合数字科技与美学创新的视觉盛宴，也为京东方拓展出全新的市场空间。因为冰雪盛会还未结束，杭州亚洲体育盛事开幕式筹备组的一位负责人就找到了京东方智慧系统业务负责人，指定要求使用京东方的地屏系统。

冰雪盛会上的出色表现也为京东方带来了巨大的品牌影响力，陈炎顺将其称为京东方 2022 年的开门红大事，它的红也映衬了京东方物联网转型的战略价值。

在京东方管理层看来，通过这样一场全球盛会，科技和文化艺术的融合符合未来的趋势，也有着很强的商业价值。未来，利用屏幕光影系统营造的科技感、沉浸感、交互感会成为各种大型活动和演出的标配。于是，京东方顺势成立了视觉艺术拓展组，与金融、园区等业务单元并列成为物联网创新系统的独立业务团队，这也是京东方"1+4+N+生态链"发展结构中最新培育的一个"N"。事实上，在京东方内部，这个"N"早已萌芽，快速成长。

京东方的"破圈"并不是从冰雪盛会才开始的。京东方于2019年为庆祝大型周年庆典活动打造的光影屏曾引发万众瞩目，那是京东方首次"破圈"。庆典活动后，京东方迎来各类艺术圈人士交流访问。大家慕名而来不仅是因为光影屏最终呈现的惊艳效果，还因为京东方为会务组与导演团队提供了超预期的解决方案。

实际上，根据庆典活动的节目编排，按照张艺谋导演的最初计划，光影屏的表演只占10分钟，得益于京东方的参与，图像在软件系统的调优之下迅速同步于每块屏幕上，为排练大大节省了时间。此外，京东方的产品工程师还将光影屏这一硬件从原来的8公斤减至2.85公斤，电池的续航能力从原计划的1.5小时扩增到3小时。于是原来只是表演配角的光影屏变成主角，总共表演时长达到了1.5小时。

大型周年庆典活动上的光影屏、冰雪盛会上的"雪花屏"与地屏的惊艳亮相，让京东方在演艺圈声名鹊起。事实上，品牌影响力的背后有一个事实不容忽视，国家级大型活动中软硬件系统对光影表演的容错率为0，因此在极限挑战下历练出的解决方案可靠性是毋庸置疑的。

为了将视觉艺术领域的品牌影响力变成生产力，京东方也加快了商业拓展的步伐。

京东方的视觉艺术业务拓展聚焦于三类场景：第一类是重大的文体会演和展览宣传活动；第二类聚焦于各个城市都在做的城市亮化项目，包括户外的城市光空间、网红打卡地打造等；第三类是虚拟拍摄、虚拟影棚等领域，这也是一个即将爆发的大市场。

事实上，在视觉艺术商业化方面，京东方已经有了成功案例，那就是成都金融城"双子塔"亮化项目。成都金融城"双子塔"坐落于高新区天府国际金融中心，是成都的地标性建筑，也是网红打卡地之一。许多成都的城市宣传片都少不了"双子塔"的身影，它也是京东方视觉艺术商业化最成功的一个作品。

成都金融城"双子塔"高达218米，京东方改造的目标是要给双塔高楼穿上"光影霓裳"，即通过显示控制系统控制楼宇外墙屏幕，让其在夜幕下随意"扮靓"甚至变幻形象。

重点在于，京东方团队在提供解决方案时需要通过自身的技术实力去满足客户的场景需求。首先，屏幕改造与建筑风格要保持一致。"双子塔"作为成都高新区地标性建筑，整个大楼的外立面均包裹着全金属镂空外网，其需要承载不规则"冰花"造型。为了保证建筑造型的完整性，不仅要为两座大楼通体"披上"LED 8K屏幕，同时改造后的屏幕和建筑本体也要融为一体。其次，京东方要保证"双子塔"屏幕画面的协同播放效果——两座建筑上的两个LED屏幕需要交相呼应，高度协同。此外，LED屏幕被分割成冰花造型后，整个画面不能由于"双子塔"圆柱体外形的设计而失真、变形。京东方团队确信，这些需求与挑战在硬件和软件的技术实力面前，将会迎刃而解。

首先，京东方按照"双子塔"外部不同的窗格尺寸和形状，定制了120种不同造型的屏幕，并且采用卡扣的安装方式固定在双塔窗格上。同时，由于屏幕是在户外显示，京东方通过防水技术，让屏幕具备了超高级别防水能力，即便是阴雨蒙蒙的天气，也不影响"双子塔"显示屏的运行。

其次，京东方在后端控制机房内提供了传输速度高达300M/s（兆字节每秒）的播控系统，不仅能对"双子塔"的两个LED屏幕进行集中控制，更使8K高清视频同步播放成为可能。京东方还针对每一处LED屏幕进行详细的锚点绘制，描出实际LED显示的位置和显示点，保证输出画面不变，并按照不同的安装方式编写了近千种程序，以保证像素的精准投射。

成都金融城"双子塔"的改造成就了国内单体建筑面积最大的LED屏幕，京东方也由此开国内商用建筑外体设计之先河。值得一提的是,"双子塔"整体所用 LED 灯条长度超过了 16 万米,也是目前国内单体建筑亮化之最。

在业界看来,成都金融城"双子塔"不仅能够呈现出超高清视觉效果,为城市夜景增添绚丽光彩,同时还能通过丰富的画面显示技术实现创新的商业投放、文艺投放、社会公益投放等,获得了社会效益和商业效益的双赢。

经过国家级大型活动和商业项目的打磨,京东方在视觉艺术解决方案上,无论是技术还是商业模式都日益成熟。可以预见的是,未来在全球视觉艺术市场上,将随处可见京东方的身影。

文化艺术如何插上数字化的翅膀

走进苏州湾数字艺术馆的"灵境——未来灵感世界"数字艺术展,"时空穿梭机""多感知星球""未来灵感城"联通古今。在这里,远古时代和未来空间只相隔"秒速"的距离。如果伸手触摸"史前岩壁",那些代表东西方史的各类岩画就会跃然眼前;借助独特的转换器,高科技的机器通过识别人的表情便能感知人的心情,并随之喷出特调香气……古代文明景观、万物多元的超大陆奇观、无限共创的未来新世界,通过虚实融合的元宇宙空间,艺术性地呈现在公众面前,沉浸式、参与式的体验极具魅力。

随着信息技术的发展,数字时代的文化传播方式已发生翻天覆地的变化。同时,艺术的表达方式也在不断进步。"数字艺术"正是科技与艺术相结合的一个新的创作形式。

京东方在文化艺术领域的一系列高光时刻源于其打造的第一个物联网产品——"画屏"。

画屏,顾名思义,显示屏以画框形态高度还原各种画作。京东方推出画屏产品,旨在在人们"琴棋书画"的四大"雅好"中占有一席之地。无论是苹果的 iPod(数字多媒体播放器)还是亚马逊的 Kindle

（电子阅读器），其共同特点都在于，它们不仅仅是一个单纯的硬件，而是集合了内容系统与数据系统，为用户提供生动而丰富的图像与文字的产品。京东方在这一领域不仅要躬身入局，更要赶超对手。

从硬件角度看，画屏与传统电视屏最大的区别在于其搭载了无损Gamma显示、智能感光、图像智能匹配等技术，这些技术都能逼真地还原艺术作品。

作为一个物联网产品，画屏除了"端"维技术与传统显示屏不同，其更多优势体现在系统端。在画屏背后，京东方数字艺术内容平台可将海量艺术作品通过屏幕，以高清影像展示给观众，其适用于图书馆、博物馆、学校、写字楼等公共场合或者普通用户家中。可以说，一个画屏相当于一座大型艺术中心，其精彩内容正是通过云计算、网络和大数据技术得以生动呈现的。

2019年，由京东方牵头制定的"数字化艺术品显示系统的应用场景、框架和元数据技术"获得国际电信联盟批准，成为国际标准（标准号H.629.1），这是我国在数字文化产业领域的一个重要突破，也是京东方在国际电信联盟取得的首个标准。

这一国际标准是对中国数字艺术的重大贡献，不仅定义了显示屏本身，还定义了数字艺术系统的应用场景、显示系统的架构、显示屏本身对光电性能的要求、测试它的方法以及数字艺术内容和显示终端的源数据架构等。作为系统性的、完整的定义，构建这一国际标准等于在数字艺术领域占据了产业制高点。

拿下了国际标准，画屏的应用场景越来越广泛地被认可，其所搭载的海量数字文化内容平台成为真正意义上的数字化艺术内容入口。在该平台上，艺术机构可以入驻并通过艺术作品的发布和终端推送，增加艺术作品的曝光度。截至2022年，京东方数字艺术平台入驻艺术机构已达340余家，涵盖艺术家超过7800名。

画屏也可以为一些艺术机构的数字化展览提供解决方案，最典型的案例是京东方与中国美术馆的合作。由于中国美术馆的限流要求，人们进馆参观的需求受到了极大限制，因此中国美术馆依托京东方画屏举办了一场"百年百幅经典美术作品数字体验展"。该体验展将馆藏百年来最经典的100幅作品展现在京东方的画屏平台上，用户可以在全国各地所有有画屏的地方，比如学校、医院、酒店、餐厅、书店，观看这些艺术作品。数据显示，在短短的一个多月时间，就有1000多万人从展览中体验到了中国传统艺术之美。中国美术馆馆长吴为山评价道，一台电视机就是一个美术馆。

"画屏"通过软硬融合的技术方式将"端"维布局到各种场景，而内容可以由总部统一分发、一键切换，为画屏这一物联网创新产品带来了巨大的应用空间，同时也吸引了许多如故宫、文化和旅游部等颇具影响力的官方合作伙伴。

在文化和旅游部的支持下，京东方在全球60家海外中国文化中心和旅游办事处部署了数字化展陈终端，助力中国文化艺术走向世界。

比如，数字化展览既可以结合当地的需求和主题做定制化的活动，也可以做统一主题的展览，例如文化和旅游部计划在某一时间段在海外中国文化中心和旅游办事处统一举办艺术展，即通过国内内容后台一键操作，所有想要展览的内容展示在前端屏幕，这样"硬件＋系统"的解决方案，大大提升了文化传播的效率。

另一个典型应用场景是校园，目前国内多数校园的文化墙配有多媒体终端。基于京东方画屏系统，优质的艺术与教育内容同样可由学校统一操作，并传输到校园终端屏幕上，供广大师生驻足欣赏、学习。前文所提及的中国美术馆"百年百幅经典美术作品数字体验展"就是通过校园终端，将《启航》《通往乌鲁木齐》《呦呦鹿鸣》《极地科考》等经典名作在国际关系学院、北京印刷学院、浙大城市学院、长沙高新区麓谷小学、杭州市萧山第五高级中学等全国十几所大、中、小学校进行了展出。

除了文化传播和教育领域里的应用，文博机构和商业化的场景也需要数字化展陈手段为观众带来全新体验，比如，首都博物馆"辉煌中轴"展和深圳万达影城就是很典型的案例。

在北京，有这样"一条线"，它南起永定门，北至钟鼓楼，纵贯北京老城南北，全长7.8公里，这就是北京中轴线，被誉为京都的"脊梁和灵魂"。为纪念北京建都870周年，由国家文物局、北京市人民政府主办的"辉煌中轴"展于2023年3月28日在首都博物馆进行常设展出，该展大量应用了京东方各类显示终端与数字多媒体技术，借助数字科技，以虚实结合的方式，让观众沉浸式感受"活起来"的中轴线文化。展览按照"壮美中轴""文化中轴""永恒中轴"三个部分依次展开，对中轴线进行系统的精彩演绎，震撼再现中轴线的独特魅力，一个古今相通、虚实交织的沉浸式中轴线文化体验空间生动地展现在观众眼前。

当观众走进"壮美中轴"空间时，京东方打造的数字沙盘将7.8公里的中轴线以日升日落、星斗变换、春夏秋冬等动态景象呈现出来，让观众在精彩的光影中沉浸式感受中轴线的文化魅力，沙盘两侧还通过条形屏对钟鼓楼、万宁桥、景山、故宫等18个核心遗产点进行三维动画详解。

穿过"文化中轴"巨型拱门，以具有类纸显示效果的京东方画屏为载体，高清逼真地展示了中轴线上皇帝大婚的场景。在博物馆光线比较暗的场景下，京东方画屏也能做到在低亮的同时不损失画面色彩，让观众获得更舒适的视觉体验。

迈入"永恒中轴"展区时，观众可以通过京东方画屏观看北京中轴线上的历史性时刻，同时，在展览尾声的"我在中轴线上"，摆成"中"字形的京东方画屏，配合地面上呈现的中轴线上各个遗产点，让观众与建筑拍照留念，便捷而有趣。

值得一提的是，这次展览的文物说明系统采用了京东方的低碳电子纸技术，通过智能电子墨水屏，文物介绍说明直观清晰，同时具有能耗超低、内容更换便捷、安全性高等优势。

这是首都博物馆将展览叙事空间进行数字剧场化的首次实践，也是京东方科技赋能文博机构展陈数字化的典型案例。

电影院是人们文化消费的重要场所，传统的电影院入口一般都会由各种灯箱来呈现电影海报或者发布最新影讯，加上饮料小食售卖区就构成了影城的观众等待区。如何提升观众用户体验，加强观众与电影艺术的互动呢？万达影城在其第四代电影院的设计上进行了全新探索，手段之一就是引入了全新的数字化展陈系统，打造电影与科技融合的全新艺术空间。

2021年开业的深圳龙岗万达影城，将影院定位为国内首家以"探索、科技、未来+"为理念的太空主题影城。这家影城除了用火箭、飞碟造型、月球表面等太空元素做整体设计，最大的创新就是与京东方合作构建了沉浸式数字艺术体验空间。除了使用京东方最先进的显示产品，他们还采用了京东方数字化展陈解决方案。

比如，万达影城所举办的影迷互动式展览，就使用画屏的纸质显示效果去展示多张经典电影海报，除了更有艺术质感，海报的替换更新只需要后台一键操作，非常便捷。影城门口的"百变屏"则呈现了电影史上前100名经典电影榜单，这块屏可支持10位影迷同时触屏交互，影迷仅需轻点海报即可进入电影详情页面。

京东方还为万达影城打造了"投影屏"和"留影屏"两处网红黑科技打卡景点。其中，"投影屏"通过虚实结合、人物与场景融合等方式，详尽地为影迷解析了新一代IMAX激光系统如何打造行业尖端观影体验。"留影屏"则让影迷切身体验了绿幕技术，影迷只需站在绿箱内屏幕摄像头前，即可与IMAX主题海报与手绘风格纪念插画等合成并打印出照片，这吸引了大量影迷在此打卡留念。

深圳龙岗万达影城的沉浸式数字艺术体验空间，是一个由京东方数字艺术解决方案赋能的经典商业场景。它综合了画屏软硬件系统、8K超高清显示设备等一系列解决方案，在影视、文博、商场等各种场景中都可以为用户带来全新的数字化视效和体验。

如果说以上场景的探索是京东方数字艺术市场化探索的第一阶段，那么随着苏州湾数字艺术馆的建成和运营，京东方在数字艺术领域的市场化拓展就进入了第二个阶段。在这个阶段，京东方牵头建立的首个H.629.1数字艺术显示国际标准产业联盟创新基地正式落地苏州湾数字艺术馆。苏州湾数字艺术馆由京东方旗下公司京东方艺云设计、建设和运营，该艺术馆将新型显示、VR、AR、XR[①]、传感、人工智能算法等技术与文化艺术充分融合，以独有的全场景数字化体验，打造了一个艺术展览领域的数字应用场景。

苏州湾数字艺术馆的建设和运营打造了一个"屏之物联"赋能下的数字艺术样板，实现了艺术内容数字化与场馆运营数字化的展陈手段，全方位地展现出了区别于传统艺术馆的数字魅力，同时，也为业界更多的合作创造了一个实体空间。在苏州湾数字艺术馆开馆前夕，由H.629.1数字艺术显示国际标准产业联盟（以下简称"联盟"）主办的首届苏州湾数字文化产业大会，吸引了全国各地近20家头部文博机构负责人、200余家数字文化企业代表、10余地政府相关领导齐聚苏州湾，共话数字文化产业的新机遇、新挑战，并见证京东方艺云首座数字艺术馆落地苏州湾。在这次大会上，京东方数字与艺术结合的诸多产品、解决方案均惊艳亮相。截至2023年6月，联盟成员已达到260多家。

京东方为联盟勾勒出了一幅数字艺术产业的未来蓝图，这个蓝图包括三个层面。第一个层面是文博机构的数字化，通过打造数字艺

[①] XR，即扩展现实，包括AR、VR和MR（混合现实）。——编者注

术馆给行业"打样",未来传统文博机构将通过数字化的手段去影响更多的受众。第二个层面是数字艺术如何延伸到广大的公共空间。中国一共有 5500 万个公共空间,伴随艺术通过数字化的方式走入公共空间,大量的展览机会将得以开发。第三个层面是数字文化最终要走进家庭。未来画屏将成为家庭必备终端,目前京东方自有品牌产品,作为儿童教育类终端的"小课屏"已经进入了大量家庭。这些终端未来将与艺术馆的展览打通,比如苏州湾数字艺术馆展示的内容可以出现在家庭终端里,这样艺术馆运营与面向家庭的产品运营即可打通,这也为各种艺术展、艺术机构打开了无限的市场想象空间。

全球范围内,数字艺术市场正蓄势待发,京东方用"屏之物联"的解决方案为中国文化插上了科技的翅膀。

本章小结

在物联网时代,任何行业场景要想提升管理效率、用户体验或者业绩水平,都需要在软硬件上进行升级。这种软硬件的升级并非一味地堆砌产品数量,而是从需求出发,重构场景。

从金融行业到园区管理再到文化艺术,这些场景在京东方"屏+AIoT"的赋能下,市场与用户的反馈得到双面提升,管理也变得高效和简捷。这些被京东方"屏+AIoT"架构重构的场景,与我们以往认知的应用场景定义发生了本质的区别:银行线下门店变身为智慧门店;原来的文旅园区焕发出科技的新生;传统的博物馆、艺术馆在数字化的重新定义中扩大了文化的传播效率。

京东方的"屏+AIoT"覆盖了硬件和软件的所有要素,硬件是信息与人的交互,软件是信息与物的交互。这些不同的行业场景所采用的解决方案各不相同,但底层的技术体系是标准化的,无须重复"造轮子",而是更多场景的开拓所沉淀下来的技术让技术底座更加坚实。

在坚实的技术底座之上,各种行业场景的开拓让京东方打开了增长天花板,而进入的每一个行业场景都是千亿级别的市场体量。

在行业场景的市场拓展上,我们看到了京东方的一些变化。传统的屏业务,京东方面对的都是大客户,一年的采购量甚至可以达到百亿级别。面对这样的客户,京东方从订单到生产再到交付已经形成了一整套稳定的流程机制。而这些新兴的行业场景,对于服务的需求更加个性化,基于"屏+AIoT"底层技术打造的解决方案也各具特点,正是这种定制化、个性化的创新方案让用户体验得到大大提升。从京东方的角度看,产品发生了质变,相应地,产品的附加值与市场空间的增值潜力也值得期待,这就是"屏之物联"的战略意义。

第九章
**"屏之物联"
构建产业生态
新图景**

在大自然中，生态系统的基础是土壤和水，这些要素为各种植物的生长提供了养分，并逐渐形成了茂密的森林。森林作为一个完整的生态系统，孕育了大量的植物和动物物种。这些物种相互依存、相互作用，又形成一个个小的生态系统。它们之间相互依存、相互影响，为地球带来了丰富的生物多样性，维持着整个地球生态平衡的稳定运行。

一个企业成长为生态型企业时，便具备了大自然生态系统的特点：随着生命的演化，单一系统变为多元化系统，而演化后的自然生态系统更有生命力，也更适应新的环境。京东方"屏之物联"战略落地的过程，即是其生态系统形成的过程。

在京东方"1+4+N+生态链"的发展架构中，伴随"1+4"的主营业务和未来战略业务布局，半导体显示技术不断积累形成雄厚的技术基础和产业基础。

在对更多的行业场景赋能的过程中，AIoT技术体系突飞猛进，将"屏+物联"应用于各类行业场景，随之更深厚的底层技术得以沉淀。这样的正向循环形成了京东方半导体显示技术与物联网技术相互融合、相互促进的技术体系，加上开拓不同场景过程中形成的方法论以及多年来形成的创新文化,就形成了京东方整个生态系统的"土壤"和"水"。

在这样的生态基础上,京东方会亲自种"树",如前面几个章节所述的智慧医工、工业互联网以及金融、园区行业场景拓展等,这些都是京东方着力构建的大小"树木",它们构成了京东方生态系统的初始生态。

在"1+4+N+生态链"的发展架构中,更多的"N"生长出来,一同伴随"屏之物联"战略不断推进,其生长方式的多样性让整个生态系统也越发成熟,因此能够支撑更多的创新创业,甚至不断滋养生态链上的合作伙伴。

播种产业生态系统 1.0

在物联网转型过程中,有一点值得留意:京东方对物联网相关技术,如人工智能、大数据、云计算领域,不断进行投入的同时,并没有减弱其在半导体显示相关技术领域的投入。

正如前文所述,京东方花了 20 年的时间,投资建设了 17 条半导体显示生产线,产品覆盖了所有显示屏类型,从 LCD 到 OLED 再到 MLED……实现了半导体显示目前所有的技术路线全面覆盖。这也就意味着,在物联网转型上,京东方的产业底座格外坚实。

近年来,显示领域并未出现类似液晶显示屏替代 CRT 电视、智能手机替代功能机一样的产品换代机遇,但一些代表未来的趋势机会层出不穷。京东方面向未来,在新兴领域积极投入的同时也丰富着自身的显示产业版图。

与时俱进完善"屏"之版图

京东方半导体显示在技术、品类、形态上几乎覆盖了所有场景,为了迎接更多未来可能爆发的市场奇点，京东方在产品研发和制造上，正在精心创新，补全"拼图"。

2021年被称为"元宇宙"元年，全球掀起了一股元宇宙产业狂潮。作为物理世界与数字世界相互融合的沉浸式互联空间，元宇宙承载着数字经济的新场景、新应用和新业态。其入口——VR眼镜，不仅承载了VR、AR等技术的镜像传输，同时也成为这一产业炙手可热的焦点产品。

VR设备与技术也受到了政策的利好加持，在2020年颁布的《中共中央关于制定国民经济和社会发展第十四个五年规划和二〇三五年远景目标的建设》中，"发展战略性新兴产业，加快壮大新一代信息技术、生物技术、新能源、新材料、高端设备、新能源汽车、绿色环保以及航空航天、海洋装备等产业"的论述，从产业层面定义了VR、AR为未来5年数字经济重点产业的关键角色。

相对于手机、计算机、电视等电子产品屏幕，VR眼镜的显示技术属于近眼显示技术领域。得益于元宇宙的持续火爆，近眼显示相对于传统显示市场增长迅速。根据市场调研机构Omdia研究数据显示，XR应用等近眼显示设备出货量有望在2028年达到1.39亿片，即2022年出货量的5.5倍。

相对于传统显示屏，近眼显示屏对技术本身的要求颇高。VR眼镜要做到在极短视距内获得更大的可视角度，就需要屏幕具备极高的PPI（每英寸的像素密度），避免图像失真。换句话说，PPI越高，使用VR设备的拟真度就越高，也就越有沉浸感。目前，一部手机屏的PPI一般在300左右，京东方此前推出的VR眼镜显示屏的PPI可达到1500以上。

VR眼镜等近眼显示设备作为近几年新兴的显示赛道，与此前出现的所有显示新品类一样，都要经历技术路径的选择和成本优化的过程。VR眼镜面板目前有三种技术：LTPS、LTPO（低温多晶氧化物）

和 Micro OLED。

此前，京东方在各条技术路线上的探索稳步推进，而随着 LTPO 技术的成熟，兼具 LTPS 高驱动窄边框和氧化物低功耗环保两大技术优势的 2.5 英寸 LTPO-LCD VR，不仅让京东方在高 PPI、高透过率、高刷新率、窄边框、低功耗等方面保持业内领先水平，还能在同等电容量下支持更大的显示尺寸和分辨率，同等尺寸分辨率下支持更长续航时间，极大满足了消费者对 VR 设备高画质、长续航的需求。

从技术趋势上看，Micro OLED 被视为 VR 设备的下一代技术解决方案。Micro OLED 采用半导体和 OLED 技术，可以实现更高的像素密度、更高的亮度，但成本也更高。京东方一边积极布局 Micro OLED，另一方面从技术发展成熟度和产品成本考虑，将重点放在了 LTPO 的技术路线和生产线建设上。

相比市场上主要应用的 LTPS 技术，LTPO 能够在增加有限成本的基础上实现比 LTPS 更高的像素密度，与 VR 高 PPI 诉求相契合，所以无疑成为 VR 领域未来 5～10 年的技术方向。

确定了增量市场，并具备了强大的技术储备，生产线投资布局随之启动。2022 年 10 月，京东方宣布公司下属控股子公司北京京东方创元科技有限公司投资约 290 亿元，在北京经济技术开发区投资建设应用 LTPO 技术的第 6 代新型半导体显示器件生产线项目，着力布局 VR 显示产品市场。公告显示，京东方目前基于 VR 高 PPI 的 LTPO-LCD 已完成多项核心技术开发，未来将朝着 2000 PPI 以上进行核心技术、材料工艺的布局。

除了满足未来 VR 市场的消费需求，京东方 LTPO 的技术还同时拥有 LTPS 具备的窄边框和氧化物低功耗绿色节能优势，可广泛用于对边框和功耗有更高要求的信息技术产品。相同规格情况下，采用京东方 LTPO 技术的产品续航时间可以提升 30%，可广泛应用于传统智能终端产品。

应用 LTPO 技术的第 6 代新型半导体显示器件生产线的投资建设，意味着京东方又在一个高潜市场提前布局，也让京东方半导体显示产业版图更加完善，进一步夯实了京东方"屏之物联"生态系统的基础。

"屏之物联"生态系统 1.0

从进入半导体显示产业开始，京东方经过 30 年的积累与深耕，从一家器件制造商向"屏＋系统"解决方案提供商转型，接着又向物联网生态企业转型，进而形成了今天"1+4+N+生态链"发展架构。

在这一发展架构中，其中的"1"，也就是半导体显示业务是京东方集团营收增长的主航道和攻城略地的主力军。目前，在全球智能显示终端的液晶屏中，每四块就有一块来自京东方；2022 年的数据显示，京东方无论总体出货量还是智能手机、平板电脑、笔记本电脑、显示器、电视五大细分市场液晶显示屏出货量，连续 5 年均稳居全球第一。

面向 LCD、OLED、MLED 等领域，京东方掌握着当下最先进的技术，并为下一代技术演进做足了技术储备。在深厚的技术储备下，京东方对于显示领域的高潜市场不仅能做出精准的市场研判，同时通过投资自建生产线、收购兼并，能与产业未来发展共进共赢。

同时，京东方强大的市场占有率也意味着其在半导体显示领域，依托自身的技术优势、制造优势和创新优势，已经建立了极具深度的护城河，而技术实力和产业链的龙头地位，也使其具备了驱动外围其他业务快速成长的智力资本和资源储备。

在京东方的整个生态中，半导体显示技术是其重要的底层技术，而显示传感、人工智能、大数据等领域的核心技术积累与技术创新是驱动京东方全面迈向物联网的关键。在京东方的技术版图中，既有引领全球显示、传感的核心技术，又有人工智能、大数据、云计算等互联网新兴技术。

在实体经济与数字经济融合发展的产业风口上，京东方夯实了坚实的产业底座，即强大的半导体显示器件的制造能力，以及领先全球的技术能力。特别是在物联网转型过程中，京东方产业底座一边赋能各种行业场景，一边优化整个AIoT技术体系。可以说，京东方用最短的时间，在显示技术之外打造了一条物联网技术路线，并且成为不输于任何AIoT专业赛道的选手。

在物联网技术上发力，并不影响京东方在显示技术上的不断创新。在"屏之物联"战略的指引下，让屏"集成更多功能""衍生更多形态"推动着屏的技术不断精进，不断与合作伙伴互动，将不同的技术融合起来，使屏这一硬件变得更加智能，更加符合用户的需求，而让屏"植入更多场景"则引领着无数新业务、新场景的开拓。

在京东方整体生态系统中，技术底座与制造实力相当于整个生态系统的基础，在这之上的细分业务有的是京东方主动播种、重点培育的业务，有的则是由生态系统自然生长出来的，两者构成了京东方生态系统的1.0版。在这一基础上，生态系统会自然生长，不断扩张，生态"物种"也会越来越丰富。推动这一生态系统快速扩张的力量来自两方面：一是内部的创新创业力量，二是资本的力量。

值得一提的是，财务投资布局的加强让京东方的产业生态更为丰富，其中两类投资基金作用极为关键：一是供应链基金，它主要投资与京东方相关联的上游产业链的重点企业，以确保供应链安全为首要目的，引导"卡脖子"的重点项目落地，同时保障财务收益；二是产业生态链基金，它主要投资于智慧系统，推动上下游业务创新提速，并在产业生态领域打造产业集群和生态同盟，助推区域创新中心快速布局。

市场助力产业场景"破土移栽"

在京东方生态系统的构建过程中，如果说赋能金融、园区等场景是"主动栽树"，那么用资本的力量将外部成熟解决方案纳入京东方物联网场景矩阵则类似于"破土移栽"。

京东方生态系统力图让这棵"树"迎来第二春，爆发出更强的成长活力。

哪些领域会成为京东方的投资赛道？京东方确定了三条标准：第一，与京东方主业有较强的相关性；第二，市场要足够大；第三，被投项目在细分领域里有机会做到行业前三名。这就是京东方在物联网细分场景的"星辰大海"里主动布局的投资逻辑。

分享汽车智慧化产业红利

近几年，最火热的投资赛道之一无疑是新能源汽车。新能源汽车与传统燃油车最大的不同之处在于，汽车由原来的机械产品变成了电子产品。既然是电子产品，座舱的智能化便成为主要趋势，实现智能化未来自动驾驶也只是时间问题。

这种产业大变革的来临，给整个汽车产业链的参与者提供了一个重新洗牌的机会。能够抓住这个机会，除了要有超前的产业前瞻性，还要有深厚的产业基础和精准把握机会的能力。

根据市场调研机构 Omdia 数据，2022 年京东方车载显示出货量和出货面积双双达成全球第一。可以预见的是，未来分享汽车产业智慧化升级的红利，京东方必将成为重要的受益者。罗马不是一天建成的，京东方在车载领域今天的地位，与其长达 10 年的超前产业布局密不可分。

2012 年，京东方在提出物联网转型的前三年就开始调研车载显示市场，相对于消费电子，车载显示当时还只是一个细分市场。

京东方进入车载显示市场后发现,这个行业与传统的消费电子完全不同。首先,汽车配件对于可靠性要求很高,对于产品在恶劣条件下正常使用有着很高的门槛。比如,消费类电子产品,如电视和手机,要求温度极限是最低 -20℃,最高 60℃,但是车用显示的低温极限要求要到 -40℃,高温极限甚至要求达到 100℃以上。正因为汽车配件对于可靠性要求较高,传统汽车厂商对于新供应商的接纳度很低。

其次,技术和工艺问题对京东方来说并不是最难的,难的是汽车产业的市场结构对于京东方这一后来者并不友好。与消费电子不同的是,汽车产业区域化特征明显,不同地区有不同的汽车品牌,不像消费电子,全球市场上的用户使用的计算机、手机品牌非常集中。汽车产业区域化特点的结果就是汽车品牌多,供应链比较分散。调研显示,2012 年车载显示领域的供应商,最高市场占有率也就在 17% 左右。虽然中国汽车产业 2009 年就已成为全球第一,但当时中国自主品牌的汽车产销量并不高,都是以合资品牌为主,而这些品牌的供应链大多掌握在外企手中,新供应商很难进入。再加上汽车供应链相对较长,很多汽车零配件市场掌握在大代理商手中,由于品控等原因,行业门槛很高,企业要想进入,需要多年车载领域的耕耘。对于京东方这个当时完全没有做过车载产品的企业,难度可想而知。

后来者往往比先行者更优秀,因为后来者是踏着先行者探索的路径前行,而且还能踮起脚尖看得更远。

作为后来者,京东方最大的优势在于技术和产品。京东方进入车载显示市场时,汽车显示屏从单色显示屏开始向彩色显示屏升级换代,彩色显示屏正是京东方所擅长的 TFT-LCD 显示屏。

面对汽车产业链的特点,要想迅速扩大市场份额,关键在于创新。2016 年,京东方收购了香港上市公司精电国际,这是一家成立于 1978 年的老牌企业,专注于车载显示市场超过 20 年时间,拥有全球主流汽车品牌车载显示供应渠道。精电国际此前的产品优势是 STN

显示屏，自己也有独立的生产线。汽车显示屏向彩色显示屏升级换代时，就需要投资 TFT-LCD 生产线，但液晶显示生产线本身竞争激烈，进入门槛高，精电国际在这一领域虽有所投资，但也只是浅尝辄止。

精电国际产品需要升级换代，京东方需要迅速打开市场，双方可谓一拍即合。京东方收购了精电国际后，将其改名为京东方精电有限公司。可以说，这场收购实现了双赢，京东方集团借助精电国际长期建立的客户基础和全球营销渠道优势，在车载显示行业拓展上实现了提速，而精电国际受益于京东方生产制造基础、产品开发的支持，迅速实现了产品升级换代。

有了精电国际的渠道优势，如何快速拿下市场？这时候京东方的生产线和技术优势就体现了出来。

收购精电国际后，京东方要丰富其产品线，以适应车载显示彩色化和大屏化的趋势。当时市面的车载显示屏一般来自 4.5 代线，很少有竞争对手使用 5 代线。为了在技术和效率上走在前端，京东方车载显示团队向集团申请用 6 代线生产车载显示产品。

然而，在决策会上出现了这样一幕：京东方管理层提出现在市场上是否有企业用 6 代线生产车载显示屏的疑问，答案是虽然很少，但是已经有个别企业使用 6 代线生产了。于是管理层又提出是否有企业用 8.5 代线生产显示屏的问题，答案是完全没有。于是京东方管理层当即拍板，决定在全球首次采用 8.5 代线开发生产车载显示产品。

在 2017 年那个时间点，下决心用 8.5 代线开发和生产车载显示屏，要承受很大的压力。原因很简单，8.5 代线一款新产品的开发成本远大于 6 代线，高额的研发成本需要极高的出货量来摊销。当时，车载显示还是个细分市场，加上产品又很分散，市场未来的规模增长是否能达到预期还是个未知数。

但用 8.5 代线生产车载显示屏的好处也是显而易见的。首先，8.5

代线的规模和切割效率远高于6代线，更适合大批量生产。其次，8.5代线虽然单款产品研发成本比较高，但是如果具备规模优势，同样的产品尺寸，单片平均成本就会很低，这有利于打开市场。举个例子，以车载仪表最常见的12.3英寸屏幕为例，京东方最初进入这一市场时是在4.5代线上生产，后来用8.5代线生产，平均单片就有了明显的成本优势。

2017年，京东方先后用了半年时间开发了6款车载显示产品，开发费用数额巨大，京东方精电团队因此承受了巨大的压力。但正是京东方管理层前瞻性的布局和决策，让京东方抓住了新能源车大爆发所带来的车载显示市场的黄金机会。几乎与此同时，京东方的新产品和产能迅速跟进，让京东方在汽车显示产品升级爆发期得以顺利占领市场。

数据显示，2016年，全球彩色车载显示市场体量大约为1.3亿片，当时排名第一的企业一年出货量为2000多万片，而当时京东方出货量还不到100万片。通过产品技术升级和不断拓展渠道，京东方先后与多家新能源车企达成直接合作，还依托精电国际原有的渠道优势拿下了传统燃油车企的市场份额。2022年，京东方车载显示整体出货量已达到3200万片。

作为车载显示行业的后来者，从收购精电国际到2022出货量全球排名第一，京东方用了6年时间。如今，伴随汽车产业的剧烈变化，自动驾驶技术使车内场景发生了质的改变，京东方也开始从车载屏幕这一硬件供应商变成智能座舱解决方案供应商。

改变是从传统的供应链格局被打破开始的。在传统汽车产业格局下，京东方与汽车品牌厂商之间绕不开一个重要角色——一级供应商，其系统集成整合的能力让京东方的产品止步于集成需求，而汽车厂商与汽车客户的需求端，京东方很难触达。

随着智能驾驶需求的不断涌现，以新能源汽车为代表的新势力打破了原有的汽车产业链格局，其强大的定制化需求让这一群体更愿意与京东方这样有科技创新能力的企业直接沟通。由此，京东方迎来了直接面对汽车厂商的合作机会。京东方不仅能够直接触达汽车厂商的需求，甚至可以与汽车厂商交流直接洞察消费者的需求。京东方结合自身"软硬融合"的优势帮助汽车厂商做集成，自然而然就从卖屏变成卖系统解决方案。由此延展，京东方接下来的计划是要成为汽车智能座舱系统解决方案供应商，打造汽车智慧场景，而智能汽车未来的发展趋势也符合京东方的预判。

事实上，未来智能汽车的设计架构与传统汽车完全不同，控制系统会高度集中化。传统汽车有几十个小的控制单元，而未来汽车电子化之后，汽车控制会分为三个部分：一是车身，二是车内信息娱乐系统，三是自动驾驶，这三个部分会集成到一个中央计算单元中。集中化之后，未来的汽车内部可能会有多块屏幕，而多块屏幕都由一个智慧系统来控制，这样，京东方"屏+AIoT"智慧系统就有了用武之地。

未来自动驾驶时代的到来，汽车必将是一个可以个性化定制的产品。京东方在与厂商紧密合作的过程中，也会满足用户车内屏幕的个性化需求，甚至可以根据车主的年龄和性别等个性化特征设计不同的智能座舱解决方案，这正是京东方所擅长的。

智慧零售"从 0 到 N"

通过资本的力量进入垂直的行业场景，除了车载显示，还有零售场景。2018 年 3 月，京东方正式宣布完成对法国 SES–Imagotag 公司（以下简称 SES）的收购。京东方持有 SES 发行在外流通股份的79.94%，成为其控股股东。公开资料显示，京东方于 2022 年年末对所持有的 SES 股份进行部分减持，SES 不再纳入京东方合并报表范围，但这并不影响京东方对于智慧零售场景的持续开拓。

SES 是全球领先的电子货架标签、数字标牌等零售领域数字化解决方案的提供商。2018 年京东方宣布收购时，其解决方案已经应用于全球 55 个国家的 1.5 万多家门店。京东方与 SES 在供应链、产品制造、云计算和市场客户资源等方面有着很强的互补性。

伴随着移动互联网的普及及其对整个社会业态的重塑，在 2017 年以后，新零售逐渐成为中国重要的投资赛道，包括阿里巴巴、京东等知名电商企业也开始从线上走到线下，希望用数字化手段重构线下零售生态。

相比新零售火爆的趋势，中国线下零售店面仍以纸质价签为主，如果这些价签替换成电子价签，100 亿片的市场近在咫尺。面对中国广阔的传统零售卖场数字化管理机遇，SES 清楚地意识到，必须进入中国市场，而且要下沉进去。

SES 想进入中国市场，但凭借自身力量难度颇高。借力与合作不仅是 SES 进入中国市场的通行证，同时也是京东方迈向欧美市场的有效手段。因此，双方合作的资源与背景极具可操作性。京东方的中国本土优势和制造优势深深吸引着 SES。京东方的优势是屏，电子价签采用的是低耗能的电子墨水屏，虽然在京东方整个显示屏制造体系中，电子墨水屏所占份额并不大，但是电子价签却是线下零售场景重要的物联网端口，是实现线下零售智能化管理的关键。

传统的线下零售企业，货架上的价签通常为纸质，这就造成某个产品需要打折或撤柜时需要人工将价签换掉，费时费力。而电子价签系统对零售店面管理效率的提升是革命性的，所有价签上的价格由系统后台统一控制，对于更换价格比较频繁的柜台，甚至可以在系统里设定好时间自动变价，实现每个小时的价格更新。配合店面智慧识别系统，单个商品都可以根据人流量自动实时更换价格。结合线上大数据，还可设定同样的商品在某一时段比竞争对手更低的价格。

除了可以发挥单店实时管理的作用，电子价签系统在全国连锁店这样的大型零售体系中，还可以进行区域或者全国后台系统的统一控制和管理，实现连锁店面的中央系统管控。比如，总部设在北京的企业，完全可以在后台远程更改上海店面里某款商品的价格。

除了显示价格，结合智能货架系统，电子价签还可以设定缺货提醒功能和打折提醒功能，例如某个货架某款商品售罄，电子价签就会自动改变颜色，提醒补货人员补货。如果某个商品打折促销，除了价格变动，还可以用醒目的颜色吸引顾客，使电子价签成为店面促销的工具。

京东方收购 SES 后，迅速完成了对中国智慧零售市场的布局。对于以电子价签为核心的智慧零售解决方案接受度最高的是一些新零售企业，如盒马鲜生、七鲜等。这些企业脱胎于互联网公司，它们习惯了数据驱动运营，当它们把线上零售的运营方式搬到线下时，一定要有一个中间硬件媒介实现线上线下打通，这时最有效的媒介就是电子价签。电子价签系统能实现线上与线下商品统一实时的智能管理，相当于把线上和线下商品变成了一个商品体系。

例如，盒马鲜生新零售店中，线上购物人群要享受到半小时内送达服务，店内拣货的高效准确必不可少。在外卖场景下，电子价签系统可以与拣货人员的手持终端实时互动，甚至帮助拣货人员规划出最优路线，当拣货员走到货架前，其所要拿取的商品货架即会闪烁提醒，这样就能避免拿错商品，同时也提高了效率。

电子价签系统除了提升线下店面的管理效率，对于用户购物体验也带来了出色的助力。小米在全国机场所开设的多家线下体验店，全部采用了电子价签系统。假如用户在机场体验店里看到一款小米的商品，只需要用自己的手机靠近电子价签，就可以马上通过 NFC（近场通信）功能连接到线上商城，用户能立刻看到该商品的线上购买评价、详情页面等。同时，用户可以在线上下单，也可以在线下购买。这使用户既能在线下体验到真实的商品，也可以快捷地获得线上信息，帮助用户做出购买决策，提升购物体验。

京东方在拓展线下零售场景时发现，作为细分场景之一的电子价签系统，可以为不同的零售商提供个性化解决方案。例如，阿迪达斯、屈臣氏、丝芙兰等时尚类店面，除了使用电子价签方便用户选择商品，其在店面内还会使用广告一体机、拼接屏、透明屏营造酷炫的店面陈列效果，满足线下零售场景中的需求，而这些硬件产品都会纳入京东方智慧零售一系列解决方案中。

正是由于电子价签为主的智慧零售解决方案促进了线下零售效率的大幅提升，京东方在中国零售行业的业务得以迅速拓展，截至2022年年底，SES 的市场份额已稳居全球第一。

未来，以电子价签为核心的物联网解决方案不仅可以应用于零售场景，也可以用于仓储物流场景。电子价签可以通过标注货物的位置进行后台系统统一管理，并辅助拣货人员进行高效而精准的拣货。如果仓库使用机器人拣货，那么电子价签与拣货机器人可以进行实时数据交互，使仓储运营更加智能化。

在物流场景中，京东方正联合一线的物流公司开发智能包装箱。用电子价签系统替代传统纸质标签，订单配送完成后，回收包装箱，电子价签系统会自动更换下一单用户信息，这样就实现了包装箱回收再利用，非常环保。

可见，以电子价签为核心的智慧零售解决方案不仅适用于零售场景，可拓展的场景也非常广泛，可谓潜力无限，大有可为。

"万马奔腾"，内外创业激发场景巨量增长

京东方生态系统若要"生长"出更多的业务，满足更多场景需求，创造更广阔的增量市场，不能仅靠自上而下的战略驱动，更需要自下而上的创业驱动。

前文所述的各类垂直物联网场景的拓展，无论是由京东方成立项目组或者业务团队亲自下场拓展，还是通过资本市场收购，将符合京东方战略方向的业务纳入京东方体系，都属于自上而下的战略驱动。

近两年，在"屏之物联"战略的指引下，自下而上的创业驱动模式成为京东方大力鼓励的方式。京东方希望创造更加灵活的机制，让整个生态系统创业氛围活跃起来，形成"万马奔腾"的态势。一些内部团队也跃跃欲试，投身到以京东方的技术基础和产业基础为后盾的创业项目中，其中不乏成功案例。

创新创业迎来"万马奔腾"

2022年，京东方旗下一款名为"小课屏"的产品在鲜有推广的情况下迎来了爆炸式增长：京东电商"618"活动一天销售额突破1600万元，位居类目第一名；抖音上线即以单日千万级的销量位列3C[①]类目第一名，带货销售额第三名。

"小课屏"是京东方艺云旗下的一款面对C端用户的消费电子产品。作为市场上的"新秀"，"小课屏"产品团队的班底却是京东方的"老人"。京东方艺云的负责人自2001年加入京东方，经历了京东方进入半导体显示领域后所有的高光时刻和艰难时光。2017年，他辞去京东方集团的其他职务，带领一支独立团队，决定专注于儿童健康护眼这一产品赛道。

"小课屏"可以理解为一款专为少儿开发的类纸护眼学习机，小朋友可以用这款产品上网课、阅读绘本、增长知识等。这款产品受到用户欢迎的核心卖点就在于它的类纸护眼技术。这项技术来自画屏的研发，包括了H.629.1数字艺术显示国际标准、无损Gamma显

[①] 所谓"3C产品"，是计算机类（computer）、通信类（communication）和消费类（consumer）电子产品的统称，亦称为"信息家电"。——编者注

示专利等。除此之外,"小课屏"还融合了诸多眼科医学研究成果,实现了低蓝光、无频闪、防眩光、智能感光等护眼功能。

类纸护眼专利技术最初是为了逼真还原艺术品,画屏即是该技术的代表产品。最初,京东方希望画屏能够进入普通用户家中,这是京东方于消费领域的一次尝试。在此之前,京东方作为半导体显示的全球领军企业,既有面板生产线,也有整机生产线,但是在自有品牌上并未太过发力。一方面是因为消费电子产品品牌集中度比较高,京东方如果做自有品牌,与现有品牌难有差异化;另一方面,京东方并不想背上与客户抢市场的名声。

作为一个新品类,画屏的产品特点避开了以上问题。但是画屏在2C场景下很难扩大市场,因为这不是用户的刚需,要想进入普通用户家庭场景,需要付出很高的成本教育市场。因此,画屏最终成为2B市场的品牌,在数字艺术场景中生根发芽。

类纸护眼技术要想产生快速的市场增量,艺术是用户的兴奋点,而护眼则是用户的痛点,只有解决用户痛点才能构成产品的核心竞争力。京东方认为,通过解决用户痛点可以获得更多的用户,而更多的用户必然吸引更多的合作伙伴,有了更多的合作伙伴就可以构建起"软硬融合"的内容生态,内容生态的商业前景如何?想象一下苹果商店就能找到答案。

"小课屏"创业团队在不断挖掘消费者痛点的过程中发现,类纸护眼技术真正的增量市场正在显现出活力。随着生活中手机等电子产品对孩子的影响,以及教育内容数字化的趋势,少年儿童的屏读学习时代已经离不开电子屏幕,这也加大了儿童视力保护的压力,更是众多家长担忧的问题。"小课屏"正是与少儿教育这一细分市场最适配的产品。

事实上,儿童学习类电子产品市场竞争异常激烈,而护眼技术的加持使"小课屏"这一产品进入市场时便有了很强的竞争力。虽然如此，但"小课屏"团队依然不断地在护眼这项技术上精进，这种烙印于京东方人身上的技术创新意识，使"小课屏"的技术护城河不断地拓宽。

"小课屏"团队与同仁医院等国内一流的眼科医院建立了合作关系，在护眼技术赛道上不断深耕，他们不仅要将显示技术集成进来，还要将 AI 技术充分应用起来。

眼科专家指出，人眼看屏幕时，要想获得舒适的体验，环境光是个重要因素，环境光如果变亮了，屏幕也要跟着变亮，否则容易引起视疲劳。如果环境光太暗，屏幕很亮，眼睛也会不舒服。儿童在自然光线下看书学习，早晨、中午和傍晚的阳光光谱不同，对孩子的生物节律影响是不一样的。如果能智能化地根据不同时间段的光线和儿童的生物节律自动调整屏幕的显示亮度，屏幕就有可能比纸还有利于视力健康。

于是，京东方艺云与北京大学儿童青少年卫生研究所展开了临床研究，历经 12 个月，打磨了 3600+ 组临床数据，最终得出最适合儿童的亮度曲线。这一亮度曲线不同于行业通用的人工智能算法调光，而是融合人因舒适度曲线调校得出。随着与同仁医院等医院，与北京大学、浙江大学等高等院校的专家深入讨论合作，未来"小课屏"产品上将集成更多有利于视力健康的功能。

得益于技术上的竞争力，"小课屏"在儿童电子消费细分市场大放异彩，这也让京东方实现了 2C 品牌方面的突破。

数据显示，专注于类纸护眼赛道，市场的想象空间巨大。全球范围内，视光领域，包括近视等各类屈光不正的矫正产品或者手术炙手可热，而这一被视为"治疗"市场的潜力空间为 2000 亿美元。据科学统计，世界上大多数屈光不正的患者都是从儿童、青少年时期开始的，由此，基于保护视力需求而来的"预防"市场空间同样很大。单纯用于保护视力的设备，如果需要额外时间使用，往往市场很难做大，而将视力保护与日常电子产品结合起来，就大大增加了用户接受度。因此，将类纸护眼技术这一卖点打透，结合京东方屏的技术和制造优势，具有竞争力的创新产品自然潜力巨大。目前，虽然在艺云团队的计划中，"小课屏"只是一个登陆产品，但其势必在未来会形成产品系列舰队。

京东方相信，由硬件产品带来的生态型收益将会成为未来的盈利模式之一。作为硬件产品，儿童使用"小课屏"是为了学习或者娱乐，基于此，产品需要大量的优质内容才能吸引用户购买。"小课屏"团队的策略是有所为，有所不为，其开放的平台会吸引内容或者教育类合作伙伴前来入驻，形成针对儿童的应用市场。

目前，该应用市场已经形成一定规模，用户为几千个应用程序提供的服务付费，而"小课屏"将大部分收益分给合作伙伴，以吸引更多更好的内容入选"小课屏"平台。

随着"小课屏"取得更大的市场占有率，优质的儿童内容生态正在逐步扩大，孩子们在享受精品教育内容的同时，京东方"小课屏"的生态系统也进而走向成熟。

在业绩快速增长的过程中，"小课屏"团队慢慢找到2C类产品的市场打法。"小课屏"的受众是孩子，购买者是家长，基于以用户为中心的思考，京东方尤为重视在用户管理上有所创新。他们聚焦用户，让业务重心向前端移动，以前台为核心，中台和后台跟着前台走。

"小课屏"项目是京东方内部创业的标杆，不仅丰富了京东方的产品线，弥补了2C品牌产品的不足，也构建了一个以护眼硬件为核心的内容生态。而其全新的商业模式也进一步推动了"小课屏"团队走向独立发展，成为一支真正意义上敢打、敢拼的"先锋队"！

除了"小课屏"这样的项目，京东方内部创新创业项目正纷纷涌现：有的聚焦于高精尖的技术创新，有的基于未来市场趋势深化产品创新。为了鼓励创新，孵化更多的新项目，进而丰富整个京东方生态系统，京东方提出了"万马奔腾"计划，出台了多项激励政策鼓励创新创业。

在鼓励创新创业的政策中，无论是薪酬标准还是绩效考核，抑或是业绩奖励，都在向创新事业倾斜。比如，京东方鼓励优秀人才到新事业轮岗，甚至将"创新事业工作经历"纳入晋升考核重点，通过灵活定薪、调薪提高薪酬水平，吸引内外部优秀人才加入创新事业。

京东方更是在管理机制上赋予了创新事业更大的灵活度，比如，积极探索员工持股、股权出售等激励模式，搭建市场化激励平台，鼓励创新事业制订符合自身业务发展特点的即时激励方案。

京东方的用心颇具发展思维，它营造了更适合优秀人才创新创业的环境，这将带来更多的场景延伸与增量市场。

生态链投资培育丰富"物种"

在生态赋能的思想下，京东方是开放的。资本赋能和技术赋能激活的不仅仅是内部员工创业者，还包括产业链上的优秀创业团队，这就是京东方"+生态链"的核心意义。事实上，以"屏之物联"战略为原点，无论是产业链上游还是产业链下游，京东方通过资本的力量都会将其涵盖在创新发展的路径之上。

京东方通过二级市场完善上游供应链，标志性事件即是对华灿光电的收购。

2022年11月6日，华灿光电发布定增预案，宣布拟向京东方发行3.72亿股股份，募资20.84亿元用于"Micro LED 晶圆制造和封装测试基地项目"以及补充流动资金。此次定增完成后，京东方将持有上市公司华灿光电23.08%的股份，控制26.6%的表决权，华灿光电成为京东方控股子公司。

华灿光电是LED芯片及先进半导体解决方案供应商，产品广泛应用于显示屏背光源，是京东方显示屏产品的重要组成部分，属于京东方的上游企业。京东方本身在 MLED 领域就有着持续的技术研发和产业布局，也将 MLED 作为集团未来四大战略板块之一，而华灿光电此次向京东方定向增发资金所投资的"Micro LED 晶圆制造和封装测试基地项目"，拟在珠海厂区建设 Micro LED 晶圆制造和封装测试基地。

项目主打 Micro LED 晶圆和像素器件，主要用于大尺寸商用显示、VR、AR 等显示设备和可穿戴设备等应用领域。其与京东方的产品线形成互补，能够更好地开发未来显示市场。

除了布局上游，京东方于同年 11 月战略投资荣耀终端受到了业界的关注。此前，京东方已是荣耀终端的重要供应商，为荣耀 Magic3、荣耀 60、荣耀 Magic4、荣耀 MagicV 等多款产品提供柔性 OLED 屏幕。京东方通过入股荣耀，实际上是通过股权合作来加强业务合作，将产业链优势进一步发挥出来。

除了直接投资，京东方还以有限合伙人的身份增资显智链基金。2022 年 3 月，京东方宣布拟通过全资子公司京东方创投向显智链基金增资 3.8 亿元。京东方公告中称，通过参与投资显智链基金，促进与供应链合作伙伴在业务合作的基础上进行更高层的资本合作，形成稳固的绑定机制，有利于推进关键设备、原材料的国产化进程，从而在全球竞争格局中保持领先地位。

同时，伴随 5G 及人工智能技术的加速发展，物联网细分市场得以进一步爆发。在此背景下，显智链基金助力京东方实现"软硬融合"，完成了由半导体显示/传感器件领域向物联网领域转型的关键突破，有利于京东方构建物联网核心能力。

事实上，生态链投资是搭建生态的一个必要手段。2022 年 11 月，京东方在接受投资者调研时也指出，公司通过资本合作的方式，采用战略合作、战略直投、生态链基金、物联网创新基金等方式，让战略生态成为公司业务发展走向成功的关键通道。

可以预见的是，围绕着京东方生态系统，未来将会出现更多的投资项目，而这些项目将以新"物种"的身份，不断丰富整个京东方的生态系统。

向未来生态的"星辰大海"跃进

在"屏之物联"战略的指引下，京东方完成了从一家半导体显示企业到一家物联网生态企业的跃迁。

京东方生态系统已经具备了不断"生长"的基础和能力。在这个生态系统中，除了有技术基础、创新文化这样的底层支持系统，还有枝叶繁茂的"树"，例如各种与屏相关的消费市场传统业务，更有参天大"树"，比如智慧医工业务、智慧物联业务等，这些"树"在成长过程中也会形成自己的小生态，培育出新技术和新物种。

近年来，伴随着中国数字经济的起飞，京东方整个生态系统的外部环境"风调雨顺"。2023 年，京东方迎来了"屏之物联"最大的政策利好——"数字中国"的国家顶层设计。

2023 年 2 月，国务院印发了《数字中国建设整体布局规划》（以下简称《数字规划》），明确了做强做优做大数字经济，培育壮大数字经济核心产业，研究制定推动数字产业高质量发展的措施，打造具有国际竞争力的数字产业集群。《数字规划》使数字经济由行业层面上升到了国家层面。

事实上，数字经济与实体经济并非二元对立。国家将数字经济提高到国家战略层面的核心就是为了推动实体经济的发展。加快建设现代化的经济体系，推动经济高质量发展，提升国家创新体系的整体效能，就要改变实体经济的驱动力。

传统实体经济发展的驱动力依靠的是土地、劳动力、资本的投入,未来要转变经济增长方式,就需要给实体经济发展带来新的驱动力——数字化能力,并将其提高到国家战略的高度。

伴随着政策的鼓励支持,数字经济正呈现出"燎原之势"。以5G、人工智能、物联网、大数据等为代表的新一代信息技术与实体经济的有机融合,成为推动实体经济创新发展、高质量增长的关键,一系列新需求、新业态、新模式、新赛道在融合发展中被创造出来。

在过去20年中,京东方深耕显示产业,经历艰难险阻,从0到1破局了中国的"少屏"困境,并创造了全球范围内从跟跑者到引领者的成就。紧接着,京东方花了10年时间,从一个半导体显示企业转型成为全球领先的物联网创新企业,并且凭借自己"软硬融合"的能力赋能各种各样的行业场景,帮助企业掌握了数字化能力,提高了效率,降低了成本,提升了用户体验。

面对数字经济的产业机遇,站在数字化赋能实体经济的风口,京东方作为一家既有实业基础又有数字能力,还有万千场景赋能经验的生态型企业,正蓄势待发。可以说,依托"屏之物联"战略,迎接京东方的是万千场景的"星辰大海"。

在"数字中国"的指引下,智慧城市建设如火如荼,虽然每个城市的着力点有所不同,但核心皆围绕着人与城市和谐发展,构建绿色可持续产业生态,解决城市中医疗、教育等民生问题,推动公众设施和公共服务智能化、便捷化,推动现代化产业体系的高质量发展。

如果将智慧城市议题置于具体的行业或者细分场景中,就会发现京东方作为满足各种场景数字化需求的解决方案供应商,已经积累了丰富的经验。例如,在工业互联网领域,京东方具备了实践基础和方法论。在智慧医工领域,京东方已经建立了服务样板,形成了解决方案,既可复制,也可以赋能其他机构。在智慧出行领域,京东方虽然还未全面铺开,但其提供的解决方案已受到了广泛好评,比如长沙市高新区桐梓坡路智慧公交系统借助京东方提供的智慧化模块，为市民提供了便捷智慧的公交服务体验；又比如，京东方交通全媒体管控平台凭借物联网技术、人工智能算法帮助成都轨道交通在地铁广告媒体传播方面打造了信息化的标杆。

如何用数字化、智能化的手段提升城市交通的便捷性和友好性，是智慧城市的重要命题，也是智慧城市建设的入门级命题。京东方"软硬融合"解决方案满足的不仅是当下城市管理者的需求，更重要的是，京东方展现出的技术能力将为未来智慧城市的更高阶需求打开市场，比如数字孪生城市、城市智能平台打造等。

未来，AIoT技术与各类城市基础设施的融合，还将催生大量以技术融合创新为特征的智慧城市新基建场景，例如智慧工地、智慧园区、智能建筑、智慧社区等。这些领域中，京东方既有丰富的经验和解决方案，也有丰厚的底层技术，它们可以衍生到各种新兴的场景中去，例如在智慧园区中积累的技术和经验可以延伸到智慧校园、智慧港口、智慧社区等细分场景。

除了自上而下的政府需求和产业推动，近几年新消费持续火爆，也创造出各种新的消费场景，比如健身热潮使得智能健身镜市场崛起；年轻人对游戏体验的需求不断增强，形成了专业游戏笔记本电脑、游戏电视的细分需求；少年儿童群体中电子产品的普及以及家长对于儿童视力担忧，促使"小课屏"产品迅速走红……未来，随着数字经济与实体经济的进一步融合，各种新兴消费场景还会层出不穷，而京东方的技术基础和产业基础能够使自身在这些场景中游刃有余，高效赋能。

未来已来，无论市场需求场景自上而下还是自下而生，都处于不断加速爆发的状态。在京东方丰富的产业生态图景中，物种多样化形成的生态系统吸引着越来越多的合作伙伴，而京东方的生态系统与各种场景的"星辰大海"，也形成了一种正循环发展态势，让京东方盈利模式更加多元，无数的新生业务将为京东方的增长打开想象的空间。

本章小结

一家称得上生态型的企业从来不是因为规模，而是因为其构建的平台，或者已经形成的企业文化、业务、技术的土壤中能够长出不同的物种。更重要的是，生态型企业是开放的，正是因为开放，其技术体系才能更好地滋养前端的创新，甚至帮助创新型的团队在平台上迅速成长。

商业界谈起生态型企业时，往往将目光聚焦于互联网公司，诸如亚马逊、阿里巴巴、腾讯等。京东方作为一家制造企业起家的科技企业，很难让人将其与生态型企业联系在一起。事实上，京东方已经在生态型企业的路上迈出了第一步，只是由于其一贯低调的特点，鲜少被人关注。

京东方所定义和构建的生态就是共生、共鸣、共赢的绿色天地。

京东方生态无论对创业团队还是对被收购的企业而言，至少有两大底层资源都可以复用：一是与显示及物联网相关的技术资源；二是强大的半导体显示制造资源。这也是如"小课屏"等项目能够飞速成长、精电国际变身京东方精电后焕发勃勃生机的原因。

在互联网的语境中研究生态型企业，会发现一些新的"物种"从生态母体中汲取更多的是流量资源或者客户资源，而像京东方这样的实体企业带给生态新物种的是技术和制造资源的支撑。不同的生态，同样的结果，那就是创新创业持续生长，为更广泛的用户群体创造价值。

第三部分
屏之物联

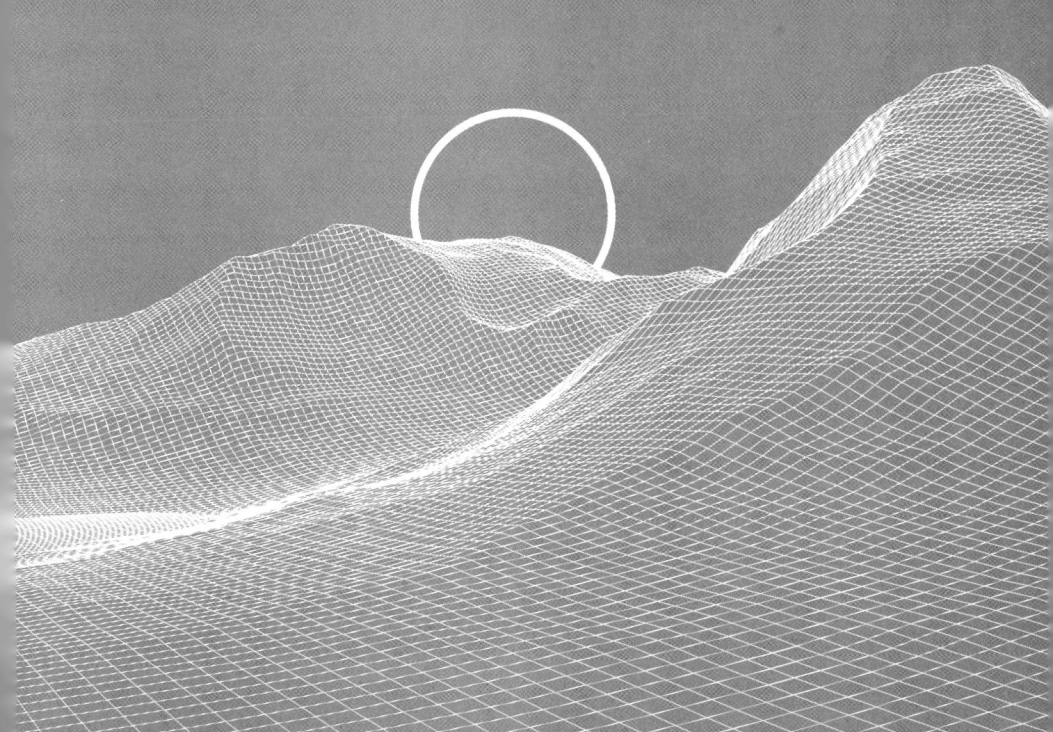

第十章
"屏之物联":
京东方的战略升维

岁月三十载,犹如人间烟火,浮华盛开。京东方就像穿越在岁月长河中的青年,踏着青春的步伐,翩然起舞。它或许也在思考,时光涤荡下的企业生命体,所经历的青涩幼年、勃勃少年,直至茁壮青年,正是一段历经岁月考验的升维之旅。

历久弥新的人生道理时常闪现于京东方的"脑海"中:若要绽放绚烂的生命之花,就必须不断升维,提升自身的竞争实力与成长智慧。只有在更高的维度中展开竞争,才能打开全新的市场,在商业生态中实现飞跃。

维度竞争是企业成长跃升使然,更是未来技术与商业竞争的现实写照。

正如科幻小说《三体》中所描述,各个文明和智慧生物在宇宙竞技场中相互角逐,无限的可能性即产生于超越时空的壮阔较量中。升维让强者更强,让勇者更勇,他们突破传统格局,他们能够制胜未知领域。

这是属于升维的时代,随着人工智能、物联网等新兴技术的崛起,科技企业纷纷跨越现有业务范畴,不断升维获取竞争优势,努力成为科技宇宙的强者。无疑,加入挑战、突破维度成为企业超越自我的关键所在。

此刻,"屏之物联"战略即是京东方的又一次升维。然而,实现升维不仅仅依赖于技术的积累,更需要商业模式和组织流程的创新,京东方必须跨越不同领域的界限,拥抱新的商业逻辑和思维模式,进而巩固京东方在半导体显示领域的领导地位,同时进入未知而广阔的市场空间。

那么,何谓"屏之物联"战略?它是如何形成的?我们虽然已经在前文中详细描述了"屏之物联"战略下的各种场景,但只有将其形成逻辑和内涵梳理清楚,方能更加明晰地理解京东方战略升维的意义和未来发展的前景。

深入研判的"屏之物联"

如果将京东方的发展比作一场不断向上的攀登,那么京东方过去的30年,以每10年左右为一个周期,完成了三级战略台阶的跨越。每上一级台阶,京东方在技术、市场和组织上都实现了一次飞跃。

第一个10年,京东方完成了其诞生和发展历程中最重要的三件事。第一,完成了股份制改造并走出了市场化的第一步,此前濒临破产的北京电子管厂以"京东方"之名焕发新生。第二,京东方通过合资合作,配套CRT产业使企业发展壮大,并完成了A、B股上市,初步解决了企业发展的资金问题。第三,拒绝了外资巨额投资发展房地产的诱惑,确立了京东方未来发展的主营业务——半导体显示。

第一个10年打下的基础对于京东方的发展产生了极其深远的影响。其中最为重要的就是京东方种下了"半导体显示"这粒种子。正所谓选择比努力更加重要,只有选对了种子,才有机会长成参天大树,只有选对了方向,才能在风来的时候乘风破浪。

那么，到底是什么因素，让京东方选对了方向？

京东方是技术替代的胜利者，其所经历的"痛苦记忆"便是挫折铸就的前行台阶。

陈炎顺每次回忆起京东方昔日的创业征途，总要先穿越回北京电子管厂的那个晨曦时刻。那是一个充满希望的时代，北京电子管厂锻造出中国首批电子元器件产品，每一位员工都带着自豪与兴奋感，为国家科技的进步骄傲喝彩。

然而，初喜终变。一次，北京电子管厂的技术人员去香港进行国际市场学习调研。本以为自己的技术日臻成熟且领先，可当他们手捧其他同类产品仔细观察，才震撼地发现自家的技术在国际舞台上竟已落后近20年。这次经历也让后来的京东方初创团队充分意识到了当时中国企业与国际企业最大的差距就是技术。

在技术替代的旋涡中重生的京东方有着很强的危机感，这就是后来京东方在技术创新上不断投入的动力来源，"对技术的尊重和对创新的坚持"不是一句口号，而是京东方血脉中的基因，这种基因就像存在于京东方这个生命体中的导航仪，指引着企业发展的方向。

拥有核心技术很重要，但是决定走哪条技术路线则更加关键。30年前，包括液晶显示在内的新型显示在中国还处于萌芽阶段，并行的技术路线有好几条，怎么保证决策的科学性？那就需要前置的、深入的研判分析。

京东方创建后的第二年就成立了平板显示预研小组，开始探索新型的液晶显示技术。1998年，京东方又成立了项目研究小组，专项研究包括TFT-LCD在内的三大显示技术趋势，并明确了将TFT-LCD作为未来京东方主营业务的目标。事实证明，这种科学而充足的研究投入，帮助京东方准确地预判了行业发展方向，做出了对技术路线正确的前瞻性布局，这是京东方发展的一个关键点。

然而，想要进军液晶显示产业谈何容易。中国当时的显示产业状况是一无技术，二无人才，三无配套，可谓是蛮荒一片，选择这条路意味着直面未知的艰难险阻。恰在此时，京东方还有一条容易的路可以选，那就是接受外资5000万美元的投资发展房地产。面对诱惑，京东方还是选择了液晶显示产业这条更难的路。现在看来，这个选择是正确的，可是对当时的京东方来说，正如放弃一条鸟语花香的康庄大道，走上一片连路都没有的荆棘荒原。

为什么京东方会做出这样的抉择？除了本身的技术基因，也是时代产业背景和企业家精神共同作用的结果。

当时的京东方管理团队虽然很年轻，却都有着市场化思维和国际化视野。当时的中国，CRT产业红利期还未结束，但从国际电子产业趋势来看，半导体代替真空管是大势所趋，而且液晶显示屏替代CRT显示屏在日本、韩国已经形成了产业，而中国还处于"少屏"的困境。京东方的前身就是中国电子产业的一面旗帜，京东方团队身上始终有着产业报国的使命感。除了使命感，以京东方创始人为代表的创始团队的创新、冒险、果决等企业家精神也在路线选择上起到了关键作用。

正是在这10年，京东方通过跨国收购，在技术、生产线和市场方面迈出了实质性的一步，并确立了半导体显示作为主营业务。这也是京东方"站在月球看地球"的战略方法论的成功。

好的战略不但要有外部一致性，还要有内部一致性。所谓外部一致性，就是这个战略要与政策、环境产业大势保持一致，而内部一致性就是要与自己的企业基因、文化和技术积累保持一致。从这个角度上说，京东方选择半导体显示是符合好战略所具备的内外部一致性规律的。

2003年，京东方的主营业务收入超过100亿元人民币，成为中国电子行业的明星企业。但此时的京东方并没有陶醉在明星企业的光环中，也没有因达成高速增长而变得倦怠，反而进入了一个新的技术增长期。

京东方的第二个 10 年找到了企业的第二增长曲线，增长的起点就是半导体显示技术。

这是京东方加速发展的 10 年，完成了液晶高世代线的基本布局，使自身具备了生产全尺寸系列产品的能力，以规模和质量获得了更大的市场份额，并与世界一流企业同步进入了 OLED 柔性显示领域的角逐赛道。这个 10 年是京东方与国际显示巨头缩小差距并弯道超车的 10 年，京东方创立了独特的企业发展理论，确立了以客户和市场为导向的产品理念，赢得了更多的全球一线品牌客户，并最终成为行业领军企业。

2008 年至今，我国对外投资采取了国际国内"双管齐下"的方式，以开放与合作的态度不断融入全球经济体系。近年来，中国企业全球化实现了全方位、宽领域的全面发展。

参与全球竞争是现代企业发展的必然选择。在全球化时代，中国企业不再局限于国内市场，而是加大力度拥抱世界，不断寻求更大的发展机遇，以实现更长远的目标。

特别是对于京东方这样的产业领军企业，走出去方能收获全球化竞争的更大裨益：参与全球竞争可以接触来自世界各地的先进技术，促进自身的创新能力；可以拓展更广阔的海外市场，提高企业的知名度和声誉，提高品牌价值；可以进入不同国家和地区市场，从而扩大客户体量，增加销售和收入；通过技术集成，可以赋能产业生态伙伴企业。

那么，京东方具备全面出海，从而赋能全球显示技术产业发展的实力吗？显然，答案是肯定的。

京东方自迈入半导体显示产业之日起，就立志成为具有国际化视野的领军企业。京东方深知，半导体显示市场是全球化竞争的舞台，因此，京东方的全球战略布局同样呈现出全球化的特点。

在投资上，2003年，京东方耗资3.8亿美元收购韩国现代HYDIS，这是京东方"走出去"的开始，也是当时国内上市公司最大的一起高科技产业海外收购项目。

在创新上，京东方不仅在全球市场产品份额上长期位居头部行列，更重要的是，京东方的技术专利不断增加，年度新增专利申请中，发明专利超90%。通过全球化的技术与市场布局，京东方与各细分领域的全球头部品牌建立了紧密的技术合作关系。高比例的发明专利和全球首发率，为京东方全球化竞争奠定了坚实基础，让它在科技界的声望也日益彰显。

在营销上，京东方在海外布局上取得了显著成效，其营收的60%源自海外一线品牌，这是其全球化战略的有力佐证。它的足迹遍布全球，海外子公司分布在全球20多个国家和地区。

这些成功是京东方在全球化竞争中的直接体现。

如果需要通过一个全球化的舞台来具象体现京东方融入世界、赋能全球产业的成果，那么最直接的体现即是CES（国际消费类电子产品展览会），它是全球消费电子风向标，聚焦了世界范围内最先进的科技产品。

在2023年CES上，电视、计算机、手机、汽车等带屏幕的消费电子品牌，所展出的最新产品甚至是概念产品背后几乎都有京东方的技术加持。在京东方的创新显示技术，以及"屏之物联"战略的指导下，赋能引领力大放异彩，成为幕后"最大赢家"。京东方还将通过"Powered by BOE"（屏实力，京东方）产业价值创新生态，持续赋能全球各界合作伙伴，在各个领域推出创新产品和应用，为人们期待的美好生活增添色彩。

从中可见，京东方从产业投资、技术创新、产品营销、生态赋能等多个维度，真正实现了全球化运营。

在业界看来，京东方参与全球化竞争，做到了"走出去"，同时

"拿回来",再创新,接着再"打出去"。这一切是以根植国内、自主自立、全球竞争、配套赋能、促进发展这一思路来实现的。京东方如今的全球影响力,是在没有技术基础和人才基础的情况下,从零起步发展而来的,不能简单地用后发优势来解释。

首先,京东方打造了专属于自己的技术成长路线。京东方进入前,以液晶显示为代表的半导体显示技术已经在日本、韩国有了一定的专利壁垒。京东方通过收购获得了一些原始的专利技术,这相当于是一种"拿来主义"。然而京东方并不仅仅是"拿来",而是将技术消化吸收后变成了自己的技术,并且在自己的技术体系上一边培养人才,一边累积专利。京东方打造的 ADS 技术专利体系就像是为自己的发展开辟了一条新的跑道,在形成自己专利壁垒的同时,避免了跟其他竞争对手在专利上的争端。自己的跑道,自己的年轻技术人才队伍,这些是京东方能够跑出加速度的首要条件。

其次,京东方高速成长还得益于产业政策和市场风口两大要素。2009 年以后,国家为了解决"缺芯少屏"的问题,出台了各种产业支持政策,而地方政府在宏观政策环境和本地招商引资的动力下,可选择的企业并不多。有技术储备、自主建线经验的,国内最领先的企业就是京东方,因此,京东方获得了地方政府这个资本"合伙人"的助力。同时,京东方发展的第二个 10 年,正是中国显示产业从 CRT 行业向液晶显示切换的时期,中国消费电子行业正蓬勃发展,从计算机到电视再到手机,显示屏几乎是所有消费电子的重要器件。在市场的风口,能够最大限度吃到红利的一定是在技术和产能上领先的企业。

在京东方快速发展的阶段,驱动其倍速增长的还有一个底层因素,那就是京东方基于"站在月球看地球"理念所凝练出的一系列战略方法论和企业经营理论。

第一,在这个时期,京东方总结出了业界广泛认可的"生存定律"——王氏定律，这在企业的实际经营中起到了非常关键的作用。比如，将"王氏定律"应用到企业经营中，就相当于给技术研发安装了动力引擎——必须搞出技术成果，必须有新品首发。一旦这种思想和行动在企业员工中形成共识并变成企业共同的行动，所带来的创新能量就是巨大的。生存定律与其说是定律，不如说是经验。这些经验源自京东方一次次或成功、或失败的尝试，并通过不断地实践，真正为行业的未来发展指明方向。同时，正是由于深谙显示行业周期性的影响和规律，京东方才更加坚定了不断提升技术水平、坚持科技研发投入、建立核心竞争力的信念。这一信念，京东方人一坚持就是 30 年。

第二，我们还不得不提到京东方对行业的另一重大理论贡献，那就是"半导体显示产业"概念。根据这一概念，控制光电转化过程的关键其实就是半导体技术，无论是 TFT-LCD 技术还是 AMOLED 等新型显示技术，其材料选取、工艺制造都与半导体密切相关，而不同世代线的区别就在于玻璃切割的尺寸，而不在于技术的高低。这一概念明晰了业界对 TFT-LCD、AMOLED 和 MLED 等新一代显示技术的产业发展方向，全新定义了半导体显示产业，对促进产业发展具有重要的现实意义。

第三，京东方形成的指导自身发展的企业经营法则，帮助京东方大幅提升了对产品和行业发展本质的认知，推动京东方从玻璃基板的"切割效率"这一制造企业思维转向单片玻璃基板的"盈利能力"思维。这种财务视角的经营思想转变使得京东方较早跳出了单一世代线高低的竞争，也正是这种经营思想，使京东方抓住了智能手机爆发的大潮。

京东方的第二个 10 年，以手机为代表的智能移动产品时代悄然到来，在加快建设高世代线的同时，京东方在企业经营法则的理论指导下，敏锐地捕捉到了市场微妙的变化——当智能移动终端成为半导体显示面板企业一个新的竞争焦点之后，显示屏尺寸的重要性开始下降，技术性能的重要性开始上升。

为了抓住移动智能的市场机遇，京东方内部开始进行生产线调整。2011年年底，京东方启动了产品小型化、增值化、特色化调整，决定将5代线和6代线向产品小型化全面转型，甚至用8.5代线生产移动类产品。在全球显示面板制造企业中，京东方是最早针对移动终端市场调整生产线结构的企业之一。这样的调整不仅使京东方迅速跟上了移动智能产品快速爆发的大市场，也将大尺寸产品集中到更高世代线上，使得订单集中，更有规模效应。

京东方的生产线小型化转型一方面满足了智能手机爆发所带来的市场需求，另一方面也伴随着手机客户产品的更新换代，不断提升了自身技术研发水平，使京东方与全球排名前列的手机品牌都达成了合作，这样的客户基础又反向推动了京东方在手机屏技术上的持续进步。

正是敏锐而超前的市场洞察使得京东方在2018年实现了半导体显示市场出货量第一，并引领了整个行业的技术创新和市场趋势，也进一步佐证了京东方发展中的战略思想和产业理论的价值。

进入第三个10年的京东方在半导体显示技术、规模和市场占有率上都实现了与国际竞争对手的分庭抗礼。在可以预见的未来，依托中国雄厚的产业链基础，京东方领先全球指日可待。

正如前文所述，半导体显示具备明显的周期性，近10年来，这种周期波动更加频繁，这是行业特性决定的，每个进入行业的玩家都不得不承受这种来自行业特性的挑战。

从一个企业的成长阶段来看，当京东方在几大细分领域的出货量都已占到全球第一时，企业本身的发展阶段也进入壮年期，就会面临"生长发育"和"体能"的下降，想要持续增长就必须有新的战略、新的目标和新的市场空间。

居安思危、未雨绸缪是京东方发展过程中一个典型的行为特点。过去30年，在每一次关键抉择时刻，京东方都凸显了行业的敏锐洞察力和前瞻性思考力。跨入第三个10年时，虽然京东方在显示市场上始终保持着高速增长，但已经开始探索新的增长空间了。

历史上的三次工业革命都是以标志性技术突破为代表的：人类工业文明先后经历过蒸汽时代、电气时代和信息时代。相比于前三次工业革命，第四次工业革命的核心特征并不在于单个技术的突破，而在于人工智能、物联网、云计算、大数据等一系列技术的跨界融合，在此过程中创新演化并引发连锁反应。

其中，驱动第四次工业革命提速的关键力量——物联网，被归结为人类社会数字化转型进程中的新范式，它已在不同领域、千行百业开枝散叶。

基于此，京东方于2013年开始了物联网转型探索，从单一显示器件制造商向软硬融合、应用整合和服务化方向发展。彼时，在业绩上，京东方的奋斗目标是从千亿元人民币做到千亿美元，因此，京东方必须以核心技术与产品为基础，向发展空间更大的物联网拓展。

2016年，京东方首次提出物联网转型发展战略——开放两端，芯屏气/器和，由此，京东方开始进入物联网转型第一个阶段——探索期。

"开放两端，芯屏气/器和"不仅是一个明确的战略定位，而且已演进为一个清晰且系统的战略执行决策。这也意味着，京东方开始向"软硬融合、应用整合、服务化转型"的方向转变。

这一时期，被业界津津乐道的"大米寿司"理论逐渐出现在人们的视野中。这一理论要从京东方的核心技术和产品说起。京东方的核心技术是基于光电技术发展的显示和传感技术，核心优势是显示传感等器件能力。京东方拥有全球最大的显示器件、传感器件制造能力，具备全球排名前列的智慧终端产品的制造能力。这是京东方多年积累的资源，是其发展的核心优势，也是京东方未来发展的基础。

陈炎顺曾经将上述资源优势比喻成万亩良田，过去京东方只卖万亩良田所产出的水稻，而这些水稻经过简单加工就可以做成能卖上几元钱的米饭。同样一碗几元钱的米饭，加上生鱼片、紫菜和其他配料做成寿司就可以卖到 100 元钱。为什么同样的米，有的只能卖几元钱，有的就可以卖 100 元钱？

原因有三：第一，虽然都是米，寿司创造了一个细分市场；第二，寿司把米的形态丰富了；第三，寿司把文化和历史植入进去，卖的已不是单纯的米，而是产品加文化，是产品价值。

2018—2020 年，结合产业发展趋势，京东方提出应用场景是打开物联网价值之门的钥匙。这一阶段被京东方定义为物联网转型的第二阶段——实践期。在这一阶段，京东方借助自身优势，协同伙伴，实现应用场景的价值创造，在为客户不断创造价值的同时，进一步拓宽了转型的视野和实践的方向。

在"大米寿司"理论下，京东方面对的课题是如何通过战略转型向价值链上游迈进，打开企业全新的增长空间。在这一过程中，京东方一边持续精进以屏为核心的半导体显示技术，一边开辟了全新的物联网相关技术路线。

此时，"屏+AIoT"不再只是单纯的生产和销售"水稻"，还做好了产品深加工。京东方在这一阶段与伙伴一道，在智慧车联、智慧文博、智慧金融、视觉艺术等多个细分场景进行创新实践，提供的产品和解决方案超预期地满足了客户需求，为客户不断创造价值，使产品形态更加多元，产品内涵更加丰富，正如将水稻变成了寿司、米酒、米花、米糖等。

之后，随着 2021 年"屏之物联"战略的发布，京东方将自身的目标明确为全球物联网创新企业，京东方正式进入物联网转型的第三个阶段——融合期。

在这一时期,京东方洞察产业趋势,思考发展本质,结合自身核心能力,提出了"屏之物联"发展战略,以更大力度、更多资源、更强技术和更优产品助力客户实现数智化升级。

要素融合是物联时代发展的驱动力。时至今日,科技创新不断涌现,智能、交互、通信、能源等关键要素不断创新发展。各要素之间彼此融合、相互作用,构建的协同生态催生出指数级的增长机会。例如,我们看到智慧车联的持续升温,实际上是能源、智能和交互融合催生的新机会。就半导体显示领域而言,伴随显示技术的持续进步,人与数字世界的交互频率与交互体验不断升级。基于这一发展趋势,京东方充分利用自身在半导体显示产业的深厚积淀,以显示为支撑,将显示与人工智能、大数据、通信、能源等要素融合创新,为客户提供了多元复合的产品及解决方案。

由此可见,京东方的物联网转型既是寻找价值增长空间的过程,同时也是一个提前研判、循序渐进的过程:探索期、实践期和融合期,循序渐进,紧密衔接成京东方物联网转型的发展路径。

"屏之物联"是京东方未来最重要的战略。这一战略把过去30年发展的经验、积累的优势进行了有机融合,还给京东方带来了两大变化:第一是打破了京东方在硬件市场的天花板,第二是有效缓解了液晶周期对京东方的影响。可以说,"屏之物联"战略锚定了京东方未来所要去的方向。

总体来看,京东方过去30年的发展,在探索创新产业机遇的同时,也是不断摸索战略思想的过程。每一个重要的战略思想都有一个长期的形成过程,比如第二个10年中形成的"王氏定律",第三个10年从"芯屏气/器和"理论到"屏之物联"战略,都是京东方持续的战略探索,这样的过程使得每一次企业发展战略都能够确保准确性和有效性,也将京东方带入了全新的增长空间。

"屏之物联"的内涵

"屏之物联"战略是京东方物联网转型这个大方向下的关键战略。企业关键战略的制定既要聚焦自身的核心优势，又要放眼行业大势，捕捉由于技术革命带来的新范式的变化，这些变化往往蕴含在人们的生活中。比如，手机是人们使用频次最高的电子产品，从用户的视角来看，手机近年来发生了巨大的变化，最突出的是其形态的变化。近两年，折叠屏手机大行其道，颠覆了人们对手机形态的固有认识。此外，还有一些微小而实用的变化，比如使用指纹解锁功能时，手指按压区域可以覆盖更大的屏幕空间。

如果没有 2022 年年初全球冰雪盛会开幕式的表演，很难想象屏幕还可以制成雪花形态，这颠覆了人们对屏只能是计算机、手机、电视等形态的认知。

此外，在书店或者咖啡馆中，我们很多时候会看到一幅由屏幕呈现的世界名画，我们很难想象这块屏幕背后实际上是一座具有无限承载空间的线上艺术馆，可能有成千上万人在不同场景中正欣赏着同一幅艺术作品。

屏的功能越来越多了，形态也开始千变万化，人们走到哪里，都会被屏包围。这些生活中发生的微小变化，就是京东方看到的巨大趋势。站在这个趋势下，更易于理解京东方"屏之物联"战略。

显示联万物，京东方产品的想象力

"屏之物联"的核心要义是把握"屏"无处不在的增长机遇，进一步加速"显示技术＋物联网应用"的深度融合，把屏做得更"聪明"、更"智慧"，让屏融入各个细分市场和应用场景，提供服务，创造价值，实现数字化时代的用户体验和感知革命。

"屏之物联"的核心要义可以总结成三句话：集成更多功能，衍生更多形态，植入更多场景。这也代表了京东方面向未来的技术战略、产品战略和市场战略。

"集成更多功能"对应的是技术创新能力，就是通过屏的技术创新能力，将摄像、触控与发声等功能都逐步向屏幕集成；面部感知、图像强化等算法丰富屏的功能体验；人工智能、大数据等技术让屏成为软硬融合的综合体并日益智能。屏不再仅限于显示，而是成为一个功能平台，即"屏即平台"。这些功能的有机组合构成了一个面向具体细分场景的系统，也就是"屏即系统"。

京东方在半导体显示领域通过不断投入与创新实现了技术主路线的全覆盖，并且这些主技术路线下的一些分支技术也均有所涉足，而经过产业应用的实践后筛选出的最具商业潜力的技术将会被重点发展。由此可见，技术投入的终极目标不仅是一个企业要引领整个行业的发展，更是要理解和满足消费者的需求。比如，以前消费者使用指纹解锁手机，只能用手指按压一个固定的位置，而现在的指纹解锁无须那么精准，手机可以在更大的区域识别用户的指纹，这是因为京东方将传感技术集成到了手机屏上。再比如，以前手机的前置摄像头总要搞个"刘海"或者其他形式的孔洞，以留出摄像头的位置，京东方的屏下摄像头技术，在不降低摄像头区域像素密度的基础上，增大了屏下摄像头区域的进光量，将屏与摄像头完美融合，除了增加了产品美观性和轻薄性，从性能上也使手机的待机续航时间更长。又比如，京东方将人工智能中语音识别的技术集成进电视屏，使电视机实现了语音操控，用户体验更好。

"衍生更多形态"则是对应产品创新能力。客户需求的定制化、技术迭代的多元化和场景应用的细分化，对屏幕的形态提出了更高的要求。京东方不断坚持产品创新，强化终端制造小批量、多样化、柔性化的应对能力。通过横向拉通器件、终端和方案，持续突破屏幕尺寸、形状等限制，打开了人们对于屏形态的想象力，未来，屏将以各种可能的形态出现在人们的生活中。

京东方目前已经做到的是在传统的消费电子领域，覆盖全系列尺寸，而且在柔性显示领域不断发力，推出折叠屏、卷曲屏、透明显示等创新产品形态，增强屏幕适配能力。除此之外，无论是2022年年初冰雪盛会开幕式上的"雪花屏"，还是成为网红打卡地的成都金融城"双子塔"屏幕亮化项目，都完美诠释了对屏幕形态的极致想象。

在功能不断升级、形态不断丰富的基础上，"植入更多场景"则是对应市场创新能力。在物联网时代，多样化的细分应用场景和需求决定了产品或解决方案向非标准化定制方向发展，京东方在深度理解客户需求后，通过应用创新将产品和服务不断植入细分场景，实现场景层出不穷，显示无处不在。

"屏之物联"战略打开了屏的无限市场空间，重构了屏原有市场模式，并创造了全新的客户。

原先，屏的市场是沿着消费电子产业链发展而来的，比如液晶电视的发展催生了液晶屏的需求，手机的发展推动了柔性屏的发展，AR、VR的发展造就了近眼显示的市场。如何打开各种传统的已有的场景和市场呢？这就需要强调在"屏之物联"战略下物联网相关技术的投入。物联网相关技术是一条与半导体显示技术不同的技术路线，包含了人工智能、大数据、云计算、边缘计算等技术。但若想让屏"植入更多场景"，其产品就不能是单纯的"屏"，而必须是"屏+AIoT"。

让屏"植入更多场景"看上去更像是一个市场策略，但要实现这个策略，技术还是至关重要的。京东方一边强化物联网技术，一边在具体的场景中解决问题，这样一来，技术升级和市场开拓相互促进、相互推动，一个个新的市场空间就被打开了。举例来说，人脸识别、文本检测、动作识别等人工智能技术与"屏+系统"的结合应用，可以在园区管理、校园管理、医院管理等各种各样的线下空间管理中发挥作用，而实际场景应用中积累的数据和技术优化的经验也会沉淀下来，应用在其他市场的开拓中。MLED加上智能化系统的光影艺术解决方案可以用于大型文艺演出，也可以复用于城市建筑的亮化项目上。

在"屏之物联"战略下，京东方一方面在屏的技术路线上持续深耕精进；另一方面在AIoT技术路线上不断突破，形成了京东方软硬融合的全新解决方案，那就是"屏+AIoT"。只不过，这个产品是可以实现个性化、定制化的。

前文所述的智慧金融、智慧车联、智慧园区、智慧零售、数字艺术、工业互联网等各种场景只是让屏"植入更多场景"的开始。当场景成了未来的市场，赋能场景的产品成了"屏+AIoT"系统的解决方案时，可以想象，未来的千行百业，场景的"星辰大海"将为京东方打开无限的市场想象空间。

"屏之物联"如何落地？

根据著名管理学家迈克尔·波特的定义："企业战略就是一家企业在维持竞争优势的情况下，长期地、全面地规划和实施资源配置以达成目标的计划和行动。"企业战略需要考虑到企业的内部资源和外部环境，明确企业的目标，并通过一系列的行动来实现这些目标，而达成战略目标需要具体的商业模式的设计。

企业商业模式是企业实现战略的框架。前文所述"屏之物联"战略的三大举措实际是技术战略、产品战略、市场战略的具体描述。京东方要实现"屏之物联"战略必须辅以可执行的具体模式为支撑，那就是"1+4+N+生态链"的发展架构。

"1+4+N+生态链"的发展架构，犹如一棵高耸的大树，其坚实的树干象征着1，代表着以显示器件业务能力和资源为核心的主营业务。茂密的树枝与繁茂的树叶则象征着"4+N"，即物联网转型过程中布局的四条赛道，以及物联网细分市场。

就像这棵"大树"一样，京东方的业务结构也逐渐形成了多层次的架构，从核心业务向外扩展，构建了一个繁荣的业务生态系统。这种业务模式的格局既能牢牢抓住业务大盘，又能确保不同业务形态有足够的市场化机会。首先，在"1+4+N+ 生态链"的发展架构中，"1"是京东方的半导体显示业务，这是京东方的核心能力和核心资源，也是"屏之物联"的战略原点。这个战略原点的重要性如前文所述是整个京东方的稳定器、策源地和供应池。

将"1"作为核心充分体现了京东方在"屏之物联"战略中始终保持对核心业务的坚持。正如著名畅销书作家吉姆·柯林斯在《从优秀到卓越》中所说，成功的企业都有一个共同的特点，那就是"始终将核心业务放在首位"。企业的核心业务是企业最基本、最重要的产品或服务，通常也是企业最具竞争力、占据市场优势的业务。企业应该始终将核心业务放在战略制定的核心位置，将资源和精力集中在核心业务上，不断提高自身核心的竞争力和创新能力，扩大业务时，必须对核心业务进行合理的扩展和补充，而不是过分脱离核心。只有这样，企业才能在市场上保持长期的竞争优势。

京东方也同样坚持了这个原则，"1"是京东方不可脱离的技术原点，也是核心，是京东方多年不变的坚持，也是大量资源汇集及强管控运营的领域。在坚持"1"这个核心业务的前提下，京东方根据自己的优势、产业链特征和未来物联网的演进方向，为自己规划出了四条赛道：一是传感事业，聚焦光电传感方向，提供智能化传感器解决方案；二是 MLED，这是新型显示的一个重要分支，也是下一代 LED 的替代技术路线，应用前景极其广阔；三是智慧系统创新事业，聚焦金融、园区、出行、教育等行业；四是智慧医工事业，为用户提供全生命周期健康管理服务闭环。这四条赛道都具备巨大的市场规模和技术引领性，并有机会成为行业的领导者。在京东方母公司技术能力、制造能力、品牌资产的赋能下，它们可以独立成长。

具体分析京东方的四大业务板块，会发现这四大业务与半导体显示核心业务既相互关联、相互赋能，又能独立成长。正如一棵大树，"1"是树的主干，从最初的技术种子到萌芽、成长，已经长成了参天大树；四大业务是这棵大树的根系孕育出的新的树种，也已经初步长成。这些新的树种与原来的大树既共生，又独立。比如，光电传感业务与半导体显示有着密切的共生关系，传感能力被集成到屏上，可以实现屏各种功能的优化，透明显示、用于医疗的X射线探测器背板就是一个典型应用。传感能力除了能对屏这个核心业务有所加持，还可以应用到更多领域。MLED也是同样，基于高精度半导体工艺和相关技术，京东方推出了LED显示系统及解决方案，并赋能如XR应用、电竞显示、车载等下一代LED显示应用场景。可以说，MLED的技术成果既可以用于优化京东方主要液晶显示屏，又可以自成体系，开发无限尺寸屏幕市场。

正是因为这种与核心业务既共生又独立的关系，所以四大业务板块需要给予足够的市场化空间，并进行适度授权。这样既能保证京东方在四大业务板块发展时不脱离京东方的战略主线，同时又能释放活力，保持快速增长。

在"1"和"4"业务的发展过程中，京东方又孵化、创造、生长出各种细分的业务形态，也就是前文所述的各种细分行业。这些细分领域便是"屏之物联"战略的具体落地场景，也就是"1+4+N+生态链"里的"N"。

当然，"N"并不是随意选择的。对于细分市场的筛选，京东方也遵循着一定的原则：第一，坚持与屏的强相关性，京东方不会去做那些与屏完全无关的领域，这样不仅能在切入细分市场时获得京东方原有优势的加持，还能使细分市场的增量需求反哺核心业务；

第二，细分市场不能是小众市场，标准是全球市场规模要超过100亿美元，国内市场规模要超过100亿元人民币，这样，京东方一旦进入便有足够的市场空间；第三，京东方一旦投入资源在某一个细分领域，就需要确保5年内能够进入所属领域前三名，且全球市场占有率要超过20%，国内市场占有率要超过25%。

在这三个原则下我们可以看到，京东方目前进入的细分赛道，诸如智慧零售、智慧金融、智慧园区、数字艺术、智慧出行、儿童护眼等领域都是与屏强相关的业务，而且每个细分领域都有着巨大的市场空间，比如智慧金融、智慧园区都有着2000亿元以上的市场。目前京东方已为25个城市、超过3000家银行网点的银行客户提供了智慧金融解决方案。此外，在车载领域和智慧零售领域，目前京东方已经做到了行业第一，市场占有率也超过了20%，而这些仅仅是一个开始。未来"N"的业务还会不断生长。由于"N"的业务离核心技术原点相对较远，京东方赋予其市场灵活度也较高。这种"弱投资+全面授权"的方式可以充分激发创业团队的积极性，使"N"的业务更快地生长。

"生态链"是创新生态发展的赋能平台，是"屏之物联"战略的重要保障。

"屏之物联"是京东方打开新的增长空间的战略，围绕"1+4+N+生态链"的发展架构，京东方坚持开放合作，强化资源赋能，使资源配置更加有效。在运营管理层面，京东方通过平台化组织设计，打造相匹配的组织管理流程，在生态合作中真正做到了敏捷响应、高效协同、全域贯通。

"屏之物联"如何打造组织适配力？

笔者在访谈京东方"小课屏"团队时，发现这个团队更像一个互联网行业的团队，氛围活跃，创意频出，决策迅速。"小课屏"项目是京东方"N"里比较成功的项目,是京东方典型的"让听得见炮火的一线拥有决策权"的案例,更是京东方"屏之物联"战略组织与流程适配业务的结果。像京东方这样偏制造型的企业,原先的组织管理方式适合制造型企业的强管控模式。为了适配"1+4+N+生态链"的发展架构,就要推动"N"的业务更加市场化。

京东方从成立到经历不同的战略发展阶段,都伴随着组织流程的升级。前文讲述了京东方的两次组织变革,其中就包括京东方历史上意义重大的SOPIC变革。

为了实现在多个细分市场具有绝对优势的千亿美元级物联网创新企业目标,京东方开始推行第三次组织变革,以建立敏捷响应、高效协同为核心的"三横三纵"组织管理模式便应运而生。"三横三纵"既是为了适配"屏之物联"战略,也是"SOPIC"变革的进阶。

"三横三纵"中的"三横"指的是前、中、后台组织架构。为了适配物联网转型,建立以客户为中心、以市场为导向的组织形态,将前、中、后业务平台横向拉通。"三横"拉通实际上是平台化转型的变革,以及对前、中、后台业务的重新梳理定位。

具体而言,前台的定位是敏捷的市场与客户平台,核心就是要将面向市场的体系打通,逐步把器件、整机、系统各前台组织横向拉通,由一个团队协同负责,敏捷应对客户需求,负责从销售线索到回款的全链条管理。前台体系全面打通,统一客户窗口,可以充分发挥前台整体优势。

中台的定位是集约的产品与交付平台。中台是京东方集团级能力复用中心,负责给一线输送"弹药",高效交付客户满意的产品和解决方案。中台包括技术与产品中台、供应链中台、制造中台、品质中台四大模块。中台强调资源整合与共享、能力沉淀与迭代,模块化输出,服务于前台不同场景需求的通用集约能力,赋能前线市场快速开拓。

后台的定位是高效的运营保障平台,是支援前台和中台的专业职能服务中心,是为前线部队保障"粮草辎重"和提供"炮火支援"的大后方。在这次组织变革中,京东方将前、中、后台横向拉通的同时也更强化各自的职能定位和能力建设。前台是最贴近客户的一端,长期战斗在市场炮火的一线,前台对营收和利润负主要责任,需要强化客户驱动和市场驱动的意识和能力。中台是京东方多年以来发展积累沉淀出的产品开发能力、工艺技术能力、软硬件平台支撑能力和精益管理能力,这些能力在整个行业中都是领先的。在"屏之物联"战略下,中台体系围绕着"最快速度、最高效率、最低成本、最优品质、最佳性能"的目标,强化技术和产品开发能力以及集约制造交付能力。后台则通过"平台化、标准化、流程化"建设,提升管理质量和运营效率,将专业价值贡献到业务增长的前线。

除了横向拉通前、中、后台,京东方还纵向打通三大管理职能,主要包含纵向贯穿的战略管理、流程管理、业绩管理三大核心职能。"三纵"是贯穿前、中、后台的垂直管理体系,是保障平台型组织高效协同的抓手。

三大职能的目的不同:战略管理的目的是把握方向,流程管理是为了提升效能,业绩管理则是为了激发活力。

"三纵"虽然是管理职能,本质上却要强化服务属性,即所谓的寓管控于服务。"三纵"是深化京东方物联网转型中组织创新变革的核心抓手,其中战略管理体系是京东方在半导体显示行业实现跨越式发展的制胜法宝,已形成了一套行之有效的全链条闭环运作体系;流程管理和业绩管理是管理变革的前沿阵地,京东方在这次管理变革中通过成立流程数据中心和业绩管理中心来推动变革。

"三横三纵"组织管理模式是战略进化的结果,它既能充分保障核心业务的主导地位,又能给予距离核心业务相对较远的创新业务以极大的自主的市场化空间。"三横三纵"最大的特点是突出了对业务的赋能而非管控，这使得京东方这头原来面板制造业领域的"大象"拥有了足够的敏捷性。为支撑"屏之物联"战略的落地，流程管理成为这次组织变革的重中之重。

京东方在半导体显示产业实现快速增长，其组织管理模式起到了非常关键的作用。这是一套以端到端为基础的，包含组织、信息技术、绩效、能力、内控等管理要素的一整套流程管理体系。此前，京东方流程管理强调"横到边，竖到底"，是一套强管控流程。

为了适应物联网创新市场，流程管理发生了一些变化。比如，溯源业务本质，以客户需求为中心梳理建立流程，客户需要什么样的流程就建什么样的流程；过程中对高频、强痛点流程，给予优先快速优化；根据流程需要组建人才团队；追求组织与流程的高度适配并持续完善；基于流程推进数字化；推进流程授权；等等。

基于流程授权是其中最大的变化。在现有业务结构下，明确了"主干严谨，枝叶授权"，赋能听见"炮火声"的业务一线快速决策。在这个原则下，可以预见的是，在"1+4+N+生态链"的发展架构中，核心的传统半导体显示业务还是会处于强管控的管理模式下，离核心业务越远，授权幅度越大，而"N"的业务、生态业务以及一些创新型业务，京东方可能会采取弱管控，甚至采用只参与投资，不参与管理的模式。

这样的组织管理模式会催生更多的创新和创业，尤其是在"1+4+N+生态链"的发展架构中，"N"这个范畴里会孵化出全新的项目，比如京东方在前沿技术研发中的"光场"项目。从孵化流程上，如果按照京东方原有的"横到边，竖到底"的流程管理体系，这样的前沿技术项目会分配给研发团队按照内部流程推动，研发的时间和效率无法完全匹配落地产品的市场化需求。现在的"三横三纵"组织管理模式采取的是市场化的模式，这就给这样的项目很大的空间。

据了解，这个项目由核心技术人员发起成立了一个创业公司，京东方成为该创业公司的控股股东，创业公司核心团队成员都拿出自己的钱投资这家新公司。这样，这个项目的创业团队既有了决策自主性，又有了创业者的压力，这必将激发出团队极大的创新力，既能推动京东方的前沿技术研发，也将推动技术商业化的进程，促使新产品更快进入市场。重点是，"光场"这样的项目后续如果有市场化融资、上市，将极大地丰富京东方作为生态型组织的业务和人才的多样性。

京东方"屏之物联"战略下的组织管理调整实际上与京东方组织管理变革历史是一脉相承的。正如著名的领导力专家约翰·科特在《领导变革》一书中所说的："组织变革需要根据企业发展的不同阶段制定不同的战略，并将组织文化、结构、流程等因素与战略和业务拓展相匹配。"通常企业在发展初期会采取类似于创业团队的模式，非常注重创新、速度和可行性测试，以迅速抢占市场份额。但是企业发展进入成长期，为了平衡业务的规模和效率，就需要逐步实现专业化和标准化，需要建立更为稳定、可持续的组织结构和流程，以提高生产效率和绩效。

如今，京东方的发展进入成熟期，在这个时期，京东方面对的命题是如何打开新的增长空间。"屏之物联"战略正是打开新增长空间战略的一把金钥匙，但是要匹配这个战略迅速落地，组织就需要更大的灵活性，激发更多的创新。"三横三纵"组织管理模式既保证了核心业务的可控性，又给创新业务释放了足够的发挥空间，这正是"屏之物联"战略组织管理的精髓。

至此，"屏之物联"从孕育形成到具体落地以及组织保障都已经形成了清晰的蓝图。如果将京东方比喻为一个企业生命体，那么"屏之物联"是大脑，"1+4+N+生态链"是手脚，"三横三纵"是经络和血脉。可以预见的是，京东方这个企业生命体在技术周期更迭的征途上，正展现出勃勃的生命力。

"屏之物联"与战略升维模型

"屏之物联"战略落地的过程，就是京东方进入一个个全新行业场景的过程，而无数行业场景构成了京东方的全新增长空间。

如果从维度空间的角度去拆解京东方 30 年的发展，我们可以看到京东方不断升维的过程。那么，维度与空间有着怎样的关系呢？维度是一个物理学的空间概念。具体而言，零维是一个点，一维是一条线，二维是由两条线构成的平面，三维则是立体空间，人类生存的世界就是一个三维世界。

如果将京东方的增长路径总结成一个维度演化的战略模型，那么在这个模型中，我们可以看到京东方从零维到二维再到三维不断升维的过程。

升维的前提是要先找到自己的技术原点，也就是"零维"。对京东方来说，这个技术原点就是屏；沿着这个技术原点，便形成了市场和技术两条轴线；这两条技术轴线的不断延伸，形成了面积越来越大的一块矩形区域，正如京东方不断扩大的半导体显示市场。这个市场是京东方的二维核心优势市场，是基于核心技术和产品的发展。比如，京东方的显示技术从液晶到 OLED 再到 MLED，就是在二维市场上不断扩大自己的版图。

伴随着技术的不断精进和市场的持续扩张，京东方成为中国半导体显示产业的龙头企业。不过，半导体显示市场只是一个二维市场，原因是在这个市场中，京东方的产品与客户是相对固定的，产品是各种与屏相关的电子产品，客户也是电子产业里的相关企业，即使出现新兴消费电子品类，客户也是可预见的。

市场竞争和产业链企业博弈的规律是，下游企业往往会发展多家供应商，它们不会将鸡蛋放在同一个篮子里。目前，在半导体显示产业链中，无论是技术还是市场，京东方都处于领先位置，且在五大细分应用市场的出货量也实现了全球第一，这就意味着这个领域里全球大多数企业都已经成了京东方的客户，要想进一步扩大市场份额，难度比较大。因此，在原有的半导体显示这个市场上，京东方的增长天花板已经显现。

这就是二维市场的特点。二维市场虽然也是在不断增长的，但市场规模基本上是可以预见的。市面上所有的竞争对手面对的是一个存量市场。在这样的市场中，龙头企业一方面要面对增长的天花板的问题，另一方面也要应对来自行业新锐的颠覆性创新的挑战。

京东方靠什么打开新的增长空间？答案就是"屏之物联"战略，这是京东方从二维到三维的关键战略。

京东方在"屏之物联"战略的指引下，在确保原有半导体显示这一基础市场稳固的同时，以"屏"这个核心技术原点开辟出了一条技术关联路线——AIoT技术。这条技术关联轴线与原有显示技术轴线形成了一个全新的技术底座。随着关联技术的不断丰富和迭代，这个底座以及不断被发掘出来的需求场景相互融合，拓展出了一个个超越传统基础市场的业务发展空间。全新的场景应用将市场从原来的二维平面升级成了三维空间。

京东方的产品从原来的屏变成了"屏+AIoT"个性化解决方案，客户也变得丰富起来。正如前文所述，客户不仅涵盖了原有的下游品牌终端客户，还包括了银行、园区、工业、艺术馆和教育机构等。

新的增长空间不仅被打开了，重点是京东方还用"屏+AIoT"的解决方案，将一个个市场空间变成了自身新的业务增长点。在物联网技术路线与原有半导体显示市场面组成的三维增长空间里，京东方实现了战略升维，创造出无数的市场切面，一块块新的业务"蛋糕"便在原有的市场基础上生长出来了。

我们将这个由"屏之物联"战略衍生出的全新模型定义为战略升维模型，也可以形象地称为"蛋糕理论"。剖析这个模型，我们会发现升维是关键，犹如从二维平面升至三维空间，企业只有站在更高的维度，才能像京东方一样打破原先的行业增长天花板，甚至穿越经济周期。

京东方通过"屏之物联"战略实现了战略升维。我们将这个战略升维模型从京东方企业发展的样本中抽离出来，发现这个模型对于科技类企业有着很强的借鉴意义。

—— 本章小结 ——

"屏之物联"是京东方面向未来的战略。纵向去看京东方的发展历史，我们能够清晰地看到"屏之物联"的诞生过程。"屏之物联"的内涵和具体落地的业务模式，不仅厘清了京东方的技术和市场策略，还给市场拓展划定了边界。

"屏之物联"的意义不仅仅使京东方成为一个物联网生态企业，也让京东方打破增长天花板，创造了全新的市场空间。如果一个新的空间的打开是一次升维，那么回溯"屏之物联"的形成和诞生，我们可以从京东方发展中抽离出一个独特的模型——战略升维模型。

战略升维模型并不是由京东方"屏之物联"战略进行简单整理总结出来的，而是在京东方每一个发展阶段的正确战略决策以及企业发展自然演化的过程中逐渐衍生出来的。它是对战略规划和业务拓展的一种成熟认知，并能指导企业在发展过程中不断提升战略层级，以应对复杂多变的市场环境和挑战。因此，战略升维模型是京东方对企业战略发展的深刻理解和积极探索的产物，其智慧精华体现在以下几个方面。

首先，确立了自己的核心技术，那就是屏，这是战略升维模型的原点。这个原点可以视为升维模型的"零维"原点，这个原点的确立是京东方"二维"市场和"三维"市场制胜的基础。

其次，从屏这个技术原点出发，在半导体显示这条技术赛道上深度布局，不断精进，将原来的技术原点变成一条持续延长的技术轴线，并且能够精准把握技术商业化节奏。与此同时，从屏这个技术原点出发形成的产品和市场也在不断增长，这就形成了京东方在半导体显示领域的二维市场。而且在国际产业竞争和贸易形势日趋复杂的情况下，京东方早已将半导体显示的二维市场视为一个全球化市场进行超前布局。

当前，全球二维市场竞争呈现出快速、激烈、差异化等特点，京东方需要具备灵活应变、持续创新和优质服务的能力，以应对不断涌现的挑战。同时，京东方更需要展现坚定务实的战略规划，为自身逐浪全球二维市场提供稳健的支撑。基于此，京东方深入洞察市场，依托严谨的数据分析与科学调研，落实"屏之物联"是京东方开启战略升维并将自身带入全新市场空间的关键战略。

京东方也提出了"屏之物联"战略的具体实施策略，包括构建多个全球细分市场差异化优势，打造卓越物联网品牌形象，实现全面可持续发展。聚焦到具体行动，京东方强调实现"三个转变"：从"专业化、集中化"运营管理体系向"敏捷响应、高效协同、全域贯通"平台化精益运营管理体系转变；从单一器件价值创造向全产业链价值创造转变；从独立企业价值创造向协同生态价值创造转变。

这些目标的提出与创建世界一流企业的标准和要求完全符合。重点在于，无论是落实"屏之物联"战略的实施策略还是推进具体行动，京东方的战略升维与全球化市场布局都呈现出不轻率、不冒进、不过急的特点。由此，在全球产业竞争的关键时刻，京东方始终展现出自身稳健而前瞻性的策略，不受短期波动影响，牢牢把握长远发展的主动权。

这样的务实策略，强力助推京东方在全球市场的壮阔波澜中提速、壮大，稳居全球半导体显示领域的领导者地位，并逐步成为全球创新型物联网企业。

第十一章

战略升维
模型的形成

"穿越周期"，一个让很多企业向往而又困惑的命题。这不是单纯靠运气，而是需要前瞻性且深刻的战略思维、有效的战略方法，以及坚定的战略执行才能实现。战略中的变与不变是能否穿越周期的密钥，我们从京东方"屏之物联"战略的源起、落地和发展中，看到了京东方穿越周期的战略方法，一言以蔽之，这就是企业战略和市场空间维度上的升级，也就是我们本章想要探讨的企业战略升维模型。

　　对一个有着深厚历史和产业领先地位的企业来说，穿越周期这个命题最大的挑战在于对自己原有路径和资源依赖的突破。这个突破，对成功证明自己穿越周期的企业来说，是关键一跃。这一跃，背后必须有前瞻性的战略思维做引导。京东方多年在显示面板产业里面的积累和沉淀，是关键一跃的基础，也是关键一跃的限制。京东方反复权衡、验证甚至试错，找到了穿越下一个周期的方法，这就是"屏之物联"。由"屏之物联"所衍生出的"战略升维"，让京东方找到了更有效的破局原有市场天花板的方法。

　　战略是否正确，在商业上的结果是最清晰的体现。我们梳理京东方历年的财报会发现，2019 年京东方的总营收突破了 1000 亿元人民币，这离京东方创业已经过去了 26 年，距离京东方正式进入半导体显示产业过去了 16 年。也就是说，在半导体显示产业这个市场持续深耕 16 年后，京东方成就了千亿规模。然而，从 1000 亿元营收到突破 2000 亿元营收，京东方仅仅用了两年时间——2021 年，就创了自己历史的营收新高，达到了 2200 亿元人民币。京东方业绩的增长固然有行业周期迎来波峰的因素，但是，京东方新增营收中一大部分来自新增的创新业务，也就是新的市场空间，这就是战略升维所带来的直接结果。

第一个千亿营收用了 26 年，第二个千亿营收用了 2 年，这显然不是单纯行业自然增长的结果，也不是简单靠提升经营效率的结果。如何从线性增长到指数增长，京东方从一个印象中的面板制造企业到物联网企业，"屏之物联"战略升维才是关键。

这个增长过程的总结和提炼，是我们研究京东方发展历程中最有趣的一部分。我们发现，京东方指数增长的过程背后是一个个新商业场景的打开，一个个新场景打开的背后是屏技术和物联网技术的不断融合，技术融合的背后是组织能力不断地延展，而把这个逻辑梳理清楚，我们就可以清晰地看到京东方的战略升维逻辑。

对比诸多穿越周期的百年企业，我们从战略升维角度去观察研究其他处于同一战略命题下的企业，会发现它们有着共同的底层增长规律和生长逻辑。这对于今天很多发展到一定阶段，尤其是在原有技术周期里成长到一定阶段的中国科技企业，具有普适性的价值。

战略升维模型概述

无论是经过 20 多年发展成为行业领军企业的京东方，还是诸多在不同技术周期中遇到发展瓶颈的科技企业，都面临一个命题——穿越行业周期，而这个周期产生的根本原因往往就是技术产业化的底层必然规律。比如京东方，在半导体显示领域遇到的终极问题就是行业周期，经过几轮的行业周期起落，京东方从跟随者成为全球领导者，同时也遇到了这个战略天花板。正如爱因斯坦所说，所有困难的问题，答案都在另外一个层次上。京东方解决战略天花板问题的答案，一定不在半导体显示产业这个维度上。

对一家科技企业来说，维度意味着什么呢？零维是原点，是创始之初。在什么都没有的基础上，这个原点是什么呢？原点的内核就是企业的初心使命，原点的外在就是这个初心使命选定的基础产品和技术。古语所说的"守正出奇"，指的就是守正才能创新，这个守正的"正"就是这个原点。

从这个点出发的第一条轴线，就是这家企业赖以生存的基础技术路线。这个从原点出发的线，就是一维，是企业选定的不断迭代创新的基础技术路线。从这个原点出发的另一条轴线是市场的不断拓展。技术创新的一轴和市场拓展的另一轴都从基础产品这个原点出发并延伸开来，一方面追求技术的不断进化，另一方面不断理解和满足市场的痛点和需要，形成了一个二维平面，这就是企业所处的业务根据地，即核心业务。

能够找到并守住一片根据地很关键。很多企业的生命周期很短，主要原因就是没有找到或者守住自己的根据地，没能先扎下根来。扎下根的同时，要在二维平面的根据地市场形成足够的影响力，甚至像京东方一样坐稳行业龙头的地位。在根据地市场中，企业要在选定的基本技术赛道上持续耕耘。只有对技术有透彻的理解和洞察，在这条技术赛道上才能够把握技术迭代的时机，在技术展开期之前进行大规模投入，从而推动市场面不断拓展。

从京东方在半导体显示产业发展的历程中可以看出，企业要在技术创新维度持续投入，一方面要深入洞悉技术的演进和变化，另一方面要在那些有可能被大规模商业化的技术方向上下注，并在技术爆发期前进行足够的研发投入，才能保证自身在技术展开期和大规模应用期拥有足够的市场影响力。

在根据地市场中，每个竞技者最终的目标都是生存，都是从一开始找到勉强立足的角落，到差异化市场竞争，直至搏到可以指挥产业利润流向的"王者之位"。但随着时间的流逝，产业陷入红海竞争。在产业周期的后半程，如果没有新的市场"绿洲"，每个企业面临的都将是不断下滑的利润，以及惨烈的价格战。

每个企业都有自己的宿命，每个产业都有自己的周期。大多数企业的平均寿命都不长，很重要的一个原因就是无法走出产业周期的规律。尤其是科技企业，有时候是"成也萧何，败也萧何"，可能随着一个新兴技术的崛起成为弄潮儿，也可能随着这个技术的衰落成为明日黄花。所以不管是京东方还是其他科技类企业，能够在技术周期衰退之前找到下一个技术曲线都是生死抉择。其中的难点就是技术进化的跳跃性。技术进化不是一条平滑连续的曲线，而是一组组跳跃的曲线组合，甚至技术进化的根本就不在原有的平面上。

很多企业发展到一定的稳定期，就会出现企业生命曲线中重要的"破局点"。此时企业若还没有找到下一个增长曲线，那么原有基础业务的增长也会遇到瓶颈，但企业如果能够找到产业进化规律，并提前在原有业务曲线没有衰退之前布局新的业务曲线，那么就能抓住"破局点"这一宝贵的时间窗口。

京东方在半导体显示领域提出的"王氏定律"，就是找到了这个行业的底层规律，通过把握运用这一规律，就能够不断地在原有业务曲线到达顶点之前，开始布局新的技术曲线，并取得显著的成功。这一规律的总结也是京东方在二维市场上成为半导体显示产业领导者的关键所在。但是，当技术曲线已经无法进一步进化，或者像当下一样变成指数级进化的时候，真正严峻的考验就出现了。比如数码技术对于柯达，智能手机对于摩托罗拉，到了这个阶段，真正的挑战往往并不来自原有的技术进化方向，而是完全来自另外一个维度。

第十一章　战略升维模型的形成

大多数科技企业在无法突破这个行业底层规律之时就进入了生命曲线的衰退期，极少数企业能够找到新的发展维度。所以一家科技企业想跨越这个关键时刻，就不能满足于原有的技术维度，而是需要从另外一个技术维度去思考和布局进化方向，也就是从"原有技术—场景"构成的二维核心优势市场出发，依托原有的技术，找到新的破局点，开始思考一个全新的三维市场空间。

如何升维？我们回到维度的空间概念，原来的二维平面形成三维空间，要有一个新的技术维度，这与原有的技术维度有着本质不同，但是还有一个交集，交集就是零维原点，也就是一个企业核心优势的那一部分。

靠布局新的技术维度就能形成三维市场空间吗？当然不是。开拓新的技术路线必须与原有的技术相关联，关联技术和原有的技术路线组成了全新的技术底座，在这个底座上不断拓展出新的市场场景。随着关联技术的不断创新，新的应用场景就会不断丰富并形成一个个市场切面，而每个切面相互融合赋能所产生的市场空间，就像一块块叠加的蛋糕。

以京东方为例，AIoT作为一条新的技术维度在原有的技术原点衍生出来，它以"屏"为基础形态，结合了如金融等丰富的应用场景加以拓展。这个场景是由AIoT相关技术和原有半导体显示技术相互融合组成的全新技术底座，而生长出来的三维市场空间，随着AIoT相关技术的不断丰富和演进，使得京东方可以不断突破原有市场，并逐步打开了包括智慧金融、智慧园区、工业互联网、智慧文博等全新的市场应用场景。

企业的市场空间从二维升级到三维，三维市场中的市场增加已经不是简单地做"面积加法"，而是以三维空间的方式进行"体积增长"。企业打破了原来的行业天花板，进入了一个更大的市场，获得了更广泛的客户。

战略升维的点—线—面—体

在研究京东方进入"屏之物联"战略阶段的企业战略升维模型时，我们将"维度增加"（以下简称为"升维"）这个概念的基础要素展开过程加以清晰地描述，从点到线、从线到面、从面到体。一家科技企业成长的点、线、面、体分别是什么？企业的升维过程又是怎样一步步实现的呢？

从京东方多年的发展中我们可以看到，"对技术的尊重和对创新的坚持"这一理念已渗透并融入京东方人血液中，这个理念在整个点—线—面—体的生长过程中都扮演了重要角色。

升维的起点：初心与基础产品决定未来

升维的起点就像一粒种子，是一家企业未来成长的基石。放在企业战略升维模型框架中，这粒种子就是未来二维和三维的"原点"。

这个原点是企业核心技术解决方案和产品（见图11-1）。

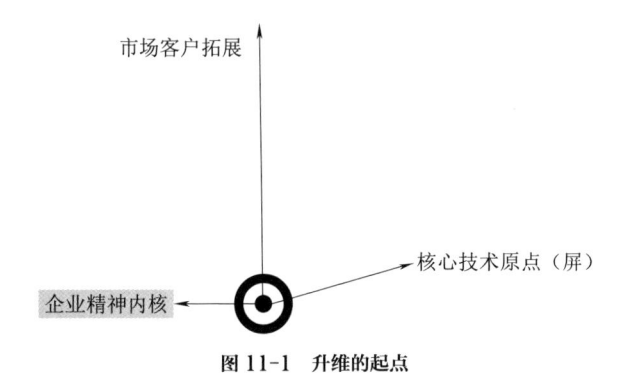

图 11-1　升维的起点

核心价值观，决定了企业要选择进入一个怎样的市场。企业首先要解决的是直击市场需求痛点的基础产品形态。"到有鱼的地方去捕鱼"，能否找到痛点清晰的市场，决定着企业能否生存，而生存空间是大是小还需要了解"池塘理论"。"池塘理论"指出，一家企业选择在小池塘里面做大鱼，还是选择从大海中的一条小鱼做起，之后成长为大鱼，这是完全不同的战略起势。

京东方在原点抉择中，经过对产业发展方向的前瞻性判断，选择了液晶显示这个核心技术原点。选择尊重技术，坚持创新，就意味着不是简单地做做生意，而是要不断投入，不断试验，在攀登技术之路上永不回头。

选择液晶显示的原因有两个，一是液晶显示技术是整个世界技术换代的关键技术，二是在第五次技术革命浪潮中，电子行业呈井喷式增长。电子行业有两大重要的硬件技术支柱，一是芯片，二是显示屏。芯片是人类与虚拟世界交互的基础，而显示屏是交互的界面。从一块基础的屏做起，就注定这不是一个小池塘，而是一个巨大的蓝海市场。事实证明，在市场的"大海"中，京东方长成了全球面板巨头。

美国通用电气（GE）的发展历程同样可以借鉴。杰克·韦尔奇在任职通用电气首席执行官时曾经有过这样一个案例：如果某一个业务板块经过努力，终于做到了整个行业数一数二的位置，杰克·韦尔奇会对这个业务板块给予奖励。接下来，他会问："这个市场上你们是第一，市场占有率是15%，那么第十名的市场占有率是多少？"业务板块的负责人经过研究，他们发现第十名的市场占有率是5%。然后，杰克·韦尔奇继续问道："好吧，那么我们现在想想，如何把市场占有率从15%变成5%？"显然分子不能变，只能变分母，即只有扩大市场，发现更广阔的需求和客户。这种思维方式，就是逼着每个管理者去发现更大的需求机遇。

通用电气的电气发动机业务原来的客户只有空客、波音等飞机制造商，为了扩大市场，它将服务对象扩展至航空公司。这个业务板块被通用电气重新定义为"飞机发动机的全生命周期服务商",这就意味着它开始涉足维修和发动机动态监控服务,而不限于制造和销售飞机发动机。于是,分母变大,公司不仅要掌握核心技术,进行核心生产,还要进军服务领域。虽然分子不变,市场占有率会变小,但市场占有率变小并不是终点,而是想着如何不断扩大市场占有率,想着要再花多久的时间、采取什么样的战略行动,才能在这个新领域中做到数一数二的位置。

这就是杰克·韦尔奇的增长策略,他用生动的比喻刻画了他的增长三部曲:不能满足做"小池塘的大鱼",要到大池塘去,做"大池塘的小鱼",然后再成长为"大池塘的大鱼"。通用电气的例子说明"大池塘的小鱼"是很关键的,其模式就是如何为现有的技术和业务找到更大的"池塘"。

战略升维模型主张在确立技术和产品这个原点时,就要选择更大的"池塘"。只有选择做"大池塘的小鱼",才能有足够的成长空间。盘点当今全球市值排名前十位的公司,无论是苹果、亚马逊还是特斯拉,它们最初的技术和产品原点都是具备了大市场的特质。

从线到面,技术引领需求

在《需求》一书中,作者亚德里安·斯莱沃斯基探讨了如何发现消费者的需求,并通过满足需求来促进企业的成长。他提出了一个重要的观点,即理解和满足客户需求是企业实现长期成功的关键,并阐述了一整套关于整合营销和协同创新的模型和方法,让企业能够更好地了解和满足客户需求。

在战略升维模型中,京东方重新梳理了技术供给和需求的关系。他们认为,从产品原点延伸出技术和市场就是二维市场的两个坐标轴,技术发展和市场场景需求形成了一对互相加持的力量(见图11-2)。那么决定二维市场成败的关键要素是什么呢?就是技术发展的预判，即不是等着场景和需求出现了再用技术满足需求，而是用技术引领需求。

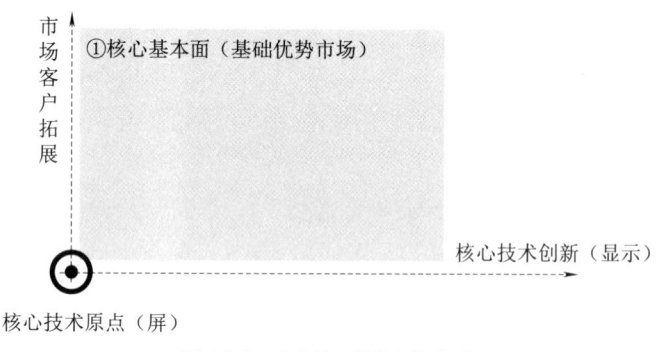

图 11-2　企业的二维核心基本面

真正伟大的科技公司并不是单一地从需求出发进行技术创新，而是同步用技术引领用户的需求并创造市场场景。最典型的例子就是苹果公司，苹果公司创始人乔布斯有一句名言："消费者并不知道自己需要什么，直到我们拿出自己的产品，他们就会发现，这就是我想要的。"亨利·福特也说过："如果你问你的顾客需要什么，他们会说需要一辆更快的马车。"无论是苹果还是福特都用自己的技术创新让用户知道了自己真正想要的是什么，这就是典型的技术引领需求。

从京东方的技术发展历程中，我们也可以看到它技术引领市场的一些做法。京东方较早开始了 AMOLED 柔性显示的研发，在需求爆发前夕进行产能投入，并引领了手机全面屏、曲面屏和折叠屏的市场。京东方也是最早使用 8.5 代线生产车载显示屏的企业，短短几年，其在车载显示领域迅速冲到全球第一。如果科技企业是在消费者需求出现之后才对技术进行投入的，那么它显然是无法获得市场影响力的。

技术与市场这两个维度，在真实的商业进化中有趣地互为供给端和需求端。在这个二维平面上的增长，只要通过技术不断引领市场，走在需求之前，塑造需求，就能获得更大的竞争优势，而市场的不断进化，也同样推动着技术不断迭代。

如果将二维市场简化成"技术横轴"和"市场/需求纵轴"，这两条轴就形成了一个核心基本面，这就是基础优势市场。在技术路线或者市场需求没有发生颠覆性变化的前提下，所有业务增长都是在这个平面上增长。比如，企业可能沿着原来的技术和场景的出现去拓展下沉市场、海外市场，也可能是将技术用于不同的产品，拓展出新的产品市场，等等。

但是在这个二维平面中，最终所有可能的市场都会被占满，技术进步所带来的增量空间很快便会聚集更多的竞争对手。虽然企业具备强大的技术竞争力和市场拓展能力使其占领了绝对的市场份额，但最终都会陷入增长的困境。

边界外的生长，新技术形成新维度

想要打破二维竞争中的"内卷"，就需要升维，对企业来说，就是用新的维度带来新的增长空间。与传统的企业多元化的跨界不同，升维视角下的创新不仅仅是市场的多元化，而是利用新技术路线与原有技术路线和市场场景的结合，开辟出新的增长空间（见图11-3）。

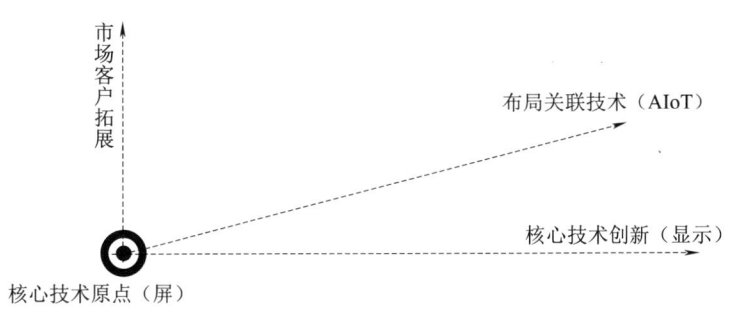

图 11-3 开辟新技术路线

一个典型案例就是亚马逊。亚马逊原来专注于电子商务，从卖书扩展到各种品类，虽然这种扩展是市场的多元化发展，但仍然只是原来电子商务战场的二维市场，因为其技术、服务对象基本上都是在做加法，没有本质的变化。直到亚马逊开始了 AWS 云计算服务。

亚马逊利用云计算技术为亚马逊开辟了电商行业以外的广阔市场，吸引了大量用户和企业。亚马逊的云计算服务不仅广泛应用于电子商务、社交媒体、游戏等领域，也被各大企业、政府、医疗机构等行业所使用。云计算领域的成功为亚马逊带来了丰厚的利润，同时也推动了整个云计算市场的快速发展。云计算技术的引入使亚马逊从一个传统的电商平台成为一个高端的云计算服务商，为企业开拓了全新的市场，这在一定程度上也证明了跨界技术创新对于企业战略的重要性，为企业未来的发展提供了更多可能。

亚马逊云计算就是典型的通过开辟全新技术路线使自身升维到全新市场空间。当围绕着企业的产品或者技术原点出现第二条技术路线时，原有市场就会发生变化。原来二维市场中，企业往往是不断扩大版图，持续做加法，而在三维市场中，市场的增加已经不是简单地做加法，而是以指数级的方式增长。于是，企业就打破了原来行业的天花板，进入了一个更大的市场空间，获得了更多客户。

京东方原先的技术和市场布局始终围绕着显示。京东方从原先的技术原点延伸出一条 AIoT 技术路线，而 AIoT 这条技术路线上的相关技术与原有屏的技术和市场的二维市场组成了新的市场空间，也就是新的三维市场。在这个三维市场，京东方的客户群体变得丰富起来，不仅突破了原来显示屏市场已有的和可以预见的客户群体，还扩展到了各种各样的行业场景中去（见图 11-4）。

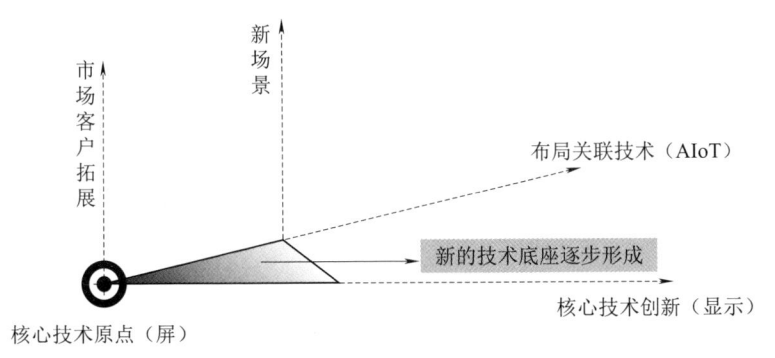

图 11-4　新技术和新场景形成新的市场空间

在这个升维的过程中，企业新的技术路线对于原有产品会起到加持作用。比如，微软在第五次技术革命中成为信息时代的明星企业，但是在移动互联网这个技术周期中却落了下风，在移动互联网时代，成为被颠覆的对象。众所周知，人工智能是下一代技术周期中具有决定性影响的技术。2023 年，微软在人工智能技术上的投入诞生了 ChatGPT，而这一技术不仅使微软拿到了通往下一个技术周期的"门票"，最重要的是，人工智能使其原有的产品如虎添翼，无论是搜索、Windows 操作系统还是 Office 办公软件，那些被人工智能加持过的产品又迸发出无限的可能性，并广受关注。

与微软的案例类似，在原有的显示技术路线上，京东方在硬件性能上做到了极致。由于 AIoT 的技术加持，又产生了智慧座舱、"雪花屏"、画屏等一批新的产品。

对从二维战略平面向三维战略空间进化的企业来说，如果简单地从模型逻辑上来说，看似是找到原点，然后在原来技术方向之外再去寻找还有哪一条技术路线（甚至是一组新技术路线组合）可以满足企业的增长需求。但是从实际操作的过程来说，这个升维过程其实是场景驱动和新的技术路线探索并行的过程。以京东方为例，随着对教育、金融、医疗、园区、出行等一个个场景的深入理解，以屏为载体，背后需要解决的核心痛点是更高效的信息获取和沟通，正是这样的痛点推动着京东方去探索布局智能物联领域的系列技术，比如可视化、人工智能、大数据等技术。这些技术趋势的探索和布局是充分基于对丰富的场景应用和需求的理解，所以，场景创新与新的"屏+AIoT"技术是相辅相成的。

通过布局新的技术路线完成升维的企业，如果在原有产业周期进入衰退之前完成布局，这样的企业更容易穿越产业周期，通过多周期的技术布局，在新的周期组合中持续增长。

升维增长"体"的出现：产生新的市场"蛋糕"

通过布局新的技术路线和原有基础业务的结合，由此拓展出新的市场增量，这就是升维的价值。如果把这个过程简单地用点、线、面、体勾画出来，会发现在原有的产品或者技术原点衍生出新的技术路线是关键一步。新的技术维度不是凭空而生，而是从核心原点再次生长出来的，只有这样，才能形成一个立体空间，简称为"体"，这个"体"对企业来说就是基于新场景的市场增长空间，是一块新的"蛋糕"（见图11-5）。

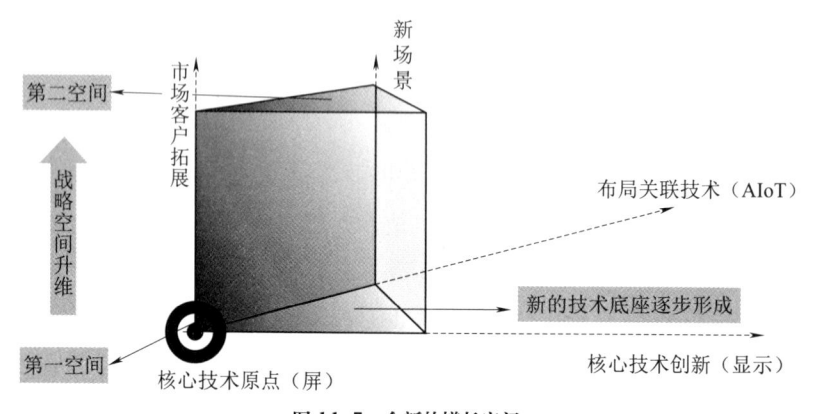

图11-5 全新的增长空间

当下人类正处于技术爆炸的关键时点。"技术爆炸"理论是由美国作家雷·库兹韦尔首先提出的，库兹韦尔提出的这个理论基于他对科技发展的观察和推断。他认为，人工智能、机器学习、纳米技术和生物技术等新技术将不断发展，使得科技的发展速度也变成指数级，并具有累积效应。

技术爆炸给科技企业带来了无限的想象空间，企业从原来的技术原点延伸出来的可能不是一条技术路线，有可能是多条技术路线。这些技术路线都可能与企业原有的技术相结合，创造出全新的应用场景，而这些应用场景形成了一个个新增长出来的"体"，即新的市场空间，这些市场空间对企业来说就是全新的市场"蛋糕"。这样一来，企业便不必在原有二维存量市场上与竞争对手分食同一块"蛋糕"，而可以通过关联技术创造出新的市场"蛋糕"（见图11-6）。

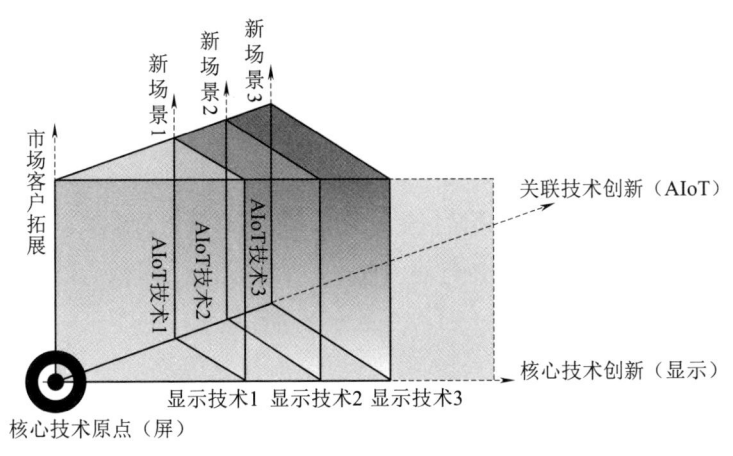

图11-6　不断通过新技术和新场景创造新的增长空间

不过，科技企业必须明确原点是什么、主轴是什么，企业要有所为，有所不为，企业不可能以一己之力吃掉所有的"蛋糕"。这样的增长趋势，也是对企业发展思维的一种新的启示，尤其对一些科技产业中处于暂时优势地位的企业来说，接下来的竞争可能来自不同的维度，而自己也不具备同时在多个技术维度展开的可能性，于是，生态思维就应运而生。建立一个生态系统，让更多优秀的创新者在这个系统上发挥作用。

比如，京东方在"1+4+N+生态链"的发展架构中，一方面是布局自身的新的技术维度，从屏向 AIoT 跨界，另一方面是通过生态思维，内部孵化创业项目，或者通过产业链赋能引入合作伙伴资源去构建整个企业生态系统，而京东方的全新市场空间就是围绕着"屏"这个业务主轴生长出来的。

隐形支撑力

战略升维模型的"点—线—面—体"按照上一节所述的战略逻辑逐步生长，那么是什么力量和机制能够保障战略机遇可以转为业务增长的结果呢？答案就是能够确保战略支撑和有效执行的两个重要保障：一个是价值观，一个是领导力。

由企业原点价值观定义的价值观部分，是支撑战略到执行的"精神力"；由企业一代代领导团队展现出来的战略预判与决策等核心领导能力，是保障战略到执行的"方向力"。这两种力量的结合，保障了从战略到执行的有效支撑，是战略升维模型背后隐形而又重要的力量。

价值观：战略升维模型的"精神力"

企业从原点初始那一刻选择的价值观灵魂，会逐步生长出一套"空气"系统，看似无形，实则无所不在，这就是企业文化体系。企业文化难在如何从"文"到"化"，在"文"的层面，能够清晰准确地统领表达企业的价值观；在"化"的层面，能够形成上下一致的行为准则和工作方式。对内，一个良好的企业文化能够激励员工的工作热情，凝聚员工的向心力，增强员工的归属感和忠诚度，从而提高员工的工作效率和创造力；对外，一个独特而又富有特色的企业文化能够树立企业的形象和信誉，激发客户或者消费者的认同感和好感，让企业在市场上占有更大的份额和优势。

有活力、有人文情怀、有价值的企业文化能够帮助企业吸引人才、塑造品牌、维护声誉，使之获得更高的社会评价。因此，在企业发展的战略规划过程中，企业文化的建立和传承也应该成为一个重要部分。

在京东方30年的发展过程中，企业文化贯穿于每一个重要阶段，而且京东方的企业文化不是挂在墙上的标语，而是在克服重重困难、不断成长进化的过程中凝练出来的精神内核。

京东方进入这一周期性明显的产业，如何提前布局产品策略和基础技术路线，抢占行业周期窗口，是非常关键的。在那个时候，残酷的周期波动带来了亏损，资金受限的京东方6代线建设因此迟迟未有进展。

在辗转几个城市，面临竞争对手围追堵截的重重波折之后，京东方6代线选择落地合肥。然而在签约前夕，深圳向京东方也伸出了诚意满满的"橄榄枝"，京东方又一次面临选择。一边是倾其所有给予全力支持的合肥，另一边是拥有广阔市场和资源的深圳，经过艰难的决策，京东方团队不愿辜负这份赤诚的信任，最终"登门谢绝"深圳，毅然选择了合肥。签约团队在飞往合肥签约的路上，这一路的波折与压力、坚持与坚守历历在目。在签约演讲中，王东升曾百感交集，并有感而发，凝练出京东方重要的文化理念——"立世三心"，即超越之心、敬畏之心、感恩之心。

京东方的历史是不断创新进取、超越自我的历程，无论身处顺境还是逆境，京东方人都始终保持一颗超越之心，这来自京东方人对于崇高目标的追求，以及由目标转化成的一种独特的精神文化价值体系。

以全球视野回顾京东方的发展历史，它自始至终都怀有一颗敬畏之心，正是因为敬畏之心，京东方才能专心专注、精益求精，才能技有所长、日有所进。京东方从未忘记投资者、客户、供应商和合作伙伴的信任，京东方需要感恩的对象很多，这种感恩源于京东方经历的艰难和沧桑。

王东升的演讲令签约现场的每个人都为之动容，"立世三心"也成为京东方企业文化的一个支柱。它渗透于京东方人在半导体显示之路上的奋斗过程，也给了京东方人一种传承的精神。

在京东方坚定地走出自主创新的历史阶段，"立世三心"是那段艰难奋斗岁月的精神支柱，保障了京东方成为半导体显示产业的王者。在这个过程中，"立世三心"不断升华，随着市场的不断拓展、场景的不断丰富和技术的不断进化，驶入"屏之物联"这一全新大海的京东方，在"立世三心"的基础上传承、凝结、演化出新的精神力量，那就是"同心五气"。

说到"同心五气"，还要从十几年前开始说起。京东方6代线建设的同时，企业又进入了一个亏损的困难期，并将面临ST退市的危险。恰逢此时，京东方开启了与内蒙古鄂尔多斯市的合作谈判。京东方需要解决资本的困境，鄂尔多斯想要引入高科技企业。京东方没有资金，鄂尔多斯政府愿意将当时有限的资源全部投入支持京东方建设，这给了京东方极大的鼓励。京东方决定在当地建设一条AMOLED生产线。

然而，这条生产线的建设困难远超想象。项目团队实地考察时才发现，当地太荒凉了，可谓"三里无炊烟，十里不闻声"。当时项目所在地唯一的建筑物是一个牧民遗弃的破旧羊圈，为了保障项目建设工作的开展，京东方不得不先建临建厂房，以解决项目人员吃饭和办公场所的问题。当地气候也极其恶劣，"一月白毛风，六月尚飞雪"，但环境的困难还在其次，由于当地政府从来没有搞过这么大的工业项目，双方配合起来也需要磨合。当时担任生产线董事长的陈炎顺，不得不在北京和鄂尔多斯两地来回奔波。团队克服了一个又一个难以想象的困难，因为说到做到是京东方人的骨气。

京东方人秉持着没有条件创造条件的志气，扎扎实实地推进项目。在不懈努力下，整个京东方团队硬是做到了关关难过关关过，一步步完成了产能爬坡、良率攻坚和产品升级，最后实现了连续稳定的盈利。京东方人硬是在一片什么也没有的荒地上把生产线做了起来，并成了内蒙古高新技术产业的代表。

2021年，京东方已成了全球半导体显示的领军企业，物联网转型也初见成效。5月28日，京东方全部高管团队去鄂尔多斯参加了这条生产线的10周年庆。晚宴结束后，陈炎顺带着所有高管乘车来到离市区10公里以外的地方，那里远离城市灯火，只见满天繁星。

在星空下，陈炎顺跟所有高管说，看看我们头顶的繁星和浩瀚的宇宙，或许每一颗星星都比地球大得多，在宇宙尺度中，人类是非常渺小的。即使我们能活100年，我们要做的也是在这100年间留下些什么。我们这几十个人能够在一起干一番事业，这种同舟共济的缘分，500年难修，大家应该是为了一个共同的目标互相帮助。为什么我们在鄂尔多斯能够将工厂建起来、产业做出来？没有什么奇迹可言，没有什么运气可言，有的是京东方这群产业人为了实现自己的梦想，一直存着的骨气、志气、勇气、士气和底气。

这就是"同心五气"。具体而言，骨气是一种信念驱动力，不论顺境困境，坚定理想信念不动摇，终将走向成功。志气是一种目标牵引力，树立极高的志向，奔向远大的目标。志气源自使命感，是京东方人对永葆竞争锋芒、实现产业报国理想的坚持和执着。勇气是一种路径开拓力。创业奋斗、开放创新、持续变革是京东方追求事业成功的常态路径。勇于承担转型重任，直面困难，坚持不懈开拓最优路径，才能真正解决问题，真正创造价值和支撑战略目标的实现。士气是一种组织竞争力，是一个企业、团队不断学习进化所形成的战斗意志，是员工精神力量的外在表现，能极大提高企业战斗力。对内，士气营造良好的工作氛围；对外，士气具有极强的感召力。底气是一种价值创造力，事业成功的标准不仅是营收和利润，更在于为客户创造价值，全力以赴推动客户成功。底气来自英雄辈出，万马奔腾，是"同心五气"的终极追求。

"立世三心""同心五气"都是京东方在企业发展过程中凝练出的精神文化内核和价值共识，也是京东方人的精神内核，它们共同成为京东方企业文化的两大支柱。凝练为"三心五气"的这股京东方发展过程中重要的精神支撑，也是京东方能够不断升维的隐形力量。以坚定的必胜信念、百折不挠的进取意志和攻坚克难的奋斗精神，在挑战面前主动出击，在困难面前迎难而上，在风险面前积极应对。京东方要实现基业长青，最根本的就是要确保京东方优秀企业文化精神薪火相传，不断增强推动企业创业创新创未来、持续高质量发展和成就伟大企业的文化内驱力。

领导力：战略升维模型的"方向力"

除了企业文化的无形支撑，在组织能力中，还有一个隐形力量支撑战略决策的有效执行，那就是领导力。关于领导力有着不同的定义，综观国内外诸多关于领导力的解释，无非就是两件事，一个是断物，一个是识人。所谓断物，就是战略洞察与决断；所谓识人，就是建立一个人才体系，不断培养组织的人才梯队。

战略的成功，其中很重要的保障就是对战略方向的准确预判和果断决策，这也是在管理理论中，对于"领导"和"管理"这一对容易混淆的概念的重要区分。领导力大师约翰·科特在《哈佛商业评论》上发表的著名文章《领导者应该做什么》中，提出"管理"与"领导"最重要的不同就是，"领导"注重战略方向的审时度势以及取舍，也就是战略决策，而"管理"侧重计划的执行。

成功企业的背后都有一支有着清晰的战略预判、认定方向就坚持不懈的领导队伍。他们不受外界声音干扰，能够在合适的时间做出正确的战略决策，专注于主业，打造适配的组织能力，并一步步将企业做强做大。战略决策力的关键在于企业领导人和领导团队的能力、判断和坚持。如何做出正确的战略决策？尼尔·桑伯里的领导力著作《重塑创业精神——像创业者一样领导成熟企业》里有详细的总结。

第一，企业领导者需要能够展望市场前景，洞察市场变化的趋势和机遇，意识到市场的变革，并为这些变革做好准备。很多成功的企业都得益于其领导者对于趋势的洞察和把握。

对于趋势的预判能力不足，有时候不仅是错失机会，还有可能葬送企业前途。比如，与京东方同时期的一些显示企业，在技术路线上选择了技术更成熟的等离子技术，但是从技术趋势来看，等离子显示器依然以真空电子技术为基础，这些企业很快就被市场淘汰了。而京东方的管理团队基于对技术趋势的深刻洞察，坚定地选择了TFT-LCD技术路线。

对趋势的误判还有一个反例。1995年成立的雅虎可以说是互联网搜索引擎的开创者，但是雅虎在早期的互联网搜索业务获得成功之后，开始将重点转移到门户和内容上。当谷歌等新兴竞争对手开始在搜索业务上展开竞争时，雅虎并没有意识到这种趋势，错过了搜索这个巨大的市场，最终在互联网浪潮中被拍死在了沙滩上。

第二，企业领导者需要有强大的创新思维。企业领导者在引进创新思维方面应具有更加开放的心态，并提议通过构建内外部合作机会、鼓励员工自由创新、培养开放式沟通和鼓励主动探索机遇等方式来推动创新。创新思维几乎贯穿于京东方的整个创业历史中，无论是技术创新还是市场创新，抑或是组织管理的创新。正如本书前文所述，如果没有创新就不会有京东方今天的成就。

在全球范围内，各行业的佼佼者无一不是创新思维强大的企业。

比如，谷歌公司在鼓励员工创新方面非常出色，其实行的"20%自由时间"制度使得员工有机会花费一成的工作时间在自己的兴趣项目上，这激发了员工的创造力和想象力。谷歌地球就是由一位谷歌工程师在几个月的兴趣项目中开发出来的。鼓励员工创新，实际上会为企业节约大量的研发成本和投资费用。

第三，对一个成熟的企业来说，在不同的战略阶段，重新定义使命和愿景非常重要。使命和愿景是一个企业的共识，能够使企业上下同欲。因此，企业需要重新审视思考企业的核心业务和市场优势，在此基础上重新界定企业的使命和愿景。

第四，匹配不同时期的战略来变革组织和流程。企业需要关注和引入创新的组织架构，以促进更高效的合作、更快的决策和更好的资源配置。另外，重新审视和改进流程、流程标准也是变革组织结构的一部分。企业可以通过引入信息化手段、优化工作流程和重新分配工作职责，来提高效率和质量，减少冗余和浪费。

在变革组织结构的过程中，企业领导者起着至关重要的作用。他们需要积极引导和推动变革，建立一个鼓励创新和适应性的文化。在组织变革方面，除了京东方这个典型的案例，国内最为典型的企业要数阿里巴巴了，其通过频繁调整组织结构来适应互联网业务高速变化下的战略调整。

企业领导者的战略决策力决定了企业的发展方向，但好的战略需要强大的执行力，企业必须依靠强有力的团队和组织，才能确保自己比竞争对手更快、更好地获得市场。组织能力就是保证战略是否能够高效而彻底的执行。

领导还有另外一个重要作用，就是推动企业的人才发展体系。企业的"企"字中蕴含了一个重要的道理——人为上，人为止。企业最终的发展瓶颈是人。战略很容易被模仿，但组织能力则难以被模仿，组织能力的核心之一就是人才梯队的建设和培养。

虽然战略和组织能力在企业的持续发展中同等重要，但在现实中，组织能力在影响企业成功方面往往起到更为关键的作用。组织能力不是集中在几个人身上或几个部门内部，它必须是全员行动。打造组织能力必须配合战略，这种组织能力根植于组织内部，具备可持续性，能为客户创造价值，并且能够有效推动业务发展，超越竞争对手。

京东方从创立起就非常注重人才培养，京东方的工程师队伍可以说是中国最早的一批半导体显示技术人才。京东方团队的能力完全是在实践中不断强化的。正如本书第一部分所述，京东方的战略是自主掌握半导体显示的核心技术，从一开始走的就是引进、吸收、再创新的路线，这个过程是伴随着生产线建设的实践同步进行的。当时京东方在国内一流的高校中招收了一批人才，这些年轻人在京东方提供的实践环境中迅速成长起来。没有什么比实打实的项目的推进、产品的研发更能锻炼员工的能力。京东方的高速建厂模式，也是优秀人才的复制模式，一批批的技术人员、营销人员、管理人员在这个过程中成长起来。

在企业高速发展的过程中，京东方在制度流程方面也与时俱进。比如，"屏之物联"战略下"三横三纵"组织管理模式的重构，就是在持续地让员工的思维跟上公司的发展。再比如，在"万马奔腾"的创业氛围下，一些优秀员工的思维方式可能会发生改变：以前是公司有什么战略，我要怎么跟随；现在是我有什么想法、有什么创造，可以配合公司战略创造全新的价值。

优秀企业执行能力提升的结果最终反映在战略落实和企业本身的竞争力上。京东方30年发展的成绩以及打开增长的天花板创造了全新的市场空间，正说明了其组织能力的成功。放眼全球，那些跨越经济周期的长寿公司无不是有效贯通战略与执行体系的优秀典范。

表 11-1　京东方创立 30 年重大战略思想沿革概览

时间	企业战略
1998 年	京东方明确提出"进军液晶显示产业"的战略抉择，并开始战略布局与技术积累
2008 年	提出"立世三心"：超越之心、敬畏之心、感恩之心
2010 年	创始人王东升提出"显示行业生存定律"
2013 年	提出"PS+ 事业战略"，拉开了京东方多元化战略布局的序幕
2016 年	创始人王东升在首届京东方全球创新伙伴大会上提出"开放两端，芯屏气/器和"物联网转型发展战略
2019 年	董事长陈炎顺发布"融合共生，赋能场景"物联网发展战略
2020 年	京东方确立"1+4+N"发展架构，提出"三横三纵""主干严谨，枝叶授权"等管理思想
2021 年	京东方正式提出"屏之物联"发展战略；提出"同心五气"：骨气、志气、勇气、士气、底气
2022 年	京东方升级"1+4+N+ 生态链"发展架构
2023 年	京东方创立 30 周年，深化指引未来 5 年发展的"屏之物联 1333"总体战略，并提出"锻造世界一流示范企业"的战略发力方向

简洁的力量：战略升维模型

在京东方穿越显示面板周期的研究过程中，我们从大量行业数据和京东方近 30 年不断的战略演进中总结出，一个企业在面对行业周期起伏的必然挑战时要跳出周期桎梏，打开新的战略增长空间，而方法就是战略升维模型。

战略升维模型的形成有如下背景：

第一，在一条选定的技术路线上，企业所处的产业底层技术周期规律发展到了一定阶段，随着竞争的激烈和供给的日益饱和，原有技术路线的迭代无法再像过去一样打开足够的市场增量，而且由于激烈的竞争和行业周期规律的影响，即使开足马力创造一定的市场规模也无法获得稳定的利润收益。这是一个原有技术规律发生的变量。

第二，新的技术路线发展有可能从另外的维度上满足客户的需求。随着技术产业化速度的不断加快，原有的客户需求不一定通过企业过去选定的技术路线来满足,而是新的技术可以通过新的产品或服务形式来满足。这是一个新兴技术开始发生作用产生的变量。

第三,在原选定技术路线上发展的企业,如果没有充分意识到前面两个变量的作用,没有提前进行战略布局,那么在未来的"失速时刻"(产业周期的技术规律无法创造足够的市场增量或者利润增量)就不会形成一定储备的新业务,也就意味着企业发展进入瓶颈期甚至下滑通道。

在这个背景下,企业如果有足够的危机意识和战略预判,就会从企业原点(解决的是基础市场痛点)出发,去探索另外一条(甚至更多的)相关技术路线。这条相关技术路线每成熟一步,与原有技术和市场场景结合,就会产生一个新的市场增长面,使企业获得完全新的市场增量和竞争优势。这个增量的机遇在于,通过叠加以原有企业场景应用为导向的关联技术创新,为企业开拓出超越传统产业的新市场空间,使企业获得颠覆性的增长优势。

京东方在原有半导体显示技术路线上,充分理解和发挥"王氏定律"的效用,获得了半导体显示市场的绝对优势,同时在技术底层规律变量到来之前,开始布局 AIoT 关联技术,以屏为原点,叠加系列场景,形成"屏之物联"新的市场增长空间。

我们把企业遇到上述变量而进行战略升维的过程,概括为企业战略升维模型,其核心定义如下:当技术周期规律失速,即依托单一市场技术迭代无法创造更显著的市场和利润增量时,企业提前布局以核心技术为原点的关联技术,通过场景化应用创新突破原有的线性增长模式,获得全新的多维指数级增长空间,从而实现企业穿越行业周期的战略升维。

从改革开放至今,不仅仅是京东方,很多中国企业经过几十年发展,都到了一个新的战略阶段,业界经常把这个阶段称为"战略无人区"阶段。为什么会出现这种现象?本质规律就是很多中国技术企业从一开始的模仿追随阶段，经过多年不断自强自立，在市场和技术端不断地突破，也经过市场不断的残酷淘汰，到了一个新的二次创新和需要战略引领的阶段。纵观世界商业史，这个挑战并不罕见，任何一个需要穿越周期的企业，都会在某个阶段遇到这个挑战。如果企业能够战胜挑战，就能够穿越过去进入下一个战略增长期。然而，在当下技术指数性爆发、市场选择越发多样的时代，这个挑战越发艰巨。

我们相信，在越来越多的中国科技企业通过几十年的摸索，遇到越来越典型的技术周期瓶颈挑战的时候，战略升维模型能够帮助它们跨越原有的技术周期瓶颈，通过新的维度探索，与自己原有技术维度和市场场景相结合并主动创新，就可以打开新的战略增长空间。

本章小结

战略升维模型中有几个核心关键点。第一，对于企业核心技术原点或者核心价值观的坚持是这个模型的起点。第二，坚持技术引领，无论是二维市场版图的不断扩大还是三维市场增长天花板的打开，都离不开企业在技术上的持续投入和前瞻性布局。第三，打开三维市场的技术布局，我们要坚持与企业原有的技术有关联性，或者关联技术必须是从企业的核心技术原点生长出来的，只有这样，才能与原有的技术和市场形成新的空间。

战略升维模型较好地解决了科技企业增长空间的问题，也是科技企业应对行业周期的一种全新的商业模型。理解这个商业模型并不难，但要真正地应用于企业的发展，就不能忽略它背后的隐形支撑力量——价值观和领导力。企业如何在传承中形成更加适配不同战略发展阶段的企业文化和组织能力是每个企业都需面临的课题。

在原来半导体显示这个二维市场中，无论是在规模上还是在市场份额上，京东方都做到了全球领先，所以需要突破增长瓶颈。"屏之物联"是一个关键战略，它使京东方从屏这个原点出发走出了一条全新的物联网技术路线，使京东方的市场空间从原来的二维升级为三维，从一个有限的市场空间进入了一个无限的市场空间。

我们将战略升维模型从京东方这个案例中抽离出来进行研究，发现这个模型不仅能解释京东方今天的成功、预期未来的增长，而且在许多知名的科技企业发展历程中也可以得到验证。下一章，我们便带大家解构这个战略升维模型。

第十二章
穿越周期的力量

人类数百万年的进化史中，技术对于文明的推动，让人类对于物质规律的把握从低速到爆炸式增长，其中商业文明成为人类文明中最璀璨的一面。如果从太空视角来观察这个宇宙中最美丽的蓝色星球在过去数百万年间的沧海变幻，会看到这个星球上的人类通过技术这一工具，勾勒了一条漂亮的指数曲线。这条曲线从一开始的平缓，到加速的拐点，度过了上百万年的时光，然后经过一个时间轴上的加速拐点，整个曲线像一支脱离引力的火箭，呼啸着奔向天空，与之对应的人类生产率随之爆发，应运而生的商业文明，像一本突然加速翻阅的图书，一页页让人目不暇接。这个拐点，恰恰是工业革命的开始。

工业革命爆发后短短的 200 多年中，所创造的经济总量占据了人类文明史经济总量的 97%，超过了以往人类文明的任何一个时代。工业革命的经济发展史，底层逻辑就是一部技术进步史，而那些以技术创新为核心能力的企业创造了近代辉煌的人类文明。在著名的研究长经济周期的"康波理论"[①]中，人类从 18 世纪 70 年代到 21 世纪最

[①] "康波理论"的提出者是苏联经济学家、统计学家尼古拉·德米特里耶维奇·康德拉季耶夫，该理论也被称为"长波理论"。——编者注

初 10 年的 200 多年间，纺织与蒸汽机，钢铁与铁路，电气与重化工，汽车与计算机，信息技术被依次总结为五次技术崛起，继而推动人类社会出现了五次产业周期（也被称为"康波周期"）。每一次康波周期的技术源头都意味着财富的源头，也对应着产业链里企业的主导地位。

遗憾的是，在前四次康波周期的崛起过程中，中国始终没有机会处于源头位置，也没能在对应产业中诞生主导企业。第五次信息技术的产业化，包括即将来临的第六次康波周期，给了中国企业真正崛起的机遇。尤其是面对中国改革开放这样的历史机遇，不少中国企业驾驭了行业技术周期，从而实现了高速发展，在世界产业格局中扮演了重要的角色。然而，根据康波理论，一个完整的产业周期为 50～60 年，能够穿越康波周期的企业才会更好地证明自己强大的生存能力，这就意味着企业需要产业在进入下滑周期前做出准确的预判和执行，才可能顺利进入下一个周期。穿越周期的企业将成为中国真正能够傲立于世界潮头的标志。

今天的世界，正处于从信息技术为代表的第五次康波周期向以人工智能、物联网为代表的新技术所推动的第六波康波周期的过渡期。在新的周期中，企业要持续实现"关键一跃"，就必须重新认识核心的技术基础规律在新的周期中发生了什么变化，客户和应用场景相应地产生了怎样的新需求，以及其他企业如果应用新的技术创造颠覆性的新产品或者新服务来满足这个需求。通过我们对有着 30 年历史的京东方的研究，凝练而成的战略升维模型不仅仅对京东方，对诸多在新一轮周期爆发前准备起跳的中国各个领域的领先科技企业而言，也是一个有效的战略决策工具。

企业"淬火"的挑战：周期叠加

统计数据显示，全球一般中小企业的寿命为 7 年，全球《财富》

1000强企业的寿命大约为30年，500强企业的寿命大约为40年，只有2%的企业寿命能存活到50年。亚马逊首席执行官贝佐斯曾经说过："大企业的生命周期只有30多年，亚马逊终有一天会倒下，我们必须尽可能让这一天晚点到来。"可见，即使强大如亚马逊这样的企业，能够"长青"也是经营一家企业的终极梦想。

今天，虽然无数企业为"长青"这个目标前仆后继，也有无数的管理学家为这个目标殚精竭虑，但是企业平均寿命非但没有延长，反而有越发变短的趋势。究其原因，就是企业在产业周期、资本周期、产品周期等诸多周期叠加之中遇到的变量越来越多，能够穿越周期者寥寥无几。

1926年，康德拉季耶夫在对1800年以来的大量世界经济统计数据进行分析之后发现，发达经济体中存在一个"衰退—复苏—繁荣—衰退"的循环周期，每个周期持续50～60年，这就是康波周期。为什么会有这个周期定律？10年之后，美国经济学家约瑟夫·熊彼特给康波周期嵌入了一个关键的底层逻辑，即底层技术规律主导经济兴衰。

能够左右经济周期走向的底层技术具备两个特征：一是能够引发大规模的商业和消费革命；二是新的技术带来的浪潮会波及多个行业，从而推动整个经济体进入风起云涌的增量时代，创新力量崛起，资本高度活跃，新企业层出不穷。这个阶段是新技术、新产品、新消费的"黄金年代"，大约持续30年，这就是商业界所谓的"黄金三十年"。此后，就进入了30年左右的技术饱和应用和创新停滞期，这个阶段的特征是，市场竞争越来越激烈，整个社会消费活跃度下降，企业扩张性和盈利能力普遍衰退，随之而来的是企业对外投资的理性与保守，以及对内研发投入的谨慎与递减，进而导致新产品创新不足。于是，经济体逐渐步入存量时代。这个阶段对企业来说是极大的挑战，意味着增长变缓，竞争压力加剧。要想再次获得增量，就需要做好准备，等待新的周期的兴起。企业能否经得起这样的等待，或者说能否坚持到下一个周期来临，其中很重要的因素就是能否把握这个周期阶段的底层技术规律，比如，芯片行业的周期按照摩尔定律运行，而半导体显示行业则受到行业周期波动的影响。

中国近些年来诞生了一批在世界范围内有影响力的企业，其中不少是在各自产业中崛起的高科技企业。然而，近两年，世界经济发展速度明显放缓，第五次技术革命已到尾声，一个完整的康波周期即将结束，而第六次技术革命的浪潮将要开启。这些高科技企业能否抓住新的周期机遇成了关键命题。

在当下这个时间点，技术周期呈现变短的趋势，而且周期波动更加频繁。之所以出现这种趋势，首先是因为多项技术进入集中爆发期，不同的技术之间可以迅速地进行交叉应用。其次是因为，互联网和社交媒体等数字化平台极大地加快了信息传播的速度和效率，使得市场的变化和消费者的需求变得更加难以预测和应对。很多龙头企业的生命周期已步入壮年期，接下来可能面临增长停滞甚至走向衰退。这样的多重周期叠加就像一种淬炼，只有冲破这种挑战，才能诞生出真正伟大的公司。

熊彼特在《经济发展理论》一书中提出，创新是建立一种新的生产函数。所谓新的生产函数，就是把一种从来没有过的关于生产要素和生产条件的新组合加入生产体系。简而言之，创新就是将新组合导入大体系。一个企业的创业历程，纵看如推石上山，充满艰辛；横看如在动物世界生存，优胜劣汰。在全球科技企业的发展历程中，能够真正穿越康波周期的企业少之又少，突出者如通用电气、IBM，西门子、博世等企业，它们都超过了百年，中间也都经历了生死抉择，最终得以"剩者为王"。研究这些企业，我们会发现它们始终拥抱变化，通过建立新组合来不断创新，而且在通过创新强化核心能力的同时提前布局新的核心业务。

在研究京东方 30 年战略历程的升维模型中，我们看到的就是这种不断将新组合导入大规模生产体系的过程，用真实的、脚踏实地的中国式实践，最好地诠释了熊彼特关于创新的论断。比如，京东方在半导体显示市场，从引进生产线和当时国内市场需求的组合，到把握住半导体显示规律和市场场景的组合，再到逐步成熟的物联网技术和屏的充分结合，正是通过不断的新组合，让京东方虽身处产业周期的波动中，仍然能保持增长，同时可以提前开始布局下一个周期，通过跨周期布局完成"对冲"，实现"长青"。

企业不断产生新组合，形成新的生产函数的本质是一种结构变化：从原来已经形成惯性的技术方向和市场中跳脱出来，加入新的技术路线，甚至完成新的生产方式。与之对应的是必须有新的组织结构，甚至新的人才团队。这种结构带来的变化往往意味着机遇，也意味着不确定、不舒适。但只有主动创造这种不确定、不舒适的环境，企业才有可能提前看到机会，提前准备，等机会窗口到来之时紧紧抓住机会。

战略升维模型之于中国科技企业

在这个存量时代，全球市场正在发生着深刻的变化，较为明显的趋势是"分化"和"两极化"。一方面，一些行业或企业纵身一跃，推动转型，不断优化自身组织结构和业务模式，实现快速成长；另一方面，受传统行业萎缩、经济环境变化和国际贸易摩擦等影响，一些企业面临困境和变数，难以寻找发展机会。同时，由于消费者需求的多样化和个性化，市场竞争愈加激烈。而且，当前全球政治、经济和金融风险因素层出不穷，经济发展面临新的挑战。在这样的大背景下，研究那些已穿越或者正在穿越周期的企业，建立起对企业自身发展阶段的认知框架和解决方案，以及深度思考这样的升维模型，有很强的启发意义。我们把这些启发总结为"四个驱动"和"两个战略关键时刻"。

四个驱动分别是：第一，原力驱动，即企业创立之初确立初心原点的重要性；第二，技术驱动，即对技术保持高度敏感，并建立技术坐标系，敏感预判技术布局；第三，场景驱动，即建立市场视角的进化产品，不断寻找结构性增长机会；第四，生态驱动，即建立敏捷开放、平台赋能的生态型组织。

两个战略关键时刻分别是：第一，预判时刻，即提前感知行业的底层技术规律已经产生变量，并开始有所准备和布局的时刻；第二，决策时刻，即新技术进入大规模爆发并产业化的前夕，果断进行战略性投入的时刻。

原力驱动：零即无限

在整个战略升维模型中，企业创立的初心原点看似弱小，但恰恰是最强大的力量。这个看似简单的起点力量，我们称为原力驱动。这个原点的力量决定了企业到底能走多远，尤其在遇到重要挑战时，比如遇到产业周期更替这样的生死抉择时刻，原点就决定了企业的韧性。有的企业创立之初只是为了做些生意，赚些钱；有的企业在盈利的背后却有更深远的梦想，希望为国家民族做些什么，为改变这个世界做些什么。所以，初心原点的确立是未来成长和增长的关键。正如前文所述，初心原点的确立意味着企业的主航道选择。

京东方在确立原点的时候包括了两层含义，一层是选定半导体显示技术为其核心技术主航道，另一层是选定了产业报国这条路。原点选定，也就等于选择了电子产品与人类交互的主要界面——屏幕这个市场。这个市场充满了无限想象和诱惑，也充满了无限挑战和竞争，技术不断迭代，竞争不断加剧，同时随着人类社会进入"屏读时代"，这个市场也展现出了无限的空间。选定技术主航道之后，企业在每次遇到重大的艰难险阻时刻都能找到让企业继续前行的力量，往往就来自这个原点。

原点的重要性在世界级的百年企业发展中也得到了验证。以通用电气和西门子为例。通用电气在130年的发展过程中跨越了三轮产业周期，每一轮新的产业周期启动之时，通用电气大都踩准了鼓点。西门子有170余年的历史，经历了四轮产业周期而不衰。这两家现象级企业在各自存在的100多年间，都曾涉足多个行业，但仔细研究你会发现，它们在大多数时间里都是基于自身的核心能力去进行多角度扩张和创新发展的。通用电气主要围绕材料工艺和电气化进行技术和产品的迭代、跨代创新，西门子主要围绕电气化进行多门类的技术和产品创新。也就是说，这些百年企业都在不断强化核心能力，并基于核心能力进行产业选择。

以原点出发还能够起死回生，让企业转型成功，典型案例就是富士胶片。2000年之前，富士胶片一半业务来自影像业务，之后，胶片业务以每年30%的速度下滑，直到2010年，只剩下不足一成。神奇的是，数年之后，富士胶片这家公司不仅没有消失，而且在医药品（化妆品）、医疗设备系统、光电、数据影像、印刷和高性能材料等领域大放异彩。究其原因就是，富士胶片重新回到原点去汲取力量的源泉，而其技术原点就是抗氧和成像。富士胶片的主要成分是明胶（胶原蛋白提纯产物），从这一技术原点出发，它开始开拓全新的市场空间，使技术最终都被整合优化到新的成长领域。富士胶片从自己的核心技术出发开拓出了多个高潜力、高成长的行业，从而使企业获得了重生。

对今天诸多的中国科技企业来说，不断回到源头，去吸取原点的力量变得越发重要。今天的发展红利不再来自简单的人口红利，而是在新的技术周期下，如何更好地把握周期红利，真正使企业进入高质量发展的航道。只有紧紧抓住原点，用原力驱动自己的下一个发展阶段，才能去拥抱新的周期。

技术驱动：把握未来十年的根基

为什么世界上大多数企业别说穿越周期，就是生存十年都很难？关键原因就是没有自己的核心技术，在产品的成本和性能上"仰人鼻息"，在市场竞争上"毫无根基"。为什么绝大多数企业都不愿意在技术研发上投入？表面原因是本身利润微薄，缺乏资金，更深层次的原因是一旦研发失败，血本无归，就不如简单做些加工贸易，这样钱来得似乎更容易。然而，企业要想在市场上积累足够的势能，必须在技术上不断投入。只有在技术上不断投入的同时再结合市场的拓展，才有可能在行业里争得一席之地。没有技术根基的公司，连短期的颠簸都无法驾驭，在产业周期的大潮中就更容易成为被颠覆的对象。

如何保证技术投入能够尽量符合行业规律，避免投资失误呢？这就需要对技术规律的底层进行深入的研究和洞察。无论是摩尔定律还是京东方的"王氏定律"，抑或是现在提出的"屏之物联"战略，都是对行业主航道底层规律进行深入研究后得出的结论。更为重要的是，在把握行业底层技术规律的前提下，还要尽可能地进行预判和投入，保证在下一个机会窗口来临之前做好技术准备。比如在确定进入液晶显示领域之前，京东方已经进行了多年的研究，OLED技术从布局到市场爆发也经历了10年的孕育。正是因为对技术的提前预判和储备，当消费端需求全面爆发时，京东方才能凭借技术和产能迅速坐稳细分市场的领先位置，从手机市场到车载显示市场都遵循了这一原则。

同时我们必须看到，今天，技术已进入跳跃性乃至爆发性增长的时代，企业所处的竞争领域也正在被新的技术不断改变边界。在过去300多年间，人类通过笛卡儿建立的坐标系概念建立了维度这个理解世界的尺度，使人们能够从更完整的角度去理解世界的本质。对企业来说，技术也不是在单一的、连续的一条直线上进化。能够提前对企业的发展规律进行预判，能够从更多的维度上对周边技术发展的规律进行预判，变成了不是锦上添花而是决定企业命运的事情。建立一个技术坐标系，系统地探究围绕企业基础业务的多条技术曲线的趋势规律，成为企业必做的功课。

自信息技术开启新一轮技术革命以来，颠覆性创新成了常态。对很多科技企业来说，真正的竞争对手往往不是来自原有技术维度上进化而来的竞争对手，因为站在原有维度的视角很难看到真正的危机。比如，一度火爆的便携式卡片相机，很难想象自己的市场瞬间就被智能手机占领了。再比如，很多方便食品因为外卖网站崛起，市场份额很快萎缩。无数实例证明，如果将眼光只盯着同行竞争对手，在产品上不管如何努力都免不了最后被替代的命运。

前文分析的那些有百年历史、穿越周期的科技型企业，它们都有自己的核心技术，产品和市场的拓展也都基于自己的核心技术能力。而且，在每一轮新的技术周期来临之前，它们都及时做出了预判和准备动作，形成了新的核心能力，并开辟出全新的技术路线，从而打开了全新的市场空间。

那么站在一个坐标系的维度，如何去识别下一轮周期的代表性技术呢？企业要提前关注有可能在下一个周期中和自己主航道关联的快速发展的相关技术。在原来维度上"埋头苦干"的同时，也要抬头看路，要去判断接下来的技术趋势。比如，2013年京东方内部就开始探索战略转型，那时候，物联网概念才刚刚兴起，京东方就开始在这个领域进行调研，并在智慧系统解决方案领域进行布局和积累；2016年，京东方提出了"开放两端，芯屏气/器和"物联网转型发展战略；2017年成立了人工智能与大数据研究院；紧接着，提出了"屏之物联"战略；最终形成了"屏+AIoT"的"产品"，它将适配各种全新场景，构建出全新的市场空间。人工智能技术是全球公认的下一轮周期的关键技术，从京东方对于关联技术探索的历史会发现，京东方也是在技术和业务结合的过程中逐渐进入人工智能这个关键领域的。

今天，诸多中国企业开始意识到研究底层技术规律的重大价值，无论是研究芯片发展的底层进化规律、氢能产业化的底层规律、电动车电池提升电池密度和能量强度的规律,还是研究各种新材料介质的底层规律,都在通过对规律的研究为企业核心竞争力的提升提供重要保障。我们在研究京东方"屏之物联"战略过程中发现,其技术坐标系不仅帮助京东方从半导体显示到物联网相关技术进行了准确预判和投入,而且这种体系化地关注技术进化的视角,能更好地规划企业的科技投入。

场景驱动:超越产品的趋势

彼得·德鲁克说,企业存在的唯一目的就是不停地创造客户,换言之,就是在不停地满足客户需求的前提下实现增长。通过对技术走向的提前预判和布局,只有让技术最终变成满足市场的需求和解决方案,企业才能生存下来,才能有机会在竞争中立于不败之地。对用户来说,他们不关心技术本身的各种数据,而是关心产品能否满足自己的需求。巴菲特曾经用开玩笑的语气说出一个真理:不要把用户的忠诚度当作企业的护城河,当对手的产品以性价比更好或者更好的体验的方式进入用户的视野,用户会瞬间放弃你。因此,对任何一个科技企业来说,技术领先都不能成为企业在行业立于不败之地的全部保障,只有技术和市场交相辉映,尤其是对客户的需求场景有深刻的理解和洞察,通过技术上的不断创新和市场的不断拓展双向促进,也就是我们所说的场景驱动,才是企业发展的前提。

今天越来越多的科技企业通过场景驱动的方法来推动产品和服务的发展,以满足不同场景下用户的需求。其中一种是通过深入了解用户的日常生活和工作场景,创造出更符合用户需求的创新产品和服务。比如,智能家居是一个多样化的场景,涵盖了家庭安全、节能环保、生活助手等方面。科技企业可以通过场景驱动的方法深入挖掘用户的需求,将物联网技术与智能家居场景结合,开发出创新的解决方案。

谷歌公司旗下的 Nest Labs 是一家专注于智能家居领域的科技企业。他们通过深入了解用户的家庭生活场景，成功打开了智能温控市场。Nest Labs 的创始人曾担任苹果公司的设计师，他们的目标是开发出像 iPhone 手机一样简洁、智能的家居温控系统。通过场景驱动的方法，他们深入研究用户在家中的温控需求，发现许多用户对传统温控系统并不满意。基于这一洞察，Nest Labs 开发了一款智能温控器 Nest Learning Thermostat。它能够通过学习用户的温控偏好和日常行为模式，自动调整温度，为用户提供更舒适、更省能源的居住环境。用户可以通过手机应用或语音助手控制温度，实现远程监控和控制。

再比如，随着消费者对汽车的需求从单一的出行工具逐步转变为生活中的"第三空间"，智能座舱也成为用户购车和用车体验的关键决策要素。其中，座舱显示作为人车互动的重要端口，正在经历从单屏到多联屏、从小尺寸到大尺寸贯穿屏、从功能显示到智能显示的变革阶段。

在这一变革过程中，京东方技术创新持续引领行业的智能化进程，开创性地将车载显示行业发展定义为三个阶段。第一个阶段是以车载显示屏突破 1 亿片为分界的智显 1.0 时期。该时期车内显示屏多为 α-Si（非晶硅，又称无定形硅）小尺寸单屏，产品形态单一，技术较为保守。第二个阶段是智显 2.0 时期。随着车载显示出货量的迅速增长，产品形态更加多样化，如柔性、曲面、异形、隐藏显示、超大尺寸、多屏联动等新型显示形态；技术也更加多元化，不仅有 α-Si 传统的显示屏技术，更拓展出了 LTPS、氧化物、OLED、BD Cell[①] 等前沿技术。这个时期的车载显示屏从数量的增长转化为功能

---

① BD Cell 是 BOE Dual Cell（双层封装有液晶分子的基板单元）的缩写，是京东方前沿显示产品，也是全球首款 LCD 双层封装有液晶分子的基板单元的面板。——编者注

和品质的提升，实现了从"有"到"优"的转化。第三个阶段是智显3.0时期。这个时期为企业留出了更大的创新空间，全息投影、增强现实、虚拟现实、裸眼3D显示、定制化开发设计等或将成为屏厂与车厂今后的探索方向。

京东方凭借自己广泛的全球业务网络和丰富多元的车载业务布局，储备了大量的技术专利，致力于将车载屏集成更多功能，如DMS（汽车经销商管理系统）将驾驶员监控、护眼、手势识别、局部防窥、定向发声等功能集成在车内显示中，让屏幕成为端口，连接人与车之间的所有互动。随着消费者对车内所能营造的场景需求更加多元，京东方正逐步开拓出从屏幕到系统的解决方案应用，将屏植入更多车内场景也成为必然。比如，HERO正是京东方努力打造的场景，它包含健康场景（healthiness）、娱乐场景（entertainment）、休闲场景（relaxation）、办公场景（office）。京东方的车载团队正在联合多家车企协同开发，为不同消费群体打造出可定制化的座舱场景解决方案，共同定义智能座舱新时代。京东方希望能够携手更多车载领域的合作伙伴，共同推动中国汽车的智能化发展进程。

通过场景驱动，科技企业可以深入了解用户的需求和场景，开发创新的产品和服务。一个场景不仅可以满足用户的实际需求，还可以创造出更多的市场。通过场景驱动的策略，科技企业可以获得竞争优势和长期的市场成功。一方面，需求不断对技术提出进化的要求，另一方面，技术也在创造需求的产生。就像人类在进入智能手机时代之后，一直对可折叠的手机有着憧憬，而京东方对柔性屏技术有长达十几年的投入，因此京东方开始和手机厂商合作，形成了今天的折叠屏手机市场。通过对场景的需求洞察，企业还能整合关联技术，形成新的市场空间增量机遇。比如京东方的智慧金融、智慧园区、工业互联网等，都是关联技术与主航道技术相结合，加上对场景需求洞察的理解互动而出现的市场空间。

那些穿越周期的企业不仅在拥抱变化，还在创造变化，即德鲁克所说的"创造客户"。它们通过建立技术开发路线图甚至坐标系对技术提前投入，不断推出产品和服务，以满足和创造客户需求。

生态驱动：价值共生，更多的可能

人类生活在各种规律的叠加之中，大到物种进化规律、气候变化规律、宏观经济规律，小到自身的生理规律、心理规律。在周期定律中有个原则，就是低阶周期规律受高阶周期规律决定。举个例子，我们每个人都有生老病死的规律，但是这个规律和物种进化规律比起来，后者的影响对人类来说更大。今天的企业竞争亦是如此。今天的竞争有三个层次：第一个层次是基于产品的竞争，比拼性价比，比拼迭代速度，很多消费品公司都处于这个竞争层次；第二个层次是产业链的竞争，比如谁能控制产业链的利润流和关键位置，指挥产业链利润的走向，谁就能处于产业链竞争的优势地位；第三个层次是生态的竞争，谁能够发展出一个生态系统，谁就能够发展出高维商业文明。对企业来说，这三个层次也是一个拾级而上的发展过程，是三个进化阶段，谁能够进化到下一个阶段，进入下一个战略竞争层次，谁就掌握了战略的主动权。

战略升维模型对于很多中国企业尤其是科技企业借鉴的意义之一就是帮助企业通过技术坐标系和场景结合的角度，用生态思维的方式去建立创新发展的战略模型。

站在新技术集中爆发的关口，全球企业都面临着更为复杂的环境。过去以分工为特征的工业时代，形成了从单一企业视角出发的传统管理学理论。如今人类科技的爆发正在加速重构生产模式，工业时代还在讨论的分工协作，可能在人工智能时代就不存在了，甚至工作本身已经不需要人类来完成了。

对于这样的时代特征，许多管理专家和跨国公司都有这样的共识：

这个时代呈现出 VUCA[①] 的特性，而传统的经营管理模式和管理学理论则面临着巨大的挑战。

在 VUCA 时代背景下，生态论成为人们讨论的一个方向。生态论借助了自然生态系统的特点，给企业管理一定的启发。在自然生态系统中，物种是演化而来，而不是规划而来的。生态系统有开放的特点，是去中心化的，生物之间的相互滋养和依赖不存在绝对的中心。

如果用生态系统的思想去对标一个企业的业务和管理，那么这个企业首先要有一个开放的系统，需要与外部环境互动，并保持一定的平台流动性，能够形成协作共生的对外合作模式；在内部管理上，需要更多地去中心化，抛弃原来企业管理的金字塔模式，支持整个系统中业务单元的分布式决策，当外界环境发生变化的时候，能迅速做出反应。

近些年来，以互联网为代表的科技企业都在率先发展生态战略，也就是与其他企业、合作伙伴、社会组织等建立起紧密的关系网络，以共同协作、合作创新等方式扩展企业的业务领域，增加企业的价值，以此打开更多的市场空间。

以腾讯为例，腾讯生态系统是由社交、游戏、娱乐、金融、互联网医疗等多个生态板块组成的。腾讯通过开放平台，与第三方开发者深度合作，实现跨界整合，扶持了一批与社交、游戏、电商等不同行业相关的创新企业，并与其建立了合作伙伴关系，提高了整个生态系统的开放性和创新性。同时，腾讯不断完善自身的生态系统，通过开放平台、投资孵化、生态联盟等方式不断扩展业务，促进生态跨界融合，让整个生态系统更加高效、有序地运转。

[①] VUCA 是不稳定性（volatility）、不确定性（uncertainty）、复杂性（complexity）、模糊性（ambiguity）四个词英文单词的首字母编写。

建立生态模式，还有很重要的一项工作就是组织模式要求同步进化。原来二维市场中的增长是一个不断做加法的过程，但是企业进入生态模式后，增长方式完全变成了非线性增长。首先就是客户的变化，新的客户可能是原来市场中完全没有过的类型；其次是产品的变化，在新的市场中，满足客户的产品也完全不同了；最后是交付团队的变化，在新的生态组织中，企业由原来单纯自上而下的组织变成完全扁平的组织，一系列小分队通过分工配合的方式来完成交付。在这样的变化下，企业如果还用以往的组织管理模式显然是不匹配的，因此，必须生长出完全不同的组织体系。

京东方发现，在"屏之物联"战略下构建的"1+4+N+生态链"，如果想要孵化出更多的"N"，就需要更多地融入生态管理的思想，需要给予新业务更大的自由生长空间，只有这样才能丰富整个生态的物种。对于生态链上相关企业的投资和赋能，更要强调业务的自然演化，从而激发创业团队的自主意识，动用市场化的力量让业务长出来。

从京东方的例子可以看出，战略升维模型中企业由二维平面升维到三维空间会形成无数的新的市场"蛋糕"。这些"蛋糕"有的是显而易见、已经形成的市场需求，有的则需要技术的引领，而且每个新的市场空间所处的发展阶段也都各不相同。企业通过自身原有的在二维市场上积累的经验和能力以及原有的组织管理流程，很难去构建这些市场"蛋糕"。因此，企业采取的管理手段需要更加灵活，这就在客观上促成了企业向生态方向的进化。

对越来越多的中国科技企业来说，一个商业生态的建立，不仅能够强化整个核心业务的价值，更重要的是通过生态的力量能够构建多样性的业务集群。一种去中心化或者弱中心化的管理模式，会激发整个生态的活力，从而使企业更好地适应新的环境。

所以，为了匹配企业的生态发展战略，就需要构建赋能式的生态型组织。原有主业平台需要继续做大做强，将核心能力通过赋能的方式给予生态链以及生态圈上的诸多合作伙伴，建立内外部利益相关者的多侧互惠和协同机制，建立由不同实体和生态系统交互关系共同构成的企业组织形态。这种组织形态可以促进资源整合、信息流动和价值创造。

两个战略关键时刻

在总结京东方战略升维模型的过程中，除了四个驱动力量给予的启示，我们也发现，在过往30年的发展历程中，时间的刻度有时候会因为一个瞬间而完全改变，也就是我们说的战略历程中的关键时刻。我们认为，有两个战略关键时刻需要我们着重回顾和总结，它们和四种驱动力量一起，会给予今后越来越多的中国科技企业更多启示。

第一个战略关键时刻，我们称为"预判时刻"。它也是一种敏锐的感知，感知行业的底层技术规律是否已经产生变量，哪怕只有微小的变化，如同蝴蝶扇动翅膀，虽然只是轻轻地扇动，但在将来某一刻，也许会引起一场飓风。那么，这个提前做的战略预判就变得至关重要。这种预判和初始布局，事后看来都是关键时刻。

企业通过早期的初步预判，开始有准备地布局，等到技术进入扩散期，也就是技术和市场开始结合形成新的市场之时，企业已经有了基本的准备。开始做预判的时刻不能太早，如果太早，意味着有漫长的等待期，反而消耗了组织内部对于新技术的热情。按照技术周期规律，在技术扩散开始之前，往往这个技术可能已研发多年，比如，最近引爆全球生物医学革命的mRNA（信使核糖核酸）技术已经在基础科学阶段研究了将近半个世纪，最近三年，随着市场需求的变化，mRNA技术快速进入人们的视野，莫德纳（Moderna）等相关公司及时抓住机会，成为生物医学领域的革命性创新公司。这个案例就与对相关技术是否到了扩散期的准确预判密切相关。

按照《技术革命与金融资本》作者卡萝塔·佩蕾丝的理论，新技术的创新和扩散要经历四个阶段。从技术爆发开始，第一个阶段是新技术爆炸性增长和迅速创新的时期，新产品初步出现，新范式形成，并指引着技术的扩散；第二个阶段是技术高速扩散的时期，它见证了新产业、新技术体系和新的基础设施伴随着强劲的投资与市场增长走向了繁荣；第三个阶段伴随着新范式在生产结构中充分展开，高速增长继续保持，创新和市场潜力全面扩张；第四个阶段是新产品和产业较接近成熟和市场饱和的时期，技术革命的潜力开始遇到限制，但仍然会有新产品引进、新产业诞生，只是创新数量已经变少，曾经作为增长引擎的核心产业开始遭遇市场饱和、技术创新收益递减的困境。在这四个阶段中，第二个阶段和第三个阶段是新产品、新产业和新技术体系接连出现，并将以往的技术进行更新的时期。这四个阶段大约要经历半个世纪的时间。

无论是比亚迪多年前开始着力研究电动汽车系列相关电池技术，还是微软围绕人工智能技术开始多条线研究投资布局，抑或是京东方提前十年对物联网和显示技术的结合开始敏感关注和投入研究，都反映出在任何一个技术领域，在技术曲线爆发前的某个时刻，预判时刻既不能太早，也不能太迟。

第二个战略关键时刻，我们称为"决策时刻"，就是意识到技术扩散已经到了第二个阶段的早期，新技术有可能进入大规模爆发的产业化过程。

一个完整的技术周期正如上文卡萝塔·佩蕾丝总结出的规律，企业的大规模进入时机格外重要。历史无数次证明，那些在导入期过早进入市场的企业往往都成了"先烈"。液晶显示技术从20世纪60年代被发明出来，早期进入的RCA（美国无线电公司）、西屋电器等企业都在70年代退出液晶显示市场，日本早期进入的企业诸如须羽精工也倒在1989年的日本股市泡沫中，甚至将液晶显示技术最早应用于电视机的夏普也没能在技术的展开期成为全球的王者。而京东方进入的时期正是处于半导体显示技术快速扩散和迭代的第二个阶段，伴随着需求的爆发，大规模的技术实现了商业化，京东方成了半导体显示领域的王者。

企业不仅要在进入时机上恰到好处，在决策上，也要慎之又慎，不仅前期需要研究布局，更为重要的是，需要领导人的"拍板能力"，也就是说，需要企业领导人果断地站出来，甚至要勇于对结果承担责任。在京东方过去30年的发展历程中，无论哪一代京东方领军人，每到关键时刻，他们都选择了长远的眼光和探索的恒心。这种眼光和恒心究其根源，是京东方创始之初对原点的坚持，是打破行业垄断和瓶颈的决心，他们用自主力量、国际资源和长远的战略布局走出了一条自主创新之路。这种来自原点的精神力量，也是支持京东方筚路蓝缕，克服重重困难，走到今天的宝贵财富。

不过，战略升维模型并不强调下一代新技术的进入时机，而是强调下一代技术与原有技术原点的关联性，以及这个新技术与原有的技术结合创造的新市场。市场在拓展中会不断地去完善新的技术体系，而技术有了市场的土壤，必然会不断地精进。

我们认为真正实用的创新理论不需要强调技术的颠覆性，而是需要从实用的角度出发。尤其对于行业里已经领先的技术企业，如何用好这两个时刻，有步骤地完成战略升级和组织升级，就显得十分重要了。战略升维模型既要让企业在对的时间关注下一代技术趋势，同时要关注企业在新一代技术趋势下与原有核心技术以及市场的协同，而不是刻意追求盲目的跨界或者颠覆。我们发现，如果在适当的时候进行新技术的研究和布局，在发展过程中与原有的技术共同形成技术底座，就更容易与新场景结合形成全新的市场空间。

京东方的战略升维就很好地说明了这一点。京东方在三维市场的构建过程中，坚持技术原点，将物联网相关技术与显示相关技术相结合，从而拓展出全新的市场空间。因此，升维是一种全新的增长视角，只不过这种增长突破了原先固有的产业链，突破了"一提增长，想的就是如何扩大市场份额，如何扩大销售区域，如何拓展海外市场"的思维逻辑。这些传统的增长方式都是切现有市场"蛋糕"的逻辑，自己要想切得多，就要打败竞争对手，而战略升维的增长逻辑，是用已有技术和新技术去做出一块块新的市场"蛋糕"。

越来越多的中国科技企业面临今天的环境变化，如果能够借鉴我们总结提炼的四种驱动力量和两个战略关键时刻，提前建立技术扫描体系和布局能力，做好战略决策，保障在对的方向投入足够的资源和组织准备，一定会更加从容、更加有准备地去迎接新的技术周期，更加有信心傲立潮头！

本章小结

周期加速是今天几乎所有科技企业面临的战略挑战。多项技术的快速产业化和交叉应用，带来产业周期的加速，这让诸多科技企业感到机遇的鼓声和竞争的寒意。VUCA 时代的来临和知识化组织的大规模成长，让组织变平、周期变短。这样的挑战对从屏时代跃迁到物联时代的京东方，以及中国科技企业这个群体来说具有共同性。2018 年诺贝尔经济学奖得主保罗·罗默认为，经济增长的未来取决于企业创新，而不断培养想象力和找到创造力是企业未来的关键战略命题。

今天的中国科技企业，越来越意识到使命、愿景、价值观的原力对于一个企业穿越风雨的意义和重要性；越来越意识到拥有技术主权、搭建技术坐标的战略价值；越来越意识到在新的智能时代，场景覆盖产品成为更底层需求的来源；也越来越意识到企业不应再是有围墙的花园，而是一个雨林生态的意义。京东方探索的战略升维模型，背后的四大驱动力量和两大战略关键时刻是科技企业的物理力量和时间力量。从穿越周期的视角出发，战略升维模型背后的力量，可以让更多的中国科技企业对于周期更加敏锐、更加从容。

对企业来说，周期就是悬在头顶的那把达摩克利斯之剑。以技术立身的企业在未来数年，将面临极其残酷的挑战。中国科技企业数年之间，从过去的跟随者迅速进化出一批挑战者甚至领跑者，然而，在新的技术周期即将来临之时，中国科技企业对于迎接周期、穿越周期，找到适用于自身的理论和成功经验至关重要。作为中国典型的自主技术创新的科技企业，京东方30年的发展历程，无论是改制重生的勇气、产业"无人区"拓荒的坚韧，还是最终站在行业巅峰的冷静，都构成了它作为一个中国科技企业个体成功的样本。

我们由京东方30年战略历程总结而来的战略升维模型，虽不可能完美，但希望能帮助更多科技企业站在高维视角去审视新周期来临时刻的战略决策。同时，通过和多家世界性穿越周期的企业的横向对比研究，这套模型尤其是背后的关键力量要素能指导更多中国科技企业快速发展布局自己的下一个技术体系，形成创新的业务模式。

最后我们想说的是，研究企业穿越周期的方法，是企业管理理论的"圣杯"，而真正做到穿越周期的那些企业，恰恰是"处处可学习，无人可模仿"。以物联网为代表的新技术时代将会出现浪潮般的企业更替淘汰，如果这套模型能够帮助更多的中国科技企业清晰地洞察当下的技术周期交替的关键时点，升维自身，成功进入下一个技术周期并乘风破浪，将是我们研究京东方这个案例背后最大的期待。

此刻，让我们屏住呼吸，充满期待地去迎接新的技术时代的到来，迎接新的一批穿越周期、淬火而生的伟大企业群体的来临！

附录

京东方创立 30 年大事概览

第一个 10 年（1993—2002）：找到核心技术原点——半导体显示业务

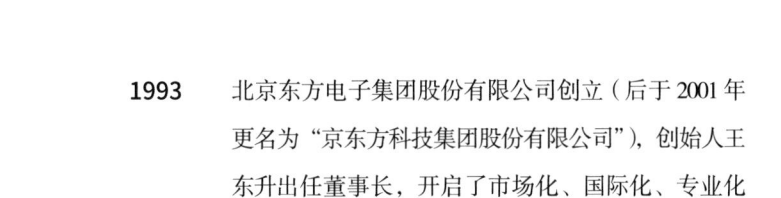

1993 　北京东方电子集团股份有限公司创立（后于 2001 年更名为"京东方科技集团股份有限公司"），创始人王东升出任董事长，开启了市场化、国际化、专业化的创业征程。

1994 　· 成立预研小组，跟踪研究等离子显示、液晶显示和场致发射显示三大技术趋势；
　　　· 京东方与日本旭硝子株式会社、丸红株式会社、共荣株式会社合资成立的北京旭硝子电子玻璃有限公司开业。

1997　・成立北京东方冠捷电子股份有限公司；
　　　・京东方在深圳证券交易所 B 股挂牌上市，成为北京市第一家 B 股上市公司。

1998　京东方明确提出"进军液晶显示领域"的战略抉择，并开始战略布局与技术积累。

2001　・京东方在深圳证券交易所增发 A 股；
　　　・成立 AMOLED 技术实验室。

2002　京东方现代（北京）显示技术有限公司成立。

第二个 10 年（2003—2012）：找到以半导体显示技术为核心的第二增长曲线

2003　・京东方成功收购韩国现代 HYDIS，成立 BOE-

HYDIS 公司；

· 投建中国大陆首条依靠自主技术建设的半导体显示生产线——北京第 5 代 TFT-LCD 生产线。

2005　中国大陆首条拥有自主知识产权的生产线——北京第 5 代 TFT-LCD 生产线实现量产，结束了中国大陆无自主液晶显示屏的时代。

2008　· 提出"立世三心"：超越之心、敬畏之心、感恩之心；

· 中国大陆首条高世代线——合肥第 6 代 TFT-LCD 生产线签约。

2009　· 投建中国大陆首条第 8.5 代线——北京第 8.5 代 TFT-LCD 生产线；

· 我国第一个 TFT-LCD 工艺技术国家工程实验室奠基。

2010　· 创始人王东升提出"显示行业生存定律"，该理论被业界称为"王氏定律"；

· 中国大陆首条高世代线——合肥第 6 代 TFT-LCD 生产线实现量产，结束了中国液晶电视屏全部依赖进口的历史。

2011　· 中国大陆首条第 8.5 代线——北京第 8.5 代 TFT-LCD 生产线实现量产，结束了中国大陆无大尺寸液晶显示屏的时代；

· 投建中国首条 AMOLED 生产线——鄂尔多斯第 5.5 代 LTPS/AMOLED 生产线。

2012　　创始人王东升提出"半导体显示产业"概念。

第三个 10 年（2013—2023）：以应用场景创新打开第三增长空间

2013　　京东方提出"PS+事业战略"，开始进行多元化战略布局。

2014　　· 京东方升级全新品牌形象，推出新品牌 Logo（商标）和"地球上最受人尊敬的伟大企业"（Best On Earth）的公司愿景；

· 京东方业务布局向 DSH 三大板块转型，即"显示器件、智慧系统、健康服务"三大事业板块，提出从单一显示器件制造商向软硬融合、应用整合和服务化方向转型。

2015　　· 投建全球首条最高世代线——合肥第 10.5 代 TFT-LCD 生产线；

· 投建中国大陆首条柔性生产线——成都第 6 代柔性 AMOLED 生产线；

・京东方成功收购北京明德医院。

2016　创始人王东升在首届京东方全球创新伙伴大会提出"开放两端，芯屏气/器和"物联网转型发展战略。

2017　・中国大陆首条柔性生产线——成都第6代柔性AMOLED生产线实现量产，填补了中国柔性OLED的产业空白；
・全球首条第10.5代线——合肥第10.5代TFT-LCD生产线投产，开创大尺寸超高清显示新时代。

2018　京东方在LCD领域全球整体出货量及智能手机、平板电脑、笔记本电脑、显示器、电视五大显示应用领域出货量均实现全球第一。

2019　・京东方首家自建数字医院——合肥京东方医院开诊；
・陈炎顺出任京东方董事长，并发布"融合共生，赋能场景"物联网发展战略；
・实现首个1000亿元人民币营收。

2020　京东方确立"1+4+N"发展架构，提出"三横三纵""主干严谨，枝叶授权"等管理思想。

2021　・京东方正式提出"屏之物联"发展战略；
・提出"同心五气"：骨气、志气、勇气、士气、底气；

・完成 2000 亿元人民币营收的跨越。

2022　　京东方升级"1+4+N+ 生态链"发展架构。

2023　　京东方创立 30 周年,深化指引未来 5 年发展的"屏之物联 1333"总体战略,并提出"锻造世界一流示范企业"的战略发力方向。

注:　　截至 2023 年 9 月,京东方拥有 17 条半导体显示生产线、5 家医院、5 座智能制造工厂……

后记

坚守什么，放弃什么

一年多前，我们写作研究团队第一次走进了京东方在北京亦庄规模巨大的产业园区。虽然之前已经消化了大量资料，我们自认为已早有准备，但还是不由得感到一种震撼。这种震撼源自这家企业曾濒临倒闭，却一路发展到今天成为"屏之王者"；这种震撼源自展现在我们面前雄伟的工厂、园区，以及令我们惊艳的最新产品；这种震撼源自京东方磨砺十年，正式对外展示的物联网未来；这种震撼源自我们一个个的访谈见证，和塑造京东方30年历史与未来的有血有肉、有灵魂、有梦想的京东方人。

在之后长达一年多的调研过程中，虽然受到诸多不可控因素的影响，但是当我们走进以患者为中心的，可以说在世界范围内技术和服务都独特且领先的京东方医院；当我们走进改变合肥这个城市气质和底蕴的京东方工厂；当我们走进用最领先的屏幕技术展现出来的，与太湖湖畔融为一体的京东方苏州湾数字艺术馆；当我们走进春熙路上与敦煌研究院一起打造的、美轮美奂的"你好 BOE"沉浸式数字体验展,我们都情不自禁地感慨有幸参与、见证并记录了一段重要的中国产业历史,总结了一家中国的自主产业公司从跟随到追赶、从追赶到领先、从领先到升维跳跃的历程。从写作的第一天起,我们和京东方团队就有一个共同目标,这本书不止记录一段 30 年的京东方成长历程,还要从中摸索总结出一种方法,以帮助更多的中国科技公司自立自强,少走些弯路!

命运被缘分和因果的齿轮所推动,在连界创新为中国企业做战略咨询又延展到产业投资的 20 年之际,我们在位于北京东二环一个老仓库改造的园区内开办了一家以创新为主题的书店——由新书店(取相由"新"生之意)。在书店开业典礼当天,我们邀请了企业生命周期理论的创立者伊查克·爱迪思先生。他说:"过去三十年,我们记录了全球很多不同生命阶段的企业,希望以这个书店为载体,记录更多可以穿越周期的中国企业,而且让全世界知道它们的名字。"当时我们就在想,我们的愿望不仅仅是让世界知道它们的名字,还希望世界能够知道它们崛起背后的方法和理论。因为在过去的时光中,我们有缘和世界上著名的管理学家,比如迈克尔·波特、拉姆·查兰、克莱顿·克里斯坦森、约翰·科特、伊查克·爱迪思,进行深入的接触和交流;有幸为中国各个领域至少 100 家企业做了深度的咨询服务;有机会深度采访雷军、王兴、周鸿祎等众多科技行业的领军人物。更幸运的是,在过去这些年,我们投资了近 200 家科技公司,它们也正在以一种新的姿态登上世界的舞台。我们都有一个共识:随着过去 30 年中国企业在全球的崛起,"唯西方管理理论"一统天下的日子将一去不复返,在充分吸收西方管理理论的同时,一批中国企业在全球化的过程中正在形成自己特有的方法论。这些企业不仅仅在中国经济层面,还在管理理论层面给予国内管理领域重要的补充和独特的贡献。在随后的日子里,我们以商业创新、人文创新为主线,以书店为场景，以每年上百场的沙龙活动不断吸收、传播中国的创新力量。正是由于这个机缘，京东方的朋友有一次在参加完我们的创新沙龙后说："有没有兴趣走进京东方，记录和总结我们创业 30 年来几次战略跃迁的历程？"京东方正是我们一直希望记录、研究的穿越周期的典型企业，看来真是相由心生，境由心造，当时的发心和梦想有机会成为现实。

梦想是炫目美丽的，实现梦想的道路是崎岖曲折的。要想记录一家 30 年不停穿越周期的企业，同时总结出背后的方法论是艰难的。坦白地说，《屏之物联》的写作极具挑战性。首先，这本书的内容跨越了 30 年，既需要挖掘历史故事，又需要洞察当下技术的发展和迭代趋势；其次，京东方属于显示领域里的硬科技企业，我们需要对显示技术的路线、原理有基本认知，既不能过于技术化，也不能有失专业水准，要在理解技术的基础上，用易于理解的文字为读者讲述；最后，京东方的物联网转型涉及多个行业，我们需要对这些行业本身的痛点、模式有基本的了解，这对我们的产业知识储备提出了很大的挑战。为了更深入地了解京东方，我们阅读了数百万字的资料，当我们通过这些文字去"触摸"京东方的历史，就像见证一位孤勇者的攀登之旅。它在世人眼里往往是闪闪发光、无所不能的，殊不知，其背后是不为人知的艰难跋涉、奋力攀登。随着我们研究的不断深入，随着我们和行业内外人士碰撞的不断增多，随着我们不断激活原来的理论储备，京东方从"屏之王者"到物联网布局的战略升维模型这条主线从我们的讨论过程中浮现出来，当时的惊喜让我们觉得所有的努力都没有白费。这个模型来自京东方，但不止于京东方。在今天，众多中国自主科技企业走到了关键战略阶段，战略升维模型对它们来说有很强的借鉴意义。

京东方的 30 年，恰好是中国以奇迹般的速度一直保持近两位数增长的 30 年，也是数亿人摆脱贫穷，中国崛起成为世界第二大经济体的 30 年。30 年很短，在人类历史长河中只是匆匆一瞥，但回看历史，中国大部分时间都在世界舞台的中央。我们今天正在做的不仅仅是追赶，是恢复，随着地缘环境的变化、经济环境的起伏、新的技术爆发周期的到来，中国诸多科技领军企业都进入了类似于京东方的战略关键期，如何跳脱原来的周期规律，如何打破原有的天花板，完成战略的"关键一跃"，是接下来30年的大概率、高频率事件。

我们在想，如果多年以后，我们已记忆模糊，有人问我们在对京东方的研究写作过程中印象最深刻的是什么，那一定是京东方创始人王东升和现任董事长陈炎顺的几个关键决策时刻——坚持自主研发，坚持上市，坚持走产业路线，坚持落户合肥，坚持向物联网进军，坚持建立开放生态。这些关键决策的背后让我想到了中国历史上"士"的精神——"知其不可为而为之""计利当计天下利"，在那些关键时刻，京东方都选择了一条难而正确的路。这些选择的背后，是一个坚定产业报国的创业群体对于价值观准绳的坚守，坚守自己的初心梦想，坚守自己选择的道路，坚守自己的那一片星空；是对一次次诱惑的放弃，对一次次捷径的放弃，对一次次短暂成功带来的鲜花掌声的放弃，对能轻易得来的财富的放弃。它在一次次坚守和放弃之间的抉择后，最后走出了一条属于自己的通天大道。

更重要的是，我们对未来充满期待，这套战略升维背景下的京东方，是否能够在物联网时代涌立潮头，穿越新的周期，我们翘首以待。我们期待能够涌现更多的"升维"的中国科技企业，去驶向那一片我们一直仰望的星空。

所有伟大的攀登者都相信，爬得多快不重要，重要的是攀登时的专注。冰冷的空气，快要炸裂的肺，山巅上拂过脸上的阳光，这些都只为你存在，任何人都无法夺走。当你放弃了很多东西，坚守后收获的这些独特体验，将只为你这样的攀登者所有。

一群人，放弃，坚守，攀登30年的路，我们远远没有写出他们经历的那般精彩，因为个中滋味只有他们才能体会！

特别鸣谢

在本书创作的过程中，我们还得到了许多专业人士的支持，在此对他们致以衷心的感谢。

首先要感谢的是京东方董事长陈炎顺先生，无论他的日程多么紧张，在我们的访谈过程中，都全力支持配合，不仅作为当事人把京东方30年的历史讲得如数家珍，更是作为当家人把"屏之物联"的战略决策历程解释得清晰深刻，极大提升了我们的创作效率。

我们要特别感谢京东方的近百位采访对象，没有他们的有问必答和认真讲述，我们就无法深刻地理解历史的京东方和当下的京东方。除了他们，我们还要感谢中国科学院欧阳钟灿院士，以及张百哲教授、中国光学光电子行业协会液晶分会秘书长梁新清等人，他们讲述了大量有关中国显示产业的有血有肉的故事。欧阳钟灿院士已经年近80岁，还特地为我们的采访准备了材料，对我们提出的每一个问题都认真做了回答，让我们感动不已。

我们还要感谢京东方科技集团首席品牌官司达以及他的品牌团队，包括张贺、贾璐、董菲等人，他们每一个人都以极其专业、严谨的作风参与我们的整个创作过程，并提供了及时和有效的支持。感谢连界创新的团队小伙伴黄子芮、程昕，他们肩负起了各方沟通等事项，使得我们可以专注于内容创作，从而提升了效率。感谢山顶视角团队的王留全、李俊佩的专业支持，他们从这本书的策划伊始就参与进来，站在专业出版人和编辑的角度，就如何才能突出这本书的价值提供了很多专业意见。

还有很多参与本书的采访和写作过程的人，在这里就不一一列举了，对于他们同样的专业支持和辛苦付出，我们也再次由衷地表示感谢。另外，本书在完稿之际，依然还有很多遗憾，由于篇幅所限，我们无法把收集到的精彩素材一一展现，虽然我们反复核查，也难免会有疏漏和错误，感谢各位读者的包容，也欢迎各位读者的批评与指正。